법치주의와 민주주의

법치주의와 민주주의

펴낸곳 서울대학교출판문화원
펴낸이 오연천
지은이 최대권

초판 1쇄 발행 2012년 2월 25일
초판 2쇄 발행 2013년 1월 20일

출판등록 제15-3호

주소 서울 관악구 관악로 599 우편번호 151-742
대표전화 02-880-5252 **팩스** 02-888-4148
마케팅팀(주문상담) 02-889-4424, 02-880-7995
이메일 snubook@snu.ac.kr
홈페이지 www.snupress.com
영문홈페이지 eng.snupress.com

ISBN 978-89-521-1260-6 93300

법치주의와 민주주의

최대권 지음

서울대학교출판문화원

THE RULE OF LAW AND DEMOCRACY

Dai-Kwon Choi

Seoul National University Press

머리말

무엇보다도 우리나라에서 일어나고 있는 법에 관한 이야기를 하고 싶었다. 우리나라에서 도리나 경우에 어긋나는 행위에 대해 "세상에 그런 법이 어디 있나" 하는 법의 용법이 있음을 생각해보면 그 위반에 대해 국가가 강제력을 동원하는 규범의 의미로 쓰이는 통상의 법과 다른 법의 용법이 있음을 알 수 있다. 서양에서는 자연법칙의 경우에도 법(law)이라고 하는 용법이 있는 것을 보면 통상의 국가법 이외의 법이 있다. 국가가 없는 미개사회나 원시사회라고 해서 반드시 무법이나 무질서의 사회가 아니고 문명사회의 법보다 어느 의미에서 더 잘 지켜지는 (학문적으로 정의되고 있는) 법이 있는 사회일 수 있다. 그러한 의미에서 이 세상에 법이 없거나 무질서의 나라는 없다. 법이 없거나 무질서인 나라는 국법이 혁명이나 내란 등으로 지켜지지 않고 약탈, 살인, 강간, 방화 등이 광범위하게 일어나고 있거나 전국에 걸친 광범위한 부정부패나 권력자들의 횡포로 인하여 지켜지지 않고 있는 나라의 경우라고 생각된다. 그러면 우리나라는 법이 어떠한 나라일까?

지난 19세기 말 20세기 초에 이르기까지 한국을 포함한 동아시아 문명권에서는 학문이라면 유학(儒學)을 의미했지 학문으로서의 법학은 없었다. 이와 아울러 법률전문가집단(legal profession)도 없었다. 그리하여 법률가만이 법정을 주재하는 판사가 될 수 있다는 생각도, 법원과 소송당사자 사이에서 당사자를 법적으로 도와주는 변호사의 직이나 역할에 대한 생각도 없었다. 동아시아세계가 근대화·서구화하면서 오늘날에 이르러 법학이 대학에서 연구하며 가르치는 학문이 되었고, 법률가집단이 판검사를 배출하며 혹은 변호사로서 권력이나 경제적인 차원에서 잘 나가는 집단이 되고 있음은 그 변화와 속도의 차원에서 참으로 놀랍다고 할 만하다. 과거에 유학(儒學)과 과거시험으로 권력의 지위에 나아간 학자·관료가 관직에 오르면 오늘날의 입법·행정·사법을 다 아우르는 위치에 섰다. 가령 그러한 학자·관료가 지방장관(원님)으로 나아가면 오늘날의 군수·교육위원장·세무서장·경찰서장·판사의 권한과, 전시에는 지역의 군지휘관의 위치에까지 섰다. 그러한 만큼 권력분립의 원리라든지 사법권의 독립과 같은 개념도 생소했다고 할 수 있다.

서양(로마)에서는 법학이 일찍부터 발전하였으며 법학자가 서양법체계 형성의 중요한 역할을 담당하였으며 이 전통은 대륙법계 서양법체계에서는 아직도 지켜져내려오고 있다. 지난 19세기 말 20세기 초에 우리나라도 대륙법계 서양법체계를 받아들였지만 우리나라 사회발전·법발전의 이 시점에서 이 법학자의 지배적 역할의 전통이 계승·발전하고 있는지는 한번 생각해볼 만하다고 믿는다. 한편 영미법계 서양법체계에서는 저명한 판사들이 대륙법계의 학자의 위치에 서서 영미법계 형성과 발전에 지배적인 역할을 수행하고 있다. 그러한 만큼 우리나라에서 배출된 판사가 영미법계에서 수행해온 역할을 다하고 있는지도 의문이라는 생각이 든다. 지금 우리나라에서는 사법개혁의 문제를 위시하여 선진화·남북통일 등 나라

변혁의 중대한 기로에 서있기 때문에 그러하다. 거시적 시각에서 우리나라에서 법이란 무엇인가? 거시적 시각에서 법은 다른 거대 변화의 종속변수일 뿐인가 아니면 독립변수일 수 있는가?

사실 법이 잘 지켜지고 있느냐 그렇지 아니하냐의 차이는 있을지언정 법이 없는 나라는 없다. 비교적 잘 지켜져내려온 법이 있다 하더라도 그 법의 모습이 나라마다 다를 수 있다. 불문법(관습법)의 모습이냐 성문법이냐의 차이는 이미 우리가 상식적으로 잘 알고 있다. 이 같은 불문법·성문법의 구별을 가로질러 존재하는 지배적 법의 성격을 다음과 같이 따져보는 일도 의미가 있으리라 생각된다. 조선시대에는 경국대전과 같은 나라의 기둥이라 할 수 있는 법전법이 존재하였다. 경국대전을 오늘날의 시각에서 분석해보면, 기본권 보장과 권력분립의 원리를 중심으로 하는 근대입헌주의 헌법의 핵심적 요소는 없다는 의미에서 헌법이라고 할 수 없다. 그리고 권력통제라고 하는 입헌주의헌법의 기능은 유교규범이 담당하였다. 그러나 나라를 어떻게 조직·구성하느냐의 문제를 다룬 조직규범과 수권규범 및 형법을 포함하는 명령규범으로 이루어져 있다는 의미에서 즉 나라의 기본법을 다루고 있다는 의미에서 헌법이라고 할 수 있다. 그리고 그 성격은 나라의 공법이라 말할 수 있다. 그런데 대륙법계의 중심이 되는 법으로 지목하는 로마법, 나폴레옹법 및 BGB라는 독일 법전법 등은 사인과 사인 사이의 관계를 규율하는 사법 내지 민법전이라는 사실을 주목할 필요가 있다. 또 영미법계에서 중심으로 꼽는 법은 계약법, 불법행위법, 재산법, 형평법 내지 구제법(remedy) 등으로 이루어진 사법 내지 민법이라는 점도 그러하다.

경국대전의 규정 가운데 사법(私法) 규정이라고 할 만한 것은 노비의 상속 등과 관련된 한정된 수의 규정뿐이라 할 수 있다. 그렇다면 시장 등 상거래에서 일어난 분쟁이 법정에 계류되었을 때 당시의 재판관들은 이러한 사인 간의 분쟁사건을 어떻게 처리했을까 하는 점이 참으로 궁금하다. 아마도 경국대전 등 대전법의 한정된 규정으로부터의 유추와 정의나 형평법 내지 조리(條理)법에 따라 판결을 행하지 않았을까, 그러한 재판 과정에서 아마도 선례가 사실상 중시되지 않았을까 하는 짐작을 할 수 있으리라 생각된다. 그리고 법체계 내에서 이 같은 사법의 체계가 확고하게 형성되지 않은 것은 국가권력에 대한 관계에서 시민사회가 충분히 형성·발전하지 아니한 사실과 상관관계가 있는 것이 아닐까 하는 생각을 하게 한다. 그리고 1960년대, 1970년대, 1980년대에 걸쳐 국가가 주도한 우리나라의 산업화·경제발전도 크게는 이러한 사회구조적인 현실과 무관하지 않다고 생각된다. 그리고 1948년의 대한민국의 수립과 함께 채택된 자유민주주의적 헌법에도 불구하고 약하고 심한 정도의 차이는 있었을지언정 존재하였던 권위주의의 현실을 탈피하고 이룩한 우리나라 사회의 민주화(1987)는 국가주도의 산업화·경제발전하에서 형성된 중산층을 중심으로 하는 시민사회의 성장과도 무관하지 않다고 생각한다.

어떠한 나라의 어떠한 법이라도 법은 법을 집행·감독하는 관리와 수명자인 국민이 이를 존중하며 지키는 것을 전제로 한다고 말할 수 있다. 법이 있되 아무나 법을 지키지 않는 법이라면 법을 지키지 아니하는 이유가 무엇이든지 그 법은 없는 것이나 마찬가지가 된다. 잘 지키지 아니하는 법을 지키게 만들기 위해서는 엄청난 비용이 소용될 것임은 자명하다. 법을 지키고 있는지를 감시하기 위해서 암행어사를 내려보내고 그 암행어사도 믿을 수 없어 그 암행어사를 감시하기 위해서 또 암행어사를 연이어 내려보내는 상황을 상정해보면 일정정도의 준법의식 내지 준법문화[1]의 존재는 법질서와 함수관계에 서게 된다. 법을 잘 지키지 아니하는 이유가 불합리하게 제정된 법 때문일 수도 있고 종교적인 혹은 문화적인 이유로 법을 우습게 보는 문화 때문일 수도 있으며 혹은 남들이 잘 지키는 법을 서로 짜고 지키지 않음으로써 이익을 얻으려는 이유 등 부정부패 때문일 수도 있고 인맥[2]의 작용 때문에 도리나 인정상 어쩔 수

---

1. 1980년대 이래 상당히 여러 사람의 젊은 판사, 검사, 변호사들이 매년 미국 연수를 다녀온다. 미국의 인상이 아직 생생하게 남아있는 귀국 직후에 만난 이들의 진술을 들어보면 경찰이 없는데도 꼬박꼬박 교통법규를 지키는 미국 사회의 준법문화에 대한 놀라움을 표현한다. 내가 유학한 UC Berkeley의 law school에서 길 건너편 언덕에 유학생이나 교환교수들의 숙소로도 쓰이는 국제학사(International House)가 있는데 도서관에서 공부하다 또는 아래쪽 시가지에서 맥주 한 잔 하고 자정을 훨씬 넘은 시간에 그 길을 횡단하여 국제학사로 향할 때 도로 양편에서 진행하는 차들이 아무도 보는 이가 없는데도 빨간 신호를 보면 신호 바뀔 때까지 꼬박꼬박 차를 세우는 장면들이 인상적이었다는 이야기를 이들 다수로부터 듣곤 하였다. 이것이 두 나라 사이의 준법문화 차이의 한 작은 예가 아닐까 하는 생각을 하였다.
2. 인맥의 대표적 예인 동창관계가 동서양에서 같은 모습으로 작용하는지의 호기심

없어서 못 본 체하거나 마지못해 불법이나 위법을 저지르는 것일 수도 있다.

그리하여 법이 합리적으로 제정되고 그리고 그 법이 제대로 지켜지리라는 합리적인 예측을 할 수 있는 그러한 법의 존재는 그 나라가 독재냐 민주국가냐의 문제와 관계없이 모든 근대국가의 표식이 된다고 말할 수 있다. 그러한 근대국가라면 2차 대전 전의 나치독일과 2차 대전 이후의 민주독일의 예에서 보듯이 독재를 해도 효율적인 독재를 할 것이며 법을 자유민주로 바꾸어 (입헌)민주주의를 하면 (입헌)민주주의도 효율적으로 실행하게 되리라 생각된다. 이렇게 법만 놓고 보면 법은 독재에도 봉사하고 민주주의 국가에도 봉사한다. 독재는 독재체제 유지에 필요한 수단적·억압적 법과 함께 법집행에 임하는 관리들을 통제하고 부패를 척결하며 정권의 이미지 관리를 위해 법치주의 외형의 유지에 관심이 많을 수 있다. 그리고 그것은 외국투자유치에도 유리하다. 그리하여 지금의 중국에서 보듯

을 충족시키기 위해 미국에서 동문수학한 미국 동창생인 친구에게 대학 같이 다닌 동창생으로 아직도 친구관계를 유지하며 교류하는 사람이 있느냐고 질문하였더니 한 사람도 없다는 대답이었다. 혹시 여행하다가 옛 동창을 만나면 어떻게 하느냐고 했더니 그냥 반가울 뿐이라고 한다. 동일한 질문을 독일 동창 친구에게도 물어보았더니 대답은 동일하였다. 옛 동창 가운데 누가 어디에 살고 있지 하는 정도가 관심의 전부였다. 동창관계가 이러하다면 우리처럼 법집행이나 적용 과정에 작용하는 일은 별로 없겠구나 하는 생각을 했다. 나아가 어느 공직 자리에 사람을 천거한다는 경우에도 우리나라 동창관계의 인맥 같지는 않겠구나 생각했다. 그래서 미국 사회에서의 동창관계는 모교를 위한 모금활동에 작용하는 정도일 것이라 생각했다.

독재체제에서도 한정된 법치주의가 가능하다고 생각된다. 민주주의 국가의 법은 정치(예컨대 공산당)·경제·사회·문화(예컨대 종교) 등의 주변으로부터의 독자성을 그 특징(즉 독자의 논리로 작동하는 특징)으로 한다. 그러한 특징으로 독자 학문으로서의 법학, 사법권의 독립, 법의 일반성, 미래효의 원칙(소급효금지), 명확성, 안정성, 이러한 외형적·형식적 특징에서 나오는 예측가능성을 포함할 수 있다. 법이 이러한 특징에 따라 작동할 때 비로소 개인의 자유가 시작되고 민주주의가 가능케 된다.

민주주의를 다수의 지배(다수결의 원칙)로만 이해하지 않는다면 소수의 보호(기본권보장)는 민주주의의 운명적 요청이라고 생각된다. 사실 국민의 대표로 구성되는 의회가 영국에서와 같이 민주화 운동에서의 실적과 함께 정치의 중심이 되는 전통(의회주의)과 의회에 대한 시민의 신뢰가 확립되어 있는 경우가 아닌 한 정치의 사법화를 어느 정도 동반하는 의회입법에 대한 사법심사제도(헌법소송제도)는 다수지배와 소수보호를 요소로 하는 자유민주주의의 표현형태라 할 수 있다. 헌법소송에서는 법의 형식적 특징으로 나오는 논리뿐만 아니라 정의, 상위법, 기본적 인권과 같은 법의 실질적 내용을 문제 삼는다.

우리 대한민국 헌법은 자유민주주의를 가능케 하는 실질적 법치주의의 틀을 갖추어 자유민주주의를 실행하고 있다. 그러나 하루가

멀다 하고 터지는 인맥과 연루된 부정부패의 소식, 여기저기에서 벌어지는 폭력, 사기, 횡령, 심지어 국회의사당에서도, 국회의원에 의해서도 일어나고 저질러지는 각종 수많은 불법, 탈법, 위법, 편법의 뉴스를 접하면서 우리나라의 (실질적) 법치주의의 틀이 심각하게 흔들리고 있는 것이 아닌가, 그리하여 우리나라 (자유)민주주의의 위기의 본질은 법치주의의 흔들림에 있는 것이 아닌가 하는 생각을 금할 수 없다. 우리나라 민주주의의 외형은 성문헌법과 법치주의로 번듯한데 실질이 따르지 않는 것이다. 법과 원칙 준수의 화두야말로 위기에 처한 우리나라 민주주의를 위해서 내릴 수 있는 최적의 처방이라는 생각이 든다. 근래에 논의되고 있는 공화주의사상이나 그 핵심으로 떠오르고 있는 시민적 덕성(civic virtue)의 중심이 되는 요소가 자유, 평등, 소통, 타협, 공동체를 위한 봉사, 헌신, 희생 등과 함께, 공동체의 법에 대한 준수정신(준법정신)이라는 사실을 상기할 필요가 있다고 생각한다. 우리나라 공동체의 법에 대한 준법정신을 중심으로 하는 민주시민으로서의 덕성을 모두 갖출 때 우리나라는 비로소 선진민주주의의 국가가 되리라 확신한다.

우리나라의 법에 관한 이야기를 통해 실은 우리나라의 민주주의, 시장경제, 선진화의 문제 등 우리나라 정치·경제·사회·문화의 살아있는 이야기를 하고 싶었다. 지금 쟁점이 되어 있는 무상급식, 반값등록금의 문제 등을 포함하여, 포퓰리즘에 편승하여 거의 무비판적으로 도입되는 각종 사회복지정책에 관하여도 마찬가지 이야기를 하고 싶다. 복지정책은 궁극적으로는 입법으로 법제도화가 될 수밖에 없는데 그것은 입법단계로부터 그 법의 집행과 감독·감시 단계에 이르기까지 융통성이 있으면서 성실하고 양심적인 법형성·법집행·감독이 전제가 되어야 하는데, 2008년에 터진 소위 "쌀직불금" 제도의 예에서 보듯이 복지나 지원제도는 진정으로 금전이 가야 할 곳에는 가지 않고 가지 않아야 할 곳에 가는 등 상하가 공돈 타먹는 제도로 변질되기 쉽다. 지금 얼마나 많은 복지·지원제도가 원래의 취지에 맞지 않게 변질·타락되고 있는지는 정확히 모른다고 판단된다. 그리하여 상당한 정도의 민주시민으로서의 준법정신이 형성되지 아니하는 한 이러한 복지제도는 이 제도의 입안·법제·집행에 감독·감시를 따르게 만드는 문제를 포함해서 본질을 훼손하리만큼 낭비적·비생산적인 제도로 변질되게 마련인 운명의 제도가 된다고 생각된다. 민주시민으로서의 준법정신이 뒷받침이 되어주지 않으면 민주주의도 체제 자체의 정당성을 떨어트리는 비능률적인 정치체제가 되기 쉽다. 2011년에 터진 부산저축은행 사고를 보면 현지에 암행어사(이를테면 은행감사)를 내려보내고 그 암행어사를 감시하라고 또 암행어사(이를테면 금융감독원)를 내려보내고 또 (이를테면 감사원) 내려보내고 했는데 일(지불정지 사고)이 터지고 난 다음에야 감독·감시 장치도 작동하지 아니하였음을 알게 되었다.

사실 우리나라에서 법이 중요한 이유는 법이 나라를 제대로 이끄는 데 불가결한 원리·원칙의 문제이기 때문이다. 어느 나라든지 제대로 된 나라를 세워 이를 제대로 이끌어가려면 거기에 필수적인 원리·원칙의 문제가 따르기 마련이고, 그러한 원리·원칙 가운데 꼭 지켜내야 한다고 믿는 원리·원칙과 가치들을 법으로 옷을 입힌 것이 법이라고 말할 수 있다. 물론 좁은 의미의 법이 아니면서 꼭 지켜야 할 원리·원칙과 기본적 가치의 문제는 법 이외에도 얼마든지 있을 수 있다. 그러나 법으로 표현된 원리·원칙·기본적 가치도 지키지 않으면서 원리나 원칙이나 가치나 이념을 들먹이는 것은 불법을 위한 속임수이거나 핑계나 궤변에 지나지 않는다고 생각된다. 우리나라 역사발전의 이 시점에서 법과 원칙의 문제가 지금보다 더 절실한 때는 일찍이 없었던 것 같다. 법과 원칙의 문제가 지니는 다양한 함의를 이 책에서 탐색해보려고 하였다. 이러한 탐색작업을 지지하여 마침내 책의 모습으로 펴내준 서울대학교출판문화원에 고마움을 전하고 싶다.

2012년 겨울
봄을 기다리며

누거에서
저자가

차례

1

서 론

1. 문제의 제기

법치주의와 민주주의는 대한민국의 헌법학자로서 오랫동안 관찰하고 연구하며 학생들을 가르치고 논문으로 다루어온 주제다. 그래서 이 주제라면 한마디쯤은 자신있게 말할 수 있을 것이란 착각을 가지고 있었다. 그러다가 이 주제로 책을 출간키로 결심하게 된 계기는 지난 2004년의 대통령탄핵사건결정과 수도이전법위헌결정사건 등 일련의 정치의 사법화 현상에 대한 법치주의와 민주주의의 충돌 논란에 이어, 2008년 불법과격폭력 반정부시위로 변질된 미국산 쇠고기수입반대 광화문사거리의 촛불시위를 놓고 한국의 헌법학자 및 정치학자들이 그렇게 쉽게 직접민주주의를 거론하는가 하면 법치주의와 민주주의의 충돌의 화두를 숨겨진 대단한 진리의 발견이나 되는 듯이 거론하는 데 자극받아서다.

그 이전 및 이후에도 우리나라 사회에서 일어난 수많은 불법과격시위와 집회, 심지어 국회의사당에서 벌어진 국회의원·보좌관·당직자들의 불법의사활동까지, 그리고 광범위한 부정부패현상과 계파나 당파 및 인맥현상을 관찰하면서 한국인의 법의식과 법문화를 분석적으로 관찰하였다. 이러한 현상들에 대한 분석적 관찰을 토대로 하여 이 책을 출간하면서 가지는 학자로서의 문제의식은 내게 즉 우리에게 법치주의는, 그리고 민주주의는 무엇이며 무엇이어야 하느냐 하는 질문에 있었다. 무엇보다도 문제의 중심에 남이 아니라 우리가 있는 것이다. 우리나라 사회에서 작동하고 있는 우리의 법치주의와 민주주의의 무엇이 문제인가 하는 점들을 다루고 싶었던 것이다. 그리고 나를 더 잘 알기 위해서 필요한 경우에는 남들과의 비교도 서슴지 않았다.

위에서 제기한 질문에는 법치주의와 민주주의가 우리에게 왜 필요한가 하는 질문도 포함하고 있긴 하다. 사실 민주주의가 우리에게 왜 필요하느냐의 질문이 역사발전의 이 단계에서 새삼스럽게 제기할 이유가 없을 만큼 민주주의를 당연하게 생각하는 시대에 우리가 살고 있다. 군주정 대 민주정의 정체(政體)에 관한 수천 년 된 서양의 논의와 역사적 전개도 잘 알고 있으며, 민주주의가 최선의 정체는 아니지만 인류가 시행해본 다른 어떤 정체보다는 낫다는 처칠경의 언명도 진리처럼 받아들이고 있다. 사실 우리에게 민주주의의 당부에 관한 논쟁은 (조선의) 군주정에 이어 혹독했던 일본통치의 경험 및 남북 대결의 경험에서 이미 끝이 난 지 오래 되었다. 민주주의에 관한 우리의 문제는 우리 대한민국이라는 민주적 공동체(community)의 형성·유지·발전의 문제, 정치적 안정성(stability)의 문제 및 이와 밀접하게 연관되어 있는 우리나라의 정치·경제·사회·문화적 발전제고 능력(performance)의 문제에 집중되어 있다고 믿고 있다. 즉 민주주의를 어떻게 풀어가야 통일을 위시하여 헌법의 전문에서 천명한 대한민국의 목표와 이상에 이를 수 있으며 그 가치를 실현할 수 있느냐의 문제가 그 중심이라고 생각하였다.

이러한 문제의식을 가지고 특히 법치주의(the rule of law)를 그 중심에 두어 우리나라의 민주주의를 다루어보려는 것이 이 책의 목표라고 말할 수 있다. 식민지의 가혹한 탄압과 착취에 이어 해방(1945)과 건국(1948)을 맞이하고 나서 불과 2년도 채 안 된 시점인 1950년에 시작하여 1953년까지 3년 동안 계속된 적화통일 목적의 남침으로 촉발된 전쟁까지 겪으면서 자유민주주의 헌법에 바탕을 둔 대한민국을 지켜냈다. 1960년대만 하더라도 1인당 국민소득이 100달러가 채 되지 않은 가난하고 전쟁으로 피폐된 농업국가였던 우리나라가 반세기 만에 산업화된 세계 열다섯 번째의 경제강국이 되었다. 그리고 일찍이 민주주의의 체험을 하지 못한 우리나라가 1948년에 비로소 채택한 자유민주주의 헌법에도 불구하고 겪어야 했던 권위주의 정치를 극복하고 결국은 민주화를 이룩하였다. 그리하여 우리나라는 과거 식민지의 지위에 있다가 2차 대전 이후에 독립한 나라로 반세기 만에 경제발전과 민주화를 동시에 이룩한 자타가 공인하는 세계 유일의 나라가 되었다. 국가로서의 이러한 성취에 법치주의가 과연 어떠한 역할이나 기능을 수행해왔는지, 어떠한 의미를 가지는 것인지, 지적(intellectually)으로 사뭇 궁금하다. 적어도 추상적 지식으로는 법치주의 없이 시장경제와 민주주의가 불가능하다는 것을 알고 있기 때문에 더욱 그러하다.

그러나 막상 책을 쓰기로 작정하자 한 사람의 헌법학자·사회과학자로서 우리나라의 법치주의와 민주주의에 대한 이해가 얼마나 피상적·표피적이었나를 깨닫게 되었다. 말할 것도 없이, 우리는 지식으로는 법치주의나 민주주의에 대하여 잘 알고 있다. 백과사전을 참조하면 거기에 자세한 정의 및 해설이 담겨있어 쉽사리 접근해서 활용하곤 하였다. 그러나 살아있는 대한민국의 정치 및 헌법 현상을 놓고 과연 얼마나 철저하게 관찰하고 분석하며 고민하여 진단하였으며 혹은 우리나라의 미래를 위하여 처방하여왔는지 되돌아보면 우리나라에는 적어도 정치학이나 헌법학에서는 아직도 수입학문은 존재하여도 우리의 학문은 없다는 생각을 하게 되었다. 이러한 생각은 불법과격시위로까지 바뀐 쇠고기수입반대 광화문촛불시위사태를 겪으면서 강화되었다. 그것이 어떻게 직접민주주의, 아고라 광장민주주의로 이어진다는 말인가? 그리고 그 후에 이어진 일련의 과격한 폭력적 시위와 아직까지도 파행을 거듭하는 국회를 바라보면서 법치주의와 민주주의에 관하여 또 무엇을 이야기할 수 있는가를 고민하였다. 이 책은 이러한 고민의 자취라고 할 수 있으리라고 생각한다.

한편 근래에 이르러서는 우리 스스로 자랑스럽게 생각할 뿐만 아니라 많은 다른 나라 사람들이 부러워하는 우리의 산업화 및 민주화의 경험을 이제는 우리가 적극적으로 나서서 제3세계 여러 나라에 널리 알리고 가르쳐주어 그들도 우리가 누리는 자유와 경제적 풍요를 누릴 수 있게 해주어야 하지 않느냐는 논의와 행동이 여러 가지 모습으로 나타나고 있다. 제3세계의 학생이나 공무원들을 초청하여 우리의 노하우를 전수해야 한다거나 최정상 선진국과 후진국의 가교 역할을 우리만큼 잘할 수 있는 나라가 달리 없는 만큼 적극적으로 나서서 그 역할(예컨대 G20회의 의장 역할)을 담당하여야 하지 않느냐는 논의, 그리고 우리의 산업화 및 민주화의 경험이야말로 실제로 우리가 가장 경쟁력을 가지고 내놓을 수 있는 수출상품이 아니냐, 그리하여 이를 적극적으로 홍보하고 전파(판매)하여야 하지 않겠느냐 하는 논의 등이 모두 그러하다. 최근에 우리나라가 국제원조를 받던 나라에서 이제 자랑스럽게 국제원조를 하는 선진국 클럽(경제협력기구OECD, 개발원조위원회DAC)에 가입하였고 이를 계기로 적극적으로 원조하는 나라가 되어야 한다는 논의로 이어지고 있다.

실제로 규모에 비해 제3세계 학생의 비중이 클 뿐만 아니라 졸업 후 및 재학중 제3세계에 선교사로 나가 활동하겠다는 졸업생 및 재학생의 비중이 단연 큰 한동대학에 필자가 수년 전 Law and Development 세미나 강좌를 개설하고 강의를 시작한 이래 법과 발전에 관한 내외국의 책이나 저술을 많이 섭렵해보았다. 그러나 우리의 경험을 바탕으로 하여 이 주제를 이론화한 좋은 저술을 아직 접하지 못하였다는 생각을 금할 수 없었다. 우리가 남들이 부러워할 만큼 짧은 시간 안에 산업화와 민주화를 달성하였지만 그러한 결과가 있을 뿐 우리의 경험에 바탕을 두어 이를 체계적으로 이론화하여 제3세계 등 다른 나라 사람들에게 보여줄 수 있는 이론이나 저술이 없음을 발견한 것이다. 1960년대, 1970년대, 1980년대를 헌법학자·사회과학자로 살았건만 법이 경제발전에 어떤 역할을 했는지를 다룬 우리나라 논문을 한 편도 발견하지 못하였다. 서양문헌은 단연 the Rule of Law가 문제의 핵심인양 법치주의와 경제발전 내지 민주화를 Development의 이름으로 연계시키고 있다. 그러나 우리가 다 잘 아는 바와 같이 법치주의와 거리가 먼 소위 권위주의의 경험을 통하여 산업화도, 그리고 그 산업화에 이어 결국 민주화도 이룩하였다. 우리의 권위주의는 우리의 법치주의, 우리의 산업화 및 우리의 민주주의와 무엇인가 유의미하게 관련이 있을 터인데(그것이 우리의 경험인데), 예컨대 정치적 설명만으로는 이러한 유의미한 관련성을 간파할 수가 없다는 느낌이다. 그것은 제3세계 학생에게 우리가 독재시대에 산업화를 했으니 너희도 산업화를 하려면 독재를 하라고 간단히 말할 수는 없는 것이 아닌가? 어떻게 하면 박정희 대통령과 같은 지도자를 배출해낼 수 있다고 말해줄 수 있는가? 그러면 1948년의 자유민주주의적 헌법의 채택에도 불구하고 어떠한 변수가 권위주의체제를 등장하게 만들었는가를 설명해낼 수 있는가? 어떠한 변수가 권위주의체제 하의 시장경제의 성장을 설명해낼 수 있는가? 권위주의체제의 어떠한 변수가 민주화를 설명해낼 수 있는가? 이러한 변수들에 대한 탐구가 우리의 관심 대상이다. 나아가 가혹했던 일제통치 하에 그들의 의도적인 한국인 문맹정책에 따라 의사와 법률가들은 어느 정도 배출되었어도 과학자/엔지니어를 비롯하여 현대적인 국가기구(행정, 경찰, 군대 등), 대학, 기업체 및 공장 등의 건설과 운영 및 관리에 필수적인 훈련받은 한국인 고급 관리직/지도자급 인재를 양성하지 않았다. 그리하여 대한민국 건국 초기만 해도 훈련받은 고급 인재의 심각한 부족현상을 체험하였다. 그러한 가운데 우리의 산업화 및 민주화에 예컨대 법률가 그룹들은 과연 어떠한 역할을 하였으며 어떠한 기능을 수행하였는가 하는 질문들은 대단히 흥미로우면서도 도전적인 것이라 생각한다.

세계 각지에서 우리나라의 빠른 산업화 및 경제발전의 경험을 배우려고 해마다 많은 사람들—정치인, 공무원 및 학자들과 학생들—이 우리나라를 방문하고 우리도 적극적으로 우리의 노하우를 전수하려고 전문가를 파견하는 등 여러 가지로 노력하고 있다. 그러나 배우거나 가르쳐주려는 우리의 산업화 및 경제발전의 경험 가운데 산업화 및 경제발전에 관련된 법과 법제도에 관한 경험이 포함되어 있다는 이야기를 들은 적이 없다. 동티모르와 같은 신생국이나 여러 분쟁지역에 평화유지군을 보내고 재건 또는 건설팀, 의료팀을 보내고 있지만 법률팀을 보냈다는 이야기를 들어본 적이 없다. 더구나 우리나라는 자유민주적인 헌법에 따라 건국한 후 권위주의의 시대를 겪으면서도 결국은 성공적으로 민주화한 경험도 있다. 우리는 민주주의의 경험이 없었던 토양에서 더구나 권위주의의 시련을 겪으면서도 짧은 시간에 자유민주주의 국가를 굳건히 건설하고 형성한(nation-building) 경험도 가지고 있는 것이다. 그러므로 우리나라가 세계 여러 나라에 전수함으로써 세계평화와 인류공영에 기여할 수 있는 노하우에는 자유민주주의적으로 국가를 건설하고 형성한 이 같은 경험도 포함하고 있는 것이다. 그리고 국가건설 및 경영에서 헌법을 비롯한 법제도는 바로 그러한 작업의 기초를 놓는 작업이 아닌가? 그러므로 우리가 전수할 수 있고 지원팀을 보낼 수 있는 경험 중에는 경제건설·경제발전에 관련된 법 및 법제도뿐만 아니라 민주적 국가건설·운영에 관련된 법 및 법제도에 대한 경험도 포함시킬 수 있음은 물론이다. 그리고 그러한 작업에서 우리는 누구보다도 잘할 수 있다고 믿는다. 그러기 위해서도 우리는 법치주의 및 민주주의에 관한 우리의 경험에 바탕을 둔 이론을 개발하고 체계적인 법학 및 법사회학 이론을 가지고 있어야 한다. 우리가 이 책을 통하여 하고 싶은 작업의 하나는 우리가 발전하면서 체험하였고 또 현재 체험하고 있는 우리의 법치주의 및 민주주의에 관한 경험을 이론화하는 작업 즉 우리의 체험에 바탕을 둔 law and development에 관한 이론화 작업이다.

2. 법치주의의 문제

법치주의도 민주주의나 산업화와 마찬가지로 다의적인 의미를 가질 수 있는 개방적 개념이며 동시에 민주주의나 산업화의 경우와 마찬가지로 다양한 국면 내지 발전단계를 가지는 개념이라고 생각한다. 지금 내란 상태 내지 집단(종족)살육의 상태에 있는 현재의 아프카니스탄이나 이라크, 소말리아나 여러해 전의 리베리아, 콩고, 르완다, 보스니아 같은 나라와 같이 과거에 그리고 현재에 아예 치안 자체가 문제인 나라의 법치주의의 단계를 생각할 수 있다. 조직적 및 비조직적인 폭력이 광범위하게 자행되고 있는, 가히 무정부의 나라라고 할 수 있는 나라와 그리고 이러한 나라 못지않게, 비록 형식적으로는 법제도가 존재하지만 종파 간의 살육전 등 폭력과 살인, 절도·강도가 횡행하여 생명의 안전이나 치안이 문제일 뿐만 아니라 이에 버금갈 만큼 공무원의 뇌물이나 부정부패가 만연하여 과연 법이 있다고 하기 어려운 나라의 법치주의의 단계도 생각할 수 있다. 혁명 중이거나 직후의 나라의 사정도 무정부적인 무법의 상태라고 할 수 있을 것이다. 그러한 나라들에서는 법치(주의)는 국가 생활건설(nation-building)의 시작이라 할 만하다.

근대국가라면 법치주의는 그 나라의 필수조건이라고 할 수 있다. 법치주의는 국가의 합리적·능률적인 운영을 담보하며 그러한 의미에서 근대국가의 징표라 할 수 있다.[1] 법치주의는 통치비용을 최소화할 뿐만 아니라 시민에 대하여는 생명이나 안전 보장에 대한 예측도 가능하게 해줄 수 있을 뿐만 아니라 계약의 보호나 재산권의 보장 등 시장경제의 기초도 제공해줄 수 있기 때문이다.[2] 이러한 단계의 법치주의라도 광범위한 치안부재 및 부정부패와는 서로 충돌

1. Max Weber, "Bureaucracy," in H. H. Gerth and C. Wright Mills, eds., *From Max Weber: Essays in Sociology* (New York: Oxford University Press, 1958), 196–252면.
2. F. A. Hayek, *The Road to Serfdom* (Chicago: University of Chicago Press, 1944), 80면 이하 참조.

한다고 할 수 있다. 치안부재나 부정부패는 법치주의가 주는 예측가능성 및 법적 안정성을 저해하기 때문이다. 나아가 법치주의가 주는 예측가능성 및 법적 안정성을 침해하는 요인으로 부정부패현상에 버금가는 중요 요인 가운데 하나는 우리나라 사회에서도 작동하고 있는 인맥현상이라고 생각한다.[3] 사실 우리나라 사회에서 작용하는 인맥(혈연·학연·지연 등)현상은 전통문화의 한 표현 형태이며 우리에게 친밀감을 주는, 긍정적인 인간관계의 모습도 지니고 있는 것이 사실이다. 그리하여 이론적으로 법치주의를 논의하면서 인맥현상에 주목하지 않는 것이 사실이다. 그러나 인맥현상은 다른 한편으로는 족벌(nepotism), 파벌(cronyism), 종파(sectarianism), 계파(factionalism), 종족(tribalism) 등 공식조직을 가로질러 작용하는 여러 가지 비공식조직으로도 그 모습을 드러낸다. 그리고 이러한 모습으로 변형된 인맥조직은 국익이나 공식조직의 이익의 희생 하에 계파의 이익을 도모하는 행위 특징을 보인다. 법치주의와 서로 작용하는 인맥관계는 법치주의(특히 형식적 법치주의)를 무장해제시키는 작용도 행한다. 그리고 법의 명령이나 법의 정신을 저버리고 인맥

3. 혈육이나 동향 사람이나 친한 동창생이 판검사나 공직자인 동창생을 찾아가 행하는 봐달라는 부탁을 법원칙을 근거로 거절하거나 청탁을 들어주지 않으면 섭섭해하고 혹은 원망하며 경우에 따라 공직자인 동창생이 인정머리 없거나 융통성 없는 모난 사람으로 친구 사이에 따돌림까지 당하게 되기도 하는 것이 인맥현상의 한 측면이다. 법원칙에 어긋나지 않는 경우에는 물론이고 크게 법원칙에 어긋나지 않는 한 또는 법원칙에 눈을 슬쩍 감고 친지의 청탁을 잘 봐주는 공직자는 원만하고 인기있는 사람으로, 경우에 따라서는 "덕" 있는 사람으로 취급받는다. 법원칙에 충실하면서 인관관계에 충실할 수 있다면 가장 바람직한 조합이 될 것이다. 그러나 성자(聖者)의 경지에 이르지 않는 보통사람으로서 인관관계도 해치지 아니하면서 법원칙을 충실히 따르는 일이란 대단히 어려운 일이라고 판단된다. 그래서 고도의 처세술이 요구되는 일이라고도 한다. 인맥과 법원칙의 충돌의 문제에 관하여, 최대권, "원칙의 사람과 원만한 사람," 최대권 칼럼집 **원만한 자 원칙을 꿈꾸라**(서울: 철학과현실사, 2003), 138−172면.

의 이익을 도모하면서도 무해한 외형을 보이는 특징을 지닌다. 인맥관계에서는 친지 사이의 선물은 있을지언정 소위 대가성 있는 이익의 수수는 없다고 말할 수 있게, 경우에 따라서는 떳떳하게 보이도록 만들기 때문이다. 바로 그러하기 때문에 법치주의에 대한 관계에서는 그 방향성이나 행태나 결과의 점에서 부정부패와 동일하게 작용한다고 말할 수 있다.[4] 부정부패에 못지않게 인맥의 경우에도 법을 다루는 공무원으로 하여금 법이 요구하는 것과 다르게 행동하도록 만들 수 있는 점에서 동일하기 때문이다. 인맥은 아예 부정부패의 통로로 작용하는 일이 많다.

나아가 치안이 확립되고 부정부패 및 인맥작용이 효율적으로 통제되며 법에 대한 예측가능성 및 법적안정성이 확보된 단계의 법치주의라 할지라도 그것이 인권이 보장되는 민주주의를 담보한다고 말할 수 없다. 이러한 단계의 법치주의는 민주주의에도 봉사할 수 있지만 독재정권에도 봉사할 수 있기 때문이다. 사실 폭군정이나 독재정이라도 효율적 독재를 위해, 무엇보다도 법을 집행하는 공무원들을 효율적으로 통제하기 위해, 그리고 법치주의가 주는 정당성의 모양새를 갖추기 위해, 법치(rule by law)를 필요로 하는 법이다. 그리고 법치는 감사기구와 같은 통제기관을 두거나 이의제기권 등 주민에게 감시장치를 마련해줌으로써 공무원들의 자의적 법 적용이나 남용을 통제하려는 경향을 보인다. 법은 자의를 통제하려는 그 성격상(일반적 적용가능성, 미래효, 안정성, 명확성 등) 권력담당자도 기속하는 특징이 있기 때문에 심지어 독재 하에서도 부분적으로

---

4. 최대권, "스폰서문화와 법치주의," **월간 법제**, 2010년 6월호, 2-5면.

나마 법치주의(rule of law)로 나아가는 경향을 보인다.[5] 나치 독일의 경우가 그 대표적인 예라 할 수 있다.[6] 법치주의는 과거 우리나라의 권위주의 독재에도 봉사하였다.[7] 현재 공산당 일당체제의 중국의 법치주의도 독재체제에 봉사하는 법치주의의 대표적인 예라 할 수 있을 것이다.[8] 한국에 적용되었던 일제시대의 법치주의는 물론이고 당시 일본 본토의 법치주의도 그러하다고 할 수 있다.[9] 그리고 입법에 대한 현재 일본의 사법심사제도가 극단의 사법소극주의로 흐르고 있다는 점(즉 다수에 대한 사법적 통제가 없다는 점)을 감안하면 오늘날의 일본의 법치주의는 재일교포 등 민주적 정치 과정의 소수자의 기본권 보호 기능을 실질적으로 저버리고 있는 것이 아닌가,[10]

---

5. Tom Ginsburg and Tamir Moustafa, eds., *Rule by Law: The Politics of Courts in Authoritarian Regimes* (Cambridge: Cambridge University Press, 2008), 특히 이 책의 서론 장, 2장, 5장, 6장 등.
6. Ingo Müller, *Hitler's Justice: The Courts of the Third Reich*, trans. by Deborah Lucas Schneider (Cambridge: Harvard University Press, 1991); H. W. Koch, *In the Name of the Volk: Political Justice in Hitler's Germany* (London: I. B. Tauris Publishers, 1989); Richard Lawrence Miller, *Nazi Justiz: Law of the Holocaust* (Westport: Praeger, 1995) 등. 독일 나치의 독재는 법치에 의한 독재라 할 수 있을 것이며 그 때문에 더 철저할 수 있었다고 할 수 있으리라.
7. 과거 권위주의 시대에 내려졌던 판결이 재심을 통해서 오늘날 줄줄이 무죄판결을 받고 있는 사실이 이를 증명한다고 할 수 있다. 1975년 대법원에서 확정된 인혁당 사건 판결이 2007년에 재심을 통해 무죄판결을 받은 것은 그 대표적 예일 것이다. "사법살인"의 용어가 그 당시에 만들어졌었다. 그 당시를 증언하는 기록으로 **1974년 4월: 실록·민청학련 1 및 2**(서울: 학민사, 2003); 박원순, **역사가 이들을 무죄로 하리라: 한국인권변론사: 가시밭길을 선택한 변호사들**(서울: 두레, 2003) 등.
8. Randall Peerenboom, *China's Long March toward Rule of Law* (Cambridge: Cambridge University Press, 2002) 등.
9. 崔大權, **法社會學**(서울: 서울대학교출판부, 1983), 제2장 "우리나라 공법사의 이해" 가운데 특히 73－85면 등.
10. 崔大權, "比較 社會·文化的 文脈에서 본 司法積極主義와 司法消極主義: 하나의 探索," 서울대학교 **法學**, 46권 1호, 19－39면(2005).

그리하여 그들의 법치주의는 실질적 법치주의의 단계에는 아직 이르지 못하고 있는 것이 아닌가 하는 의문을 제기할 수 있게 한다.

그러한 만큼, 과거와 현재의 독일 및 과거와 현재의 한국이 보여주듯이, 이러한 단계의 법치주의와 소수자의 인권이 보호되는 민주주의 단계의 법치주의가 서로 다른 단계에 서있는 법치주의로 이를 유형화하여 생각할 만한 충분한 이유가 있다고 생각한다. 다만 권위주의에 봉사한다는 점에서 유사해 보이기 때문에 오늘날의 중국의 법치주의와 과거 권위주의 시대의 우리나라의 법치주의에 대하여 마치 동일한 차원의 법치주의인 듯이 이야기할 수 있다. 그러나 권위주의에도 여러 모습이 있는 만큼 오늘날의 중국의 법치주의와 과거 한국의 권위주의 시대의 법치주의를 동일한 차원에서 논의하는 것이 적절치 않은 측면이 존재하는 것도 사실이다. 우리나라의 권위주의는 중국의 공산당 일당체제의 권위주의와 차별화되게 적어도 형식적 법규범으로는 자유민주주의 헌법 하에 복수정당체제와 정기적으로 치러진 선거제도를 운영하였으나 정치현실은 형식적 헌법규범에서 벗어나 권위주의적이었다. 그리고 형식적으로나마 존재한 자유민주주의의 헌법, 복수정당 및 선거 등이 그 후의 민주화에 크게 작용한 중요 변수 중 하나였다. 그러한 의미에서 중국의 권위주의체제 하의 법치주의와 우리나라 과거 권위주의 하의 법치주의는 엄밀히 차별화될 수 있음은 분명하다.

중국공산당의 일당지배원칙은 중국 헌법에 상위한다고 할까 적어도 헌법의 부동의 원리이고 마을 단위의 그것을 제외하면 지도자를 뽑는 자유선거제도는 없다. 더 엄밀하게 정의하자면 오늘날의 중국에는 법치(rule by law)와 법치주의(rule of law)가 혼재하고 있는데 그러한 의미에서 이중적 구조다. 이와 비교하면, 과거 권위주의하의 우리나라에서는 법치주의가 존재하였으나 권위주의적 정치현실에 의해 부분적으로 실행되지 못하고 (일원적 구조이나 헌법규범과 정치현실의 괴리가) 있었을 뿐이다. 다만 유형화의 필요성이나 이익에 비추어 과거 한국의 권위주의체제하의 법치주의도 크게는 지금의 중국의 법치주의와 함께 독재체제에 봉사하는 법치주의로 일반화하여 논의할 수 있는 실익도 있으리라. 그리고 이러한 입장에 서서 나아가 법치주의를 독재체제에도 봉사하는 법치주의와 복수정당제 및 인권을 담보하는 민주주의체제에 봉사하는 법치주의로 나누어 이야기하는 것이 가능하리라 생각된다. 오늘날 헌법학적으로는 법치주의를 형식적(thin) 법치주의와 실질적(thick) 법치주의로 나누어 논의하고 있다. 2차 대전 이전의 나치 독일 및 대전 이후의 독일의 경험이나 우리나라의 (입법에 대한 헌법심사가 잠자던) 권위주의 및 (입법에 대한 헌법심사가 활성화의 계기가 된) 민주화의 경험에 비추어보면 형식적 법치주의는 다수의 독재의 등장에 대하여 무기력하게 이에도 봉사할 수 있는 법치주의라는 의미에서 형식적 법치주의와 다수의 독재로부터 소수자 인권보장 장치를 내장한 실질적 법치주의를 발전단계의 차원에서 나누어 취급할 만한 충분한 이유가 있다고 믿는다.

형식적 법치주의라고 부르는 이유는 법치주의가 지니는 그 형식적 특징에 주목해서 그렇게 부를 수 있기 때문이다. 법치주의가 지니는 형식적 특징으로 법의 일반적 적용(법의 일반성), 법의 공표, 법의 미래효의 원칙(불소급의 원칙), 법의 명확성의 원칙, 법의 일관성, 법의 안정성 등을 거론할 수 있다. 이러한 형식적 특징은 법의 집행이나 적용에서 국가기관들을 구속하는 법의 특징적 요소들이다. 이러한 형식적 특징들을 결하고 있는 법은 자의(恣意)의 표현이지 이미 법이라고 할 수 없다. 그리고 이러한 형식적 특징들을 충족할 때 법치주의는 개인의 자유나 시장질서의 기초인 법의 예측가능성이나 안정성을 비로소 이야기할 수 있게 된다. 다만 형식적 법치주의에서는 정의나 상위법(higher law), 인간의 존엄 및 가치와 같은 법의 실질적 내용을 문제 삼지 않거나 그러하지 못한다. 그리하여 형식적 법치주의는 민주적 다수가 소수자의 인권을 위협하는 입법을 행한다고 하는 경우에 다수의 횡포를 견제하는 원리 및 제도를 지니지 아니한다. 실질적 법치주의에서는 법이 법의 형식적 특징을 갖추는 것은 물론이고 법의 실질적 내용까지 문제로 삼는다는 의미에서 그렇게 부를 수 있게 된다.

발전단계에서 형식적 법치주의로부터 실질적 법치주의를 차별하도록 만드는 대표적인 장치로 입법에 대한 위헌법률심사제도(judicial review, constitutional review)를 들 수 있다. 2차 대전을 전후한 독일의 경우가 그 대표적인 예다. 대한민국의 역사에서는 그러한 차별화가 적어도 제도적 차원에서는 반드시 분명하지는 않다. 대한민국 헌법은 처음(1948)부터 위헌법률심사제도와 함께 시작하였기 때문이다. 다만 우리나라 과거의 권위시대에는 위헌법률심사제도가 작동하지 않았을 뿐이라고 말할 수 있다. 그리고 우리나라의 민주화는 헌법재판소의 도입 및 그 활성화를 가져왔다고 말할 수 있다. 오늘날 위헌법률심사제도는 이전의 동유럽 사회주의 국가들을 위시하여 전 세계적으로 확산되고 있는 추세라고 할 수 있다. 다만 중국의 경우에는 이러한 위헌법률심사제도 자체가 없다. 또 제도로서의 위헌법률심사제도가 없다고 그 나라가 다 인권이 보장되지 않는 비민주적 국가라고 말할 수도 없다. 영국의 경우가 그 대표적인 예다. 그러한 의미에서 법치주의를 발전단계에 따라 분류하는 것이 반드시 정밀하고 정확한 것은 아니다. 그러나 각 발전단계의 특징적인 또는 지배적인 경향을 보여주기에는 충분하다. 그리고 법치주의의 한 단계에서 보여주는 경향이 다른 단계에서도 중첩적으로 나타날 수도 있다. 그럼에도 불구하고 이처럼 법치주의를 발전단계별로 유형화하여 이해하는 것은 한 나라의 법치주의와 민주주의 및 산업화를 설명하는 데 상당히 유리하다고 생각하기 때문이다. 특히 독일이나 우리나라의 법치주의의 발전을 이해하는 데 유리하다고 생각한다.

우리나라의 법치주의는 헌법규범을 가지고 이야기하든 헌법현실을 중심으로 살피든 이제 실질적 법치주의 단계에 들어와 있다. 우리나라의 민주화(1987)와 함께 헌법재판소제도가 도입된 이래 헌법재판제도가 활성화되고 무엇보다도 특히 활성화된 헌법재판을 통하여 우리나라 사회에서 드디어 헌법규범과 헌법현실 사이의 괴리가 사라지고 이제 우리나라의 자유민주주의 헌법은 살아있는 헌법(living constitution)이 되었다. 그럼에도 불구하고 수입쇠고기사태 때나 2009년도에 회생절차에 들어가 있는 쌍용자동차 공장부지에서 본 바와 같은 불법과격시위 및 불법과격파업 등의 현상이라든가 국회의사당에서도 벌어지는 의원들의 폭력과 불법·탈법적인 국회의 파행사태, 그리고 이곳저곳 광범위하게 일어나고 있는 공무원들의 부정·부패현실을 보면서 우리 사회의 법치주의는 아직도 첫째 발전단계에서도 완전히 벗어나지 못하고 있다고 할까 첫째 단계부터 넷째 단계까지 여러 단계의 법치주의가 중첩되어 나타나고 있다고 하지 않을 수 없다. 우리나라는 확실히 제4단계 즉 실질적 법치주의의 단계에 들어서 있고 우리들의 법치주의 논의도 넷째 단계의 법치주의를 중심으로 하고 있다. 그러나 우리나라의 법치주의는 아직도 제1단계 및 제3단계(즉 형식적 법치주의)의 법치주의의 문제를 심각하게 안고 있다는 생각이 든다. 이것이 우리 사회가 직면하고 있는 법치주의의 현실이 아닐까 라고 생각한다.

발전단계의 차원에서 법치주의를 보려는 이유 중 하나는 그렇게 하는 것이 우리의 법치주의 및 민주주의의 문제를 다층적 입체적으로 볼 수 있게 만들어준다고 생각하기 때문이다. 사실 헌법규범적으로는 셋째 및 넷째 단계의 법치주의를 지니고 있다고 하더라도 우리나라의 법치주의에는 첫째 단계의 법치주의의 문제점들이 남아 있어 법질서를 예측할 수 없거나 파행적으로 작용하게 만드는 상태에 머물러 있다면 규범적으로 완벽하게 보이는 셋째 및 넷째 단계의 우리나라의 법치주의가 원만하게 작용하는 것일 수는 없을 것이기 때문이다. 법치주의를 파행적으로 작용하도록 만드는 첫 번째 단계적 요인들로 만연한 폭력적 불법적 사태, 부정부패, 당리·당략을 포함하는 정파와 인맥에 따른 파벌과 편파주의, 국회의원 및 판사의 그것을 포함하여 이념에 좌우된 공무원들의 파행적 공무수행 행위 등을 들 수 있다. 이 같은 첫째 법치주의 단계의 요인들이 만연하여 심각한 정도에 이르고 있다면 그러한 나라의 셋째 및 넷째 단계의 법치주의가 주는 예측가능성과 법적 안정성 및 인권보호의 전반적 상황이 그렇게 높으리라고 생각되지 않는다. 예컨대 그러한 나라의 헌법재판소가 제대로 작동한다고 하더라도 헌법재판소가 그 나라의 법질서 및 인권 상황을 홀로 전담할 수 없음은 분명하며, 또 첫째 단계 법치주의의 요인들이 헌법재판소의 작동에 영향을 미치지 않으리라는 보장도 없기 때문이다. 태국, 인도네시아, 우즈베키스탄 등 동남아시아나 중앙아시아의 여러 나라에 제도적으로는 헌법재판소가 도입되어 있지만 그러한 나라의 법치주의 및 민주주의가 어떠한지는 우리가 다 잘 알고 있다. 그러한 나라에서는 첫째, 둘째 및 셋째 단계의 문제가 심각하게 중첩적으로 겹쳐 있어 넷째 단계의 법치주의가 제대로 작동할 수 없을 것이라는 생각을 할 수 있으리라 생각한다. 우리나라가 이들 나라의 법치주의 및 민주주의보다는 우위에 있지만 선진국의 그것보다는 못하다는 것도 잘 알고 있다. 그리하여 우리나라에서는 준법(즉 첫째 단계 법치주의의 문제점)을 중요 내용으로 하는 선진화의 문제가 중요한 화두로 제기되고 있는 것이다.

우리나라의 선진화 문제의 가장 중요한 하나는 우리나라가 첫째의 법치주의 단계를 확실하게 벗어나 셋째 및 넷째 단계의 법치주의를 다지는 일이라고 생각한다. 우리나라 선진화의 또 하나의 중요한 요소는 사회 구성원들이 드디어 시민의식 내지 시민적 덕성(civic virtue)을 갖추는 일이라고 생각한다. 시민의식의 중요 요소 하나가 법을 존중하고 준수하는 의식이다. 시민의식의 하나로 법준수가 중요한 이유는 그것이 다른 나라의 법이나 남이 만들어준 타율적인 법이 아니라 우리(주권자인 우리 모두; we, the people)의 법이기 때문이다. 그것은 법집행 등 법준수의 차원에서뿐만 아니라 법제정(입법)의 문제도 포함한다. 우리가 참여하여 우리의 대표가 우리의 의사와 이익 및 사정을 제대로 반영하여 법을 잘 만든다는 것이 중요하다. 그러한 만큼 법은 우선 잘 만들어야 하며 그리고 만들어진 법은 잘 지켜야 한다는 입법학의 명제도 도출된다.

아무튼 시민의식은 법준수의 의무를 비롯하여 우리 모두가 자유스럽고 평등한 구성원으로 참여하는 공동체(즉 민주공화국)를 위한 봉사, 희생, 책임, 타협, 양보 등의 자질을 포함한다. 이러한 시민의식 내지 시민으로서의 자질은 우리가 펼쳐나갈 민주정체의 정치적 안정(political stability)과 능률(performance)의 기초가 된다. 선진화는 우리 모두가 이끌어갈 민주정체가 정치적으로 안정적일 뿐만 아니라 우리 모두 공동체의 일을 능률적으로도 수행해나가는 능력을 갖출 때를 일컫는 것이다. 지금 지구상의 선진국은 시민이나 정치인들이나 모두 이러한 시민의식과 자질을 갖춘 나라를 일컫는다고 생각한다. 지금 현재 크게는 우리나라 정치계, 작게는 국회의 끊임없는 정쟁, 무능력, 무능률과 파행을 바라보면 선진화에 관한 이러한 생각을 더욱 강하게 가질 수밖에 없도록 만든다.

위에서 여러 가지 차원에서 법치주의가 민주주의의 필요 불가결한 요소임을 거론하였거니와 동일한 명제를 법치주의 없이도 민주주의가 가능할까 하는 질문을 가지고 접근해볼 수 있지 않을까 하는 생각을 해보았다. 아마도 민주주의에서 가장 중요한 가치인 평등과 자유를 중심으로 하는 게임 룰을 공동체의 구성원들이 자발적으로 공유하는 그러한 공동체를 가정한다면 이론적으로 법치주의 없는 민주주의도 가능할 수 있을 것이라 생각한다. 그러나 공동체의 게임 룰을 공유하는 비교적 적은 수의 사람으로 구성된 원시공동체라면 몰라도 오늘날의 현실의 세계에서 그러한 공동체의 성립이 가능할지는 의문이다.

그것은 대체로 법과 도덕의 관계에 관한 우리의 사유와 평행선을 그을 것이리라 생각된다. 공통의 도덕을 공유한다면 강제적인 법이 불필요하게 되리라. 그러나 구성원 간의 지역적, 계층적, 이념적, 정치·경제적 이해관계를 달리하는 특히 오늘날의 산업화된 사회에서 그러한 공동체를 상정하기는 힘들 것이다. 더구나 우리나라는 세계화와 함께 다문화적으로도 바뀌고 있다. 이러한 사유들이 오늘날의 민주주의가 입헌민주주의일 수밖에 없는 가장 큰 이유를 형성할 것이다. 그리고 입헌민주주의는 법치주의에 바탕을 두지 않을 수 없다. 소수자의 보호는 다수의 독재를 막는 민주주의의 운명적 사명이라 할 수 있다. 법치주의가 민주주의의 운명인 소수자의 보호를 가능하게 만들고 있다. 그러므로 민주주의란 다수의 지배와 소수자의 보호를 핵심적 내용으로 한다고 할 수 있다. 법치주의와 민주주의의 충돌의 화두는 오늘날의 민주주의의 이러한 내용을 되돌아보게 하는 계기를 만들어준다고 생각한다.

3. 민주주의의 문제

민주주의를 이해함에 있어서도 법치주의의 경우에서와 같이 이를 발전단계의 차원에서 파악할 필요가 있다고 생각한다. 이 점은 현재 우리나라에서 실행하고 있는 민주주의가 이전의 권위주의의 단계에서 그 이상(理想)을 향하여 한 단계 나아간 것이긴 하지만,

바람직한 단계에 도달한 것이라고 할 수 있겠느냐는 질문을 던진다든지, 아직 선진화된 민주주의의 단계에는 이르지 못하여 그리로 나아가야 할 과제를 안고 있는 단계의 민주주의에 있다는 일반적 관점에서 볼 때에, 분명해진다고 생각한다. 그렇다면 우리가 아직 도달하지 못한 이상적 내지 선진화된 민주주의는 어떠한 단계의 민주주의냐 하는 질문이 제기된다. 이 질문과 동시에 역으로 우리가 지금 실행하고 있는 민주주의가 이상적 내지 선진화된 민주주의와 비교하여 무엇을 결하고 있는 것일까 하는 질문을 제기할 수 있다. 분명히 우리나라에서는 헌법의 규정에 따라 자유선거를 정기적으로 시행하고 있고 형식적 법치주의는 물론 실질적 법치주의의 단계에도 이르러 있다. 그럼에도 불구하고 우리에게 부족하다고 판단되는 부분이나 요소들이 존재한다. 이렇게 부족하다고 판단되는 부분 내지 요소 가운데 분명한 것은, 궁극적·중심적으로는 의회주의 전통의 확립이 필요하다고 대표적으로 말할 수 있는 현상, 전 사회과정상으로는 헌법의 통합기능(integration function)의 부족현상이 아닌가 생각한다. 그것은 우리나라가 민주주의를 실행하고 있지만 그리하여 정부의 민주적 정당성의 확보에도 불구하고 지역적·이념적·정파적 및 이익 간의 알력·대립·분쟁의 심화로 인하여 나라가 정치적 안정성(political stability)과 함께 정부의 업무성취능력 내지 능률(performance)을 이루지 못하고 있다는 판단에 근거하고 있다.

정치적 안정성과 함께 정부의 업무능력 내지 능률의 제고가 이루어지지 않으면 결코 선진화된 민주주의라고 할 수 없고, 경우에 따라 권위주의에 대한 향수를 등에 업은, 민주주의로부터의 후퇴를 우려하게 만들 수 있다. 사실 권위주의도 정부의 업무능력이나 업적이 크면 민주적 정당성의 결여를 상쇄할 만한 정치적 정당성을 부여받는다. 과거 박정희 정부의 업무성과가 민주적 정당성의 결여를 완화 내지 상쇄하고 있는 점이 그러하다. 그리고 그후 업무능력이 떨어지는 민주정부를 연속해 맞이하면서 권위주의시대의 정부의 업무성과 내지 업무능력에 대한 대단한 향수를 불러일으킨다. 박근혜의 정치적 인기는 그러한 향수에 어느 정도 바탕을 두고 있다고 판단된다. 사실 아무리 민주적 정당성을 갖춘 정부라도 업무성취도가 낮으면 정치적 정당성을 상실하게 된다. 노무현 정부가 그 예가 되리라 생각된다. 무능하고 부패한 민주정권의 나라에 군사쿠데타가 잦은 것은 결코 우연이 아니다. 박정희 정권의 등장은 정부의 업무성취능력의 제고에 필수적인 헌법의 통합기능을 권위주의의 방식으로 이룩한 사례라고 말할 수 있다. 그리고 이명박 정부의 등장은 정치적으로는 무능했던 민주정부에 대한 정치적 쿠데타라고 할만하다.

민주적 정당성 및 정치적 안정성과 함께 민주정부의 업무능력 내지 능률의 확보는 전 사회과정상에서 표출되는 국민의 다양한 의사와 이익을 국가의 의사로 수렴·통합하는 능력을 국민의 대표기관인 의회가 발휘할 수 있을 때 담보된다고 할 수 있다. 우리나라 민주주의의 문제점이랄까 위기의 중심에는 의회주의의 취약 내지 의회주의의 위기가 도사리고 있다고 믿는다. 의회주의의 부재 내지 위기의 본질적 문제는 헌법의 통합기능의 실패로 표현되는 까닭에 우리나라의 정부 형태가 대통령제냐 의원내각제냐의 문제와는 상관이 없다. 자유민주주의는 다수의 지배와 소수의 보호를 내용으로 하고 있다. 그러나 국민의 다양한 의사나 이익을 통합(integration)하여 국가의사로 형성하는 결정과정에서 다수결의원리는 마치 여당의 독주로, 그리고 결사저지는 야당의 존재이유나 되는 듯이 정파·정당 간 대립과 투쟁이 국회 장 내외에서 합법/불법을 가리지 않고 전개되는 까닭에 특히 국민적 관심이 집중된 사안과 관련해서는 통일된 국가의사의 형성이 대단히 어렵다. 그리하여 다수결에 의한 의사 처리와 관련하여 야당으로 하여금 거부권을 가지게 만드는 결과를 초래한다. 다수결에 의한 의안통과는 야당에 의한 헌법소송으로 이어져 국회의 의사형성에 있어서의 통합 기능의 어려움이 정치의 사법화의 한 중요 요인으로 작용하게 만든다. 이미 지적한 바와 같은 우리나라 사회의 통합 내지 화합 기능의 저조나 어려움은 전국적 내지 국회(의회주의) 차원에서뿐만 아니라 사회과정(process)의 곳곳에서도 목격된다. 지역 및 이념 갈등이나 노사화합 내지 노사평화 달성의 어려움은 그 대표적 예가 된다. 우리나라의 세대, 지역, 이념, 이익 사이의 지나친 갈등, 알력, 분쟁 등은 우리나라 사회에 그 적절한 관리나 통합을 위한 지나친 비용의 증가를 가져온다고 생각된다. 우리나라 여야 정당 간 및 정당 내의 알력, 대립 내지 투쟁은 국가정책을 둘러싼 그것이 아니라 정파적·정략적 이익을 위한 것으로 비쳐져 조선시대의 당파싸움과의 차별화를 어렵게 만든다. 이 같은 통합의 어려움, 알력이나 분쟁의 심화는 세계 4대강국에 둘러싸인 지정학적 불리함에 더하여 자원이 부족한 우리나라가 직면한 과제 즉 남북통일의 달성 문제를 포함하는 생존과 번영 및 동북아에서는 물론 세계평화와 인류공영에 기여하는 나라(헌법 前文)로, 즉 선진화된 나라로 성장·발전함에 있어 이를 저해하는 중요한 요인으로 작용한다고 생각된다.

사실 대의민주주의를 이해함에 있어 소위 국민의 대표들(대통령, 국회의원 등)이 전개하는 정치의 수준은, 단순히 국민의 다양한 이익이나 의사를 그대로 반영할 뿐 즉 정제되지 않은 국민의 정치수준을 반영할 뿐이고 그것으로 충분한 것인지, 국민의 의사와 이익을 반영할 뿐만 아니라 그로부터 더 나아가 책임을 지고 능동적·효율적으로 발견·형성해내는 국가의 의사·이익(즉 공공선)을 반영해야 하지 않을는지, 하는 문제가 있다고 판단된다. 만약 국민의 대표가 전자의 대표를 의미한다면 그것은 이를테면 종속적 대표라 할 수 있고, 후자라면 독립적 대표라고 할 수 있으리라.[11] 만약 대의민주정치에서 말하는 대표가 단지 전자를 말하는 것이라면 국민의 대표기관이 필요한 것이 아니라 국민의 여론을 정확히 집계해내는 유능한 여론조사기관이 있으면 충분하지 않을까 하는 생각이 든다. 이러한 대표라면 그것은 자기가 대표하는 특정의 정파적·당리당략적 이익이나 의사에 종속되어서 위에서 말하는 소통과 양보와 타협 및 공공선의 발견을 어렵게 할 것임에 틀림없다. 위에서 거론한 국가공동체를 위한 통합기능의 수행은 독립적 대표를 전제로 한다고 믿는다. 국민의 대표기관은 국민의 의사와 이익을 반영하고 통합하여 국가의사(입법 등)를 형성하는 기관이어야 한다. 국민의 대표는 국민의 의사와 이익을 읽고 양보와 타협과 아이디어를 이끌어내어 통합된 국가의사·이익을 형성해내는 정치지도자여야 한다고 생각한다. 이러한 단계에 이른 대의민주주의를 비로소 선진화된 민주주

---

11. Carl J. Friedrich, *Constitutional Government and Democracy: Theory and Practice in Europe and America* (Boston: Ginn and Company, 1950), 310−311면; Giovanni Sartori, "Representation: Representational Systems," *International Encyclopedia of the Social Sciences* (1968), 468−469면 등.

의라 할 수 있을 것이다. 그리하여 우리나라의 민주주의는 이 단계의 민주주의로 성숙해야 할 운명을 지니고 있다고 판단된다.

이 같은 국회에서의 토론·결정과정을 포함하는 정치과정 및 사회과정상의 통합된 의사결정의 어려움 및 이와 함께 가는 지역, 이념, 이익 간의 알력·갈등·분쟁의 심화는 세계 속에서 능률적·효과적으로 작용하는 정치공동체, 즉 민주공화국의 형성을 어렵게 만드는 것이라 여겨진다. 민주공화국은 이기적 이익 추구와 권리주장만을 일삼는 백성(subject)이 아니라 신분·지위·부의 정도와 관계없이 누구나 동등한 자격에서 "공공선"의 성취를 위하여 구성원으로 의무와 책임을 다하는 시민(citizen)으로서의 자질(예컨대 준법정신, 참여·토론·양보·타협, 공동체에 대한 사랑과 애착, 희생·양보·봉사·책임 등의 자질)(civic virtue)을 갖춘 구성원으로 구성된 공동체다.[12] 그러한 만큼 자유, 평등, 법에의 복종, 의무, 희생, 사명감, 책임, 다른 시민과의 소통 내지 토론과 같은 덕목은 민주공화국의 형성과 그 업무수행의 능률을 위하여 참으로 중요하다고 믿는다. 이러한 시민으로서의 덕목을 갖추는 일은 헌법의, 그리고 의회주의의 통합기능의 제고를 통하여 우리나라가 자유민주주의로, 그리고 시장경제로 선진국이 되기 위한 중요한 필수요건(혹은 독립변수)이 된다고 생각한다.

---

12. Gabriel A. Almond and Sidney Verba, *The Civic Culture* (Boston: Little, Brown, 1965); Gabriel A. Almond and Sidney Verba, eds., *The Civic Culture Revisited* (Boston: Little, Brown, 1980). 그리고 Maurizio Viroli, *Republicanism*, trans. by Antony Shugaar (New York: Hill and Wang, 2002); Iseult Honohan, *Civic Republicanism* (London: Routledge, 2002) 등 참조.

이상의 논의에 비추어보면 민주주의도 여러 발전단계의 차원에서 분석하고 이해해야 할 충분한 이유와 실익이 있다고 판단된다. 민주주의에는 그 정치체제가 순전히 독재체제는 아니라는 소극적 차원에서 민주주의체제라고 할 수 있을 뿐인 민주주의로부터 위에서 언급한 바와 같은 선진민주주의 여러 요소 예컨대 공동체구성원들이 시민으로서의 덕성을 갖추어 사회 자체도 민주적이라 할 수 있고 헌법이 정치통합기능을 원만히 수행하여 정치적 안전성과 업무수행이 능률적인 성숙한 단계의 민주주의까지 여러 단계가 있을 수 있다. 그리고 그 중간에 헌법규정에 따라 선거가 정기적으로 행해질 뿐인 입헌적 민주주의가 있다고 생각된다.[13] 우리나라의 민주주의는 민주적인 헌법의 규정이 겨우 지켜지고 있을 뿐이고 아직도 선진민주화의 과제를 안고 있는 입헌민주주의 단계라고 판단된다. 말할 것도 없이 입헌민주주의는 법치주의를 그 기초로 한다. 그러나 법치주의를 저해하는 준법의식의 미약함이 나아가 입헌적 민주주의에도 위해를 가하는 위험성을 안고 있는 민주주의라고 할 수 있다. 설사 헌법의 규정이 잘 준수된다고 하더라도 그것만으로 우리나라의 의회주의 확립의 문제나 시민적 덕성의 문제가 해결되는 것이 아님은 물론이다. 그 이유는 헌법규정의 문자는 따랐지만 헌법규정의 정신이나 철학은 따르지 않거나 따르지 못하는 경우가 얼마든지 있을 수 있는 까닭이다. 우리나라 헌법의 국회에 관련된 조항들이 그러한 경우에 해당한다고 할 수 있는데, 대의민주정치의

---

13. Giovanni Sartori, "Democracy," *International Encyclopedia of the Social Sciences* (1968), 특히 117–118면; Larry Diamond, "Defining and Developing Democracy," in Robert A. Dahl, Ian Shapiro, and José Antonio Cheibub, eds., *The Democracy Sourcebook* (Cambridge: MIT Press, 2003), 29–39면.

중심을 국회에 두는 의회주의가 실패하고 있어 의회주의의 확립의 문제가 과제로 되어 있는 것이 그 대표적인 예가 된다. 전체적·거시적으로 볼 때 우리나라 헌법은 헌법규범과 정치현실이 일치하는 살아있는 헌법 즉 Loewenstein[14]의 규범적 헌법(normative constitution)임에 틀림없으나 불행히도 의회주의에 관련된 국회조항에 관한 한 아직도 명목적 헌법(nominal constitution)이라 할 수 있을지 모른다.

4. 유교문화의 문제

이러한 우리나라의 법치주의와 민주주의의 문제들을 생각함에 있어서 우리나라가 오래된 유교문화의 나라라는 사실을 새삼 상기하게 된다. 이처럼 우리나라가 유교문화를 가진 나라라는 사실이 법치주의나 입헌주의 및 민주주의와 시장경제를 생각함에 있어서 무슨 의미를 가지는가? 사실 우리나라가 유교문화를 가진 나라라는 사실은 자산일 수도 있고 짐일 수도 있다. 우리의 산업화 과정에서 한때 유교전통이 경제발전에 유해하다고 생각했던 적도 있었다.[15] 유교문화 내지 유교전통이 유익하냐 유해하냐의 문제를 논의함에

14. Karl Loewenstein, *Political Power and the Governmental Process* (Chicago: University of Chicago Press, 1965), 147면 이하.

15. 유교가 조국의 근대화에 유해하다는 담론이 아직도 유행하던 1970년대 초에 필자는 방학 때 고향에 내려가 외지에서 직장생활을 잘하고 있던 선배 한 분이 종가집의 제사 및 종중재산의 관리를 포함하는 종가집 장손으로서의 책무를 다하기 위하여 잘 다니던 직장을 그만 두고 시골 고향에 내려와 있는 모습을 보고 유교가 과연 근대화에 유해하구나 하는 주장에 심정적으로 동조하였었다.

있어서는 우선 우리에게 남아있는 유교문화나 유교전통의 모습이나 내용을 정확히 알아야 할 필요가 있다. 둘째로는 유교문화 내지 유교전통이은 절대적으로 혹은 헌법(제9조)적으로 계승·발전시켜야 할 사안인지 판단할 필요가 있다. 셋째로 가령 기능적으로(functionally) 그 유용·무용의 문제를 다루기 위해서는 우리의 무엇과 어떻게 유용하고 또는 유해한지 분석적으로 판단할 필요가 있다고 생각한다. 우리의 경우에 이 셋째 문제와 관련하여 우리가 다루고 있는 법치주의나 입헌주의 및 시장경제질서와 어떻게 유용하고 혹은 유해한지를 판단할 필요가 있을 것이다.

사실 명심보감(明心寶鑑)이나 대학(大學), 논어(論語), 맹자(孟子)를 체계적으로 배우지 아니한 사람이라도 이러한 경전을 한번이라도 읽어보면 그리고 그것이 그대로 실행된다면 말할 것도 없이 좋은 세상이 오고 좋은 사람이 되리라는 점에 의문이 없고 그래서 곧바로 오늘날에도 유익하다고 결론을 내린다. 그러나 특히 대학에서 동양철학을 선택하거나 개인적으로 수강하거나 학습하지 않는 한, 오늘날 모든 국민이 접하는 공교육과정 어디에서도 한국인들은 유교교육을 체계적으로 받지 못하고 있다. 다만 가정교육을 포함하는 사회화과정을 통하여 유교적 문화의 영향을 받아 인격이 유교적으로 형성될 뿐이다. 그나마 산업화에 따른 급속한 사회변화에 힘입어 유교적인 문화전통은 점차 사라지고 있다고 할 수 있다. 그러한 만큼 유교문화 내지 유교전통이 아무리 훌륭하고 유용하더라도 유교교육을 통하여 국민 일반의 사고방식·행동거지 일반이 유교의 가르침을 따를 만큼 유교의 가르침을 강도 높게 국민의 몸에 배게 만들 수 있느냐의 문제가 있고, 그리고 유용하다면 강제해서라도 유교교육을 시킬 수 있느냐, 어느 정도까지 그렇게 강제할 수 있느냐의 문제가 있다.

이러한 문제는 기독교교육을 대치하여 생각해보면 문제가 분명해질 수 있다. 도덕적 또는 윤리적 유용성만 가지고 이야기한다면 확실히 기독교교육도 유용할 수 있다. 그러나 이를 강제할 수 있느냐 어디까지 강제할 수 있느냐의 문제가 있음은 물론이다. 유용하다는 것만 따지면 천자문(千字文), 동몽선습(童蒙先習) 등으로 시작하여 논어, 맹자에 이르는 조선조 시대에 그러했듯이 아예 유치원이나 초등학교부터 유교교육을 시키면 더 바람직한 것은 없을 것이다. 그러나 과연 그렇게 할 수 있느냐, 어느 정도까지 그렇게 할 수 있느냐 등의 국민적 선택의 문제가 있다. 대만이나 중국에서는 고등학교에서 유교교육을 시키고 있다고 듣고 있기 때문에 그러하다. 이러한 문제를 심각하게 받아들여 국가적 국민적 결단의 차원에서 선택하지 않는 한 유교의 유용론 내지 유교부활론은 사실 몽상에 그칠 가능성이 크다고 생각한다. 또 유교교육을 공교육 교과과정의 하나로 시행한다고 하더라도 그것을 조선시대의 강도를 가지고 시행할 수는 도저히 없을 것이고, 더구나 그렇게 행하는 유교교육이 유교적 인성을 성공적으로 형성해내리라는 보장은 더구나 없을 것이다. 다만 유교교육을 그렇게라도 할 수 있다면 그렇지 않은 경우보다 유교적 인성 함양의 가능성이 크리라는 점은 의문이 없으리라 생각한다.

유교문화나 유교전통이 무엇에 어떻게 유용하냐 혹은 유해하냐의 문제에는 어떻게 접근하여 판단할 것인가의 문제가 있다. 왜냐하면 분석적으로 유교문화나 유교전통의 구체적인 어떠한 것이 설명하려는 구체적인 어떠한 것과 연계시켜 논의하려는 것이 아닌 한 유교문화나 유교전통이라고 하는 것은 무엇에나 유용할 수도 있고 또 무엇에나 해롭다고 말할 수도 있을 것이기 때문이다. 링컨 대통령의 두 번째 취임연설에서 (노예제도를 지닌) 남부나 (노예제도를 거부한) 북부 모두 동일한 성경을 읽고 동일한 하느님의 가호를 빌었다는 구절[16]이 그러한 생각을 불러일으킨다. 기독교와 민주주의를 연계시키는 주장이 없는 것은 아니다. 그러나 기독교 국가에서 민주주의도 일어났지만 독재국가(예컨대 나치 독일이나 파시즘의 이탈리아, 프랑코의 스페인 등)도 일어났던 것이다. 또 그것은 기독교가 아닌 나라에서의 민주주의의 성장은 설명할 수 없을 것이다. 공산당 일당의 중국이 유교의 종주국임을 자임하여 유교적 조화(harmony)를 유난히 강조하고 있으나, 정의를 동반하지 아니하는 조화는 예컨대 티베트나 위구르 등 독립을 주장하는 소수민족 및 정치적 소수자의 탄압의 정당화에 유용하게 쓰이는 도구에 지나지 않게 된다. 원래 유교전통을 지닌 북한의 왕조적 권력 세습은 또 어떻게 설명할 수 있을 것인가? 그러한 만큼 어떠한 요인이나 요소를 특정화해서 설명하려는 것이 아닌 한 기독교나 유교 문화 내지 전통이라고 하는 것은 (신, 우주, 사회, 인간관계와 권력 등에 관한 생각, 도덕, 윤리, 의례 등 많은) 무엇이나 담을 수 있는 자루(bag)와 같은 것이어서 엄밀한 (사회)과학적 설명력을 지니기는 어렵게 만든다는 점을 주의할 필요가 있다. 인권의 기원을 기독교의 가르침에서 찾

---

16. Vincent Wilson, Jr., ed., *The Book of Great American Documents with Inaugural Addresses of Jefferson, Lincoln, Kennedy*, 3rd. ed. (Brookeville: An American History Research Associates Publication, 1993), 76–80면.

는 것이 그러한 경우다. 설명이 될 것도 같지만 과학적 엄밀성을 지닌다고 말할 수 없다는 점이 그것이다. 이러한 점은 처방의 경우에도 마찬가지다.

유교의 유용성을 (사회)과학적으로 엄밀하게 논의하려면 다음과 같은 두 가지 접근방법을 사용하는 경우에 그러하리라 생각된다. 어떠한 현상(결과)을 설명하는 독립변수로 유용한 경우가 그 하나일 것이다. 예컨대 우리나라의 급속한 산업화와 민주화를 설명하는 독립변수의 하나로 높은 교육열을 드는 경우에 사람을 만드는 교육에 중점을 두었던 유교의 가르침을 높은 교육열의 한 원인이라 지목할 수 있다는 경우에 그러하다. 이 경우에 독립변수와 종속변수가 추상화의 단계나 목표의 범위 등에서 연구의 단위가 같아야 할 것이다. 다른 하나는 법률가나 의사와 같은 전문적 기능인을 양성하는 교육(전문교육)에서 전문기능과 함께 하는, 사람을 만드는 윤리교육에 유교(교육)가 유용하게 쓰일 수 있겠는가 하는 경우다. 정치인(정치지도자)의 경우에도 정치인(공인)으로서의 덕목(예컨대 修身齊家, 和而不同 同而不和의 덕목 등)을 갖추어야 한다고 생각되는데 이러한 경우에 유교교육이 유용할 수 있느냐 하는 것도 두 번째의 경우라 할 수 있다.

이들 윤리문제 가운데 대표적으로 법률가 윤리교육의 문제를 그 중심에 두어 한번 살펴보자. 법률가 윤리 문제가 중요한 이유는 그들이 행사하는 권력은 법이 부여하는 권력(사법권)으로서 그 권력은 마치 환자를 치유하는 도구로도 쓰일 수 있지만 강도의 도구로도 쓰일 수 있는 칼과 같아서 정의나 선을 위해서도 불의나 악을 위해서도 쓰일 수 있다. 이러한 권력이 어떻게 쓰이느냐의 문제는 이를 사용하는 사람의 윤리가 그 관건이 될 수밖에 없기 때문이다. 의사가 윤리적이지 않으면 국민의 건강이 해를 받을 수 있음과 같이 법률가가 윤리적이지 않으면 국가와 사회의 도덕적 윤리적 건강이 해를 받을 수 있음은 물론이다. 그러한 만큼 법률가에게는 전문직업윤리(professional ethics)가 대단히 중요하다. 법률가는 법전문가이지만 동시에 윤리적이지 않으면 "허가받은 도둑"이 될 수 있기 때문이다. 그리하여 법률가단체에서는 필수적으로 윤리장정을 제정·운영하고 있다. 그러나 윤리장정은 기본적으로는 행동규범과 이를 위반하였을 시의 징계에 관련된 규칙(rule) 및 그 해석을 둘러싼 선례들로 이루어져 있다. 그리고 징계에 관련된 그 운영과정을 보면 윤리규칙들이 자기식구 감싸기식 전문직업집단구성원의 이익을 반영하여 대단히 형식논리적 해석으로, 그리고 경미한 또는 상징적 처벌로 일관하는 경향을 보여왔다. 비리법관도 사표 쓰고 나오면 곧바로 변호사 개업을 할 수 있는 것이 그 대표적인 예다.

그러므로 이러한 경향을 보이는 직업윤리장정을 넘어 작용하는 법률가의 윤리·도덕의 문제에 큰 관심을 가지게 만든다. 법규정이나 윤리규정이나 구체적인 규정과 함께 개방적인 추상적 규정이 존재하기 마련이고 또 판단자의 재량을 요구하는 규정이 얼마든지 존재한다. 특히 이 같은 추상적 규정 및 재량을 요구하는 규정들과 관련하여 법은 정의, 형평성, 균형감각, 합리성, 옳고 그름 및 아름답고 추함에 관한 생각을 실질적 및 본질적인 내용으로 하고 있다. 이러한 본질에 어긋나는 법의 운영은 자의(恣意)에 지나지 않게 됨은 물론이다. 지금 법의 자의를 막는 윤리·도덕성을 이곳에서 거론하고 있는 것이다. 어떻게 하면 법률가들로 하여금 이러한 의미의 윤리·도덕성을 갖추게 할 수 있을까 하는 점이 유교윤리를 거론하는 이유다.

서양법의 발달은 서양기독교윤리와 밀접한 관련을 가지고 이루어졌다고 생각한다. 그러한 까닭에 서양법의 계수를 받은 우리나라에서 로스쿨(law school)의 전문직업 윤리과목과 함께 또는 별개로 시행하는 기독교윤리의 교육도 새삼 생각할 수 있다. 그러나 인구의 3분지 1이 기독교인임에도 불구하고 표출되고 있는 일반적인 반기독교 정서에 비추어, 호감과 친숙함을 보이는, 적어도 적대감을 보이지 아니하는 유교 윤리교육을 시행한다면 위에서 거론한 목적을 위하여 기능적(functional)으로 유리하지 않을까 생각한다. 그리고 이 목적을 위하여 사서삼경(四書三經)을 가르치는 것도 방법일 수 있으나 이 방법은 오랜 시간과 노력이 필요한 만큼 유교윤리를 법집행에 임하는 관리(목민관)들의 행태에 알맞게 풀이한 윤리지침서라 할 수 있는 정약용의 목민심서(牧民心書)를 이 목적의 교재로 쓴다면 대단히 효율적이고 유용하리라 생각된다. 시대적 차이를 감안하여 가르친다면 오늘날의 법률가 양성을 위한 유교윤리교재로 이보다 더 나은 것은 없다고 믿는다. 그리고 국회의원 등 정치지망생들의 교육교재로 이보다 나은 것은 없다고 믿지만 이를 강제할 수 있는 장치가 장차 개발되어야 하리라 믿는다. 그리고 궁극적으로는 유권자가 그러한 장치인 만큼 우선 유권자가 윤리적이어야 하리라 믿는다.

조선시대에는 기본적으로 치자(治者, 권력담당자)를 대상으로 하는 유교윤리가 서양의 입헌주의에 상응하는 권력통제의 기능을 수행하였다고 말할 수 있다.[17] 치자의 자질을 문제 삼았다는 점에서

플라톤(Platon)의 철인군주론이 유교윤리에 비견되고 있음은 잘 알려진 사실이다. 그러나 서양에서는 권력통제를 위해서 적어도 아리스토텔레스(Aristoteles)로부터 사람(人治)이 아니라 제도에 비중을 두기 시작하였다고 할 수 있다. 정치체제로 군주정, 귀족정 및 민주정과 그리고 이들 체제의 타락한 모습인 폭군정, 과두정 및 우민(폭민)정을 이야기하면서 다수의 신임에 바탕을 둔 소수정예의 지배체제 즉 민주정과 귀족정의 혼합된 형태를 이상적 정치제제로 보았던 것이 그것이다. 이에 이은 폴리비우스(Polybius)의 혼합정체(mixed government)론은 여러 모습으로 오랫동안 서양의 정치철학을 지배하였다. 한때 영국은 군주, 귀족원, 민의원으로 구성된 자기들의 정치체제를 혼합정체로서 이상적인 정치체제라고 자랑하였다. 이 혼합정체의 사상이 헤링턴(Harrington)의 견제와 균형의 이론이라든지 브랙턴(Bracton)의 법치주의 사상, 정부책임의 원리, 미국 헌법제정 당시를 지배했던 "사람의 정부가 아니라 법의 정부"(government of law, not of men) 사상 등과 어울려 법치주의, 삼권분립의 원리, 나아가 근대적 입헌주의의 사상으로 이어져 발전하여 근대적 입헌주의헌법의 채택으로 이어진다. 이리하여 입헌주의를 내용으로 하는 오늘날의 자유민주주의는 제도(법치)를 그 바탕으로 하고 있다고 말할 수 있다. 과거로부터의 유산 때문인가 동양에서는 법치가 아니라 아직도 인치의 요소가 강하게 남아 있다.

인치(人治)는 그 성공을 위하여 치자의 윤리를 필수불가결한 조건

---

17. 崔大權, **法社會學**(서울: 서울대학교출판부, 1983), 제2장 "우리나라 公法史의 한 理解," 특히 59−72면; Chaihak Hahm, *Confucian Constitutionalism*, Harvard JSD dissertartion (2000).

으로 요구한다. 훌륭한 임금이 등극하면 태평성대가 도래한다. 그렇지 아니한 인치의 국가는 마치 강도의 무리같이 되는 것임은 우리가 김정일 체제에서 극적으로 관찰하고 있는 바다. 인치의 성격이 강하게 남아있는 공산당 일당지배의 중국에서 장쩌민(江澤民) 주석이 덕치(德治)를 주장한 것이나 현 지도부가 유교적 조화를 선언하고 유교종주국임을 자랑하는 것은 결코 우연이 아니다. 다시 조선조시대로 돌아가 살펴보면 수신제가 치국평천하(修身齊家 治國平天下)의 모토에서 보는 바와 같이 유교의 가르침은 서양의 입헌주의의 기능을 수행하였다고 하리만큼 유교는 조선조의 기초를 형성하였고 경국대전 등으로 대변되는 법치주의는 예치·덕치를 보완하는 장치였다고 판단된다. 그리하여 대학(大學)에서 인용한 공자의 말씀("송사를 처리함에 있어 나도 남과 같이 재판을 잘할 수 있으나 나는 송사가 아예 없게 하려고 한다")을 거론할 것도 없이, 유교적 시각에서는 "법은 법이 필요 없는 세상을 만들기 위해 필요할 뿐"이라는 생각을 가지고 있다. 정약용(丁若鏞)도 "형벌은 백성을 바르게 하는 일에 있어서 최후 수단이다. 자신을 단속하고 법을 받들어 엄정하게 임하면, 백성이 죄를 범하지 않을 것이니, 그렇다면 형벌은 폐하더라도 좋을 것이다"고 하고 있다.[18] 우리나라에서 좋은 친구나 이웃을 가리켜 "법 없이 살 사람"이라고 하는 상투어는 법에 관한 이러한 생각과 짝이 잘 맞는다고 판단된다. 예의와 도덕이 확보되지 아니한 사람에게 법이 없는 상태는 무법천지의 다른 말에 불과할 것이다. 위에서 우리는 법관 등 법률가들이 정의·형평·합리성·선악 등의 판단이 게재된 추상적 법규의 해석이나 재량권의 행사 등의

18. 정약용, **국역 목민심서(牧民心書)** II(서울: 민족문화추진회, 1969), 451면.

경우에 예의·도덕으로 무장되어 있지 않으면 법의 이름을 쓴 자의(恣意)에 이르기 쉽다고 하였거니와, 이러한 경우는 법치주의 하에서는 비교적으로 예외적 또는 한정된 경우라 할 수 있는 데 비해, 조선조에서와 같이 인치가 지배적인 나라의 경우에는 법을 해석·적용·집행하는 관리들에게 향한 강력한 유교윤리의 통제장치가 없으면 자의와 무법이 쉽사리 지배하게 되리라는 것을 예측하기는 어렵지 않다.

인치는 그 성공을 치자의 윤리·도덕에 의존한다는 공식을, 형식적 법치주의 및 실질적 법치주의 자체가 문제가 아니고 그 기초인, 편법주의와 결부된 준법사상의 미약함이 위에서 본 바와 같이 문제되고 있다고 판단되는 현재의 법치주의 상황에 적용하면, 다음과 같은 말을 할 수 있다고 생각한다. 즉 준법사상이 약한 만큼 강력한 유교윤리가 전사회적으로 요구된다는 명제가 그것이다. 그렇지 않으면 법도 잘 지키지 않고 염치도 모르고 예의범절도 없는(속된 표현으로 소위 싸가지 없는) 세상을 마주하게 된다는 점을 지적하지 않을 수 없다. 불행히도 공교육을 통한 유교교육도 없이 점차 전통적인 유교적 가치관과 예의범절이 산업화·도시화·세계화와 함께 급속히 사라져가고 있는 지금의 우리 사회는, 인치에서 절대적으로 요구되는 유교윤리교육을 재건·강화하지 않는 한 법치주의의 확립은 우리나라 선진화의 전제조건이라고 할 수 있다. 다시 말하면 법치주의는 우리나라를 선한 사회로 만드는 필수조건이라 할 수 있게 된다. 그리고 더 나아가 정의, 형평성, 합리성, 옳고 그름 및 선악 등에 관한 윤리·도덕담론이 법해석 등 법담론의 불가분의 요소로 전개되어야 한다. 그리하여 그것이 악법이 법일 수 없는 이유다.

2

善한 社會의 조건:

法治主義를 위한 담론

1. 머리말

이 장은 우리나라의 법치주의를 위한 윤리적 기초를 논증하고 어떻게 하면 그 기초를 세울 수 있을까 하는 문제를 접근함을 목적으로 하고 있다. 사실 법치주의의 문제와 함께 요즘처럼 선(善)한 사회(社會)(good society)를 간절히 염원하게 만든 때가 일찍이 따로 있었을까 싶을 정도로 우리를 뒤돌아보게 하는 오늘의 우리사회가 무엇인가 크게 잘못되어 있는 것으로 보인다. 우리나라 사회의 무엇이 어떻게 잘못되어 있으며 바람직하여 우리가 그리로 나아가야 한다고 믿는 사회의 모습은 어떠한 것일까? 어떠한 사회가 선한 사회일가? 그리고 선한 사회는 어떻게 접근할 수 있을까? 선한 사회를 접근함에 있어서 선한 사회를 생각할 때 현재를 되돌아보게 하고 그리고 현재를 되돌아보면서 동시에 선한 사회를 그리고 있는 이러한 태도는 어떠한 의미를 가지는 것일까? 그리고 선한 사회의 모습을 보여줄 수 있다 하더라도 그러면 그러하지 못한 사회를 어떻게 그러한 사회로 나아가게 만들 수 있을 것인가? 그리고 우리나라 사회에 있어서 선한 사회의 문제가 어떻게 법치주의의 문제와 연계되는 것일까?

우리가 선한 사회를 거론하는 경우에는 그것이 혹시 기독교도들이 즐겨 이야기하는 주제이거나 도덕군자들의 고담준론의 주제는 아닐까 하는 생각을 흔히들 떠올린다. 그리하여 선을 이야기하다가 법치주의를 이야기하면 대단히 저차원의 또는 속세의 이질적인 주제를 거론하는 것으로 치부하는 경향이 강하다. 이처럼 선을 이야기하면서 법을 거론하면 심지어 거부감까지 불러일으키는 것이 우리의 일상적인 담론구조의 한 모습이라 생각된다. 이러한 선과 법의 이중구조야말로 우리나라 사회의 혹시 잘못된 모습의 반영은 아닐까? 그러므로 우리나라 사회에서 감지되는 담론의 이러한 이중구조를 어떻게 보아야 하는가 하는 문제가 우선 제기되고 탐구되어야 하지 않을까 생각한다. 그리하여 이러한 담론의 이중구조가 그 자체 바람직(선)하냐 어떠냐의 문제가 함께 떠오르는 것은 너무나 당연하다. 그러므로 법치주의는 선하다는 것과는 관계가 없는 것이냐, 그리고 선하지 않은 법치주의도 법치주의일 수 있느냐, 그리고 법치주의와 연계되지 않은 선이나 선과 연계되지 않은 법치주의가 사회적으로 기능적일 수 있느냐 하는 질문들이 동시에 떠오른다. 나아가 그러면 이러한 일련의 질문들을 어떠한 방법으로 접근해나갈 것이냐는 질문도 함께 제기되는 것이다.

그러므로 이 장에서 첫째로는 어떠한 사회가 선한 사회이며 선하다는 것은 어떻게 인식할 수 있는가 하는 질문이 다루어져야 할 것이다. 둘째로는 법치주의란 무엇이며 어찌하여 요구되는 것이냐의 질문이 다루어져야 할 것이다. 셋째로 선하지 아니한 법치주의도 법치주의일 수 있느냐의 질문과 함께 선과 법을 어떻게 연계시킬 수 있을 것인가의 질문을 다루려고 한다. 이러한 질문에 답변하려함에 있어서 당위는 당위로부터 도출되어야 한다는 명제를 염두에 두면서도 사물을 관찰하고 답변을 시도함에 있어서 사회과학적인 시각을 견지하려고 하였다. 그리하여 당위는 당위로부터 도출되는 것이라는 점을 인정하더라도 그러면 출발점이 되는 최초의 당위(근본규범)는 어디에서 나오는 것이며 그것은 어떻게 인식할 수 있는가, 오직 직관으로부터 나오는 것인가, 아니면 가설로부터만 나오는 것인가, 하는 등의 질문은 역시 남는다고 생각한다. 어느 당위명제가 직관으로부터 나온다고 하는 경우에 그러면 그 당위명제가 타당하다는 것을 어떻게 담보할 수 있느냐 하는 질문이 제기될 수 있을 것이며, 가설로부터 출발한다고 하는 경우에는 가설로 내놓은 당위명제 자체의 타당성에 대하여는 의문을 제기하지 아니한다는 것을 의미할 것이다.

사실 당위 인식의 문제에 이르면 어떠한 당위명제가 있다 없다의 문제는 그러한 당위명제를 신봉하고 옹호하는 세력이나 그룹이 있다는 사실의 문제가 되는 것이며 이러한 세력이나 그룹의 존재와 함께 존재하는 사실로서의 당위는 사회과학적으로 인식할 수 있는 문제가 되는 것이라고 생각한다. 이렇게 일단 당위의 인식이 이루어지면 당위는 당위로부터만 도출될 수 있다는 명제에 충실하게 최초의 당위에 바탕을 둔 당위문제의 추론을 행하여 나아갈 수 있게 된다. 그리고 선과 법을 연계시키는 과정에서 법학에서는 오래된 논쟁의 주제인 도덕과 법의 관계를 사회과학적 시각에서 다시 한번 음미하지 아니할 수 없음을 발견하게 된다. 나아가 이 문제는 개인의 자유선택에 맡겨야 하는 사항이냐 정치공동체가 나서서 규율하여야 하는 사항이냐의 문제를 포함한다는 의미에서 국가란 무엇이며, 국가와 개인, 국가와 법의 관계의 문제를 또한 뒤돌아보게 만든다.

2. 현실과 이상

현상(現狀, status quo)에 대한 강한 불만이나 위기의식이 선한 사회를 그리며 어떻게 하면 그러한 선한 사회로 나아갈 수 있을까 혹은 그러한 사회로 만들어 나갈 수 있을까 하는 생각을 하게 만든다고 생각한다. 문제를 단순화하여 바라볼 때 현상을 어떻게 보느냐 하는 문제는 실은 무엇을 선한 사회로 보느냐 하는 문제를 전제하여 파악되는 것이며 그 반대도 사실이라고 생각한다. 당위와 사실 준별의 필요성은 가치중립적 사회과학의 기초적 명제이지만 그것은 편견 없는 (사회)과학적 접근의 문제이지 우리가 인식하려는 현상이나 사회적 사실이 당위와 분리된 채 존재한다는 것을 의미하지는 않는다고 믿는다. 즉 인식의 대상인 사회적 사실은 (그리고 현상도) 당위와 함께 존재하는 것이다. 그러한 만큼 현상에 대한 인식은 선한 사회에 관한 관념과 동시에 일어나는 것이라고 생각된다. 그러므로 선한 사회에 대한 인식도 현상 또는 현실에 대한 인식과 동시에 일어난다고 생각한다. 후술하는 바와 같이 뇌물수수의 경우에 금전수수와 이와 관련된 규범의 존재(및 평가)가 동시에 인식되고 있음을 관찰할 수 있다. 그리고 이것이 어떠한 현실(現實)과 이와 관련된 이상(理想)의 소위 괴리(乖離)현상도 우리가 동시에 이야기할 수 있는 이유이기도 하다.

종교나 성현의 가르침이나 이데올로기, 그 밖의 사상체계가 선한 사회의 그림을 보여주고 있는 대표적 예다. 그리고 동일한 종교나 성현의 가르침을 놓고도 현상과 선한 사회 양자를 대하는 우리의 태도가 다양하게 나타나고 있으며 또 다양하게 가르치고 있다는 사실도 잘 알고 있다. 즉 현상유지의 태도로부터 현상변경의 태도에 이르기까지, 그리고 현상변경의 방법이나 완급의 태도에 따라 개선·개량의 점진주의로부터 급진적 혁명에 이르기까지의 것이 그것이다. 그리하여 위의 종교나 성현 등의 가르침은 선한 사회의 모습도 보여주지만 안빈낙도(安貧樂道)의 태도도 가르치고 있는 것이다. 기독교는 욕심부리지 말고 있는 것 가지고 현세에 만족하여 살 것도 가르치지만 예컨대 해방신학도 가르친다. 미국 링컨 대통령의 두 번째 취임사에서 (노예제도를 반대한) 북부나 (노예제도 유지를 주장한) 남부 모두 동일한 하느님에게 간구(懇求)하는 기도를 하였다는 말[1]을 하고 있는 바는 시사하는 바가 많다고 생각한다. 이러한 생각은 무엇을 선한 사회라고 하느냐의 정의(定義) 문제를 어렵게 만든다고 생각한다.

선한 사회의 정의의 문제가 어려운 것은, 선한 사회를 보여주기 위하여 동원하는 예컨대 기독교나 유교의 가르침이 실은 우주관, 세계관, 인간관, 인관관계를 규율하는 예의범절을 포함하여 대단히 다양한 것을 포용하는 가르침이기 때문에, 인간의 필요에 따라 상당히 다른 것을 설명하고 혹은 정당화하는 근거로도 활용되고 있는 현상에서도 규지(窺知)해낼 수 있다고 생각한다. 막스 웨버[2]를 들 것도 없이 아시아적 정체론(停滯論)[3]에서 유교를 포함한 아시아의 종교가 거론되는가 하면 우리의 가까운 과거의 군사독재에 의하여 원용된 충효사상으로부터 최근의 유교적 자본주의론이라든지 아시아적 가치론[4]이 그것이다. 이러한 현상을 보면 종교나 성현 등의 가르

1. Vincent Wilson, Jr., ed., *The Book of Great American Documents* (Brookeville: American History Research Associates, 1967), 78면.
2. Max Weber, *The Religion of China: Confucianism and Taoism*, trans. and ed. by Hans H. Gerth (New York: Free Press, 1951).
3. **政治學大辭典**(서울: 博英社, 1975), 966-967면.
4. 상당히 다양한 종족, 종교, 문화, 경제발전의 정도 및 정치체제를 포괄하는 광역의

침도 무엇이 선한 사회인가의 문제에 있어서 이것을 대하는 개인이나 집단의 신념 내지 편의주의의 문제이지 모든 사람이나 대다수의 사람들이 긍정하는 정의(定義)를 반드시 주고 있는 것은 아니라고 생각된다.

그렇다면 무엇이 선한 사회이냐의 문제는, 첫째로는 내가 지니는 또는 나와 뜻을 같이하는 사람들이 세상을 보고 믿는 옳고 그름에 관한 신념이나 정의감에서 출발하여 정의되는 문제라고 할 수밖에 없다고 생각된다. 예컨대 "보편적 사랑"(예컨대 이웃 사랑)이라든지 "자유" 등에서 출발하여 선한 사회를 정의하는 선험적·절대적 입장이 그것이라고 생각한다. 보편적 사랑이나 자유에서 출발할 뿐이지 보편적 사랑이나 자유가 왜 선을 판단하는 기준이어야 하느냐의 질문은 반드시 답하지 아니한다. 보편적 사랑이나 자유를 보편적 선 또는 보편적 진리로 받아들이고 출발하는 것뿐이다. 그런가하면 둘째로 선한 사회를 정의하는 또 하나의 입장은 기능적·수단적 접근(機能的·手段的 接近) 방법이라고 생각한다. 예컨대 기업거래에 있어서 내부자거래가 규제되지 않거나 투명하지 않으면, 혹은 부정부패해서는 국제경쟁에서 이길 수 없다는 입장이 그것이다. 이때에 내부자거래 규제, 투명성, 정직과 청렴결백 등이 기능적으로 선한 사회를 판단하는 기준이 될 수 있다고 믿는 것이다. 국제경쟁에서 이긴다거나 전쟁에서 살아남는다 또는 승리한다는 목표를 실현하고

아시아 각국을 놓고 「무엇이 아시아적 가치이냐?」의 정의의 문제가 제기되는 것은 당연하며, 나아가 누가 무엇을 지지하거나 설명하려는 아시아적 가치냐의 문제도 제기될 수 있음은 물론이다. 1998년 7월 25일자 *The Economist*지 23-24 및 28면에 실린 "Asian Values Revisited: What Would Confucius Say Now?" 참조.

달성하는 데 가장 유용한 수단이 선을 판단하는 기능적 기준이 될 수 있다는 것이다. 그리고 이때에 국제경쟁에서 이긴다거나 전쟁에서 살아남는다는 것이 왜 중요하냐 혹은 왜 그것이 옳으냐 하는 문제 자체는 건드리지 아니한다. 법을 따르는 것이 그 자체 선이냐 아니냐의 질문[5]을 떠나 법을 지키지 아니하면 (즉 법치주의 없이는) 질서가 불가능하며 질서 없이는 민주주의도 시장경제도 불가능하다는 생각도 마찬가지의 입장을 보여주는 것이라고 생각한다. 그리고 이곳에서도 민주주의나 시장경제가 그 자체 선이냐 아니냐의 문제에 집착하지 않고 그것을 당연한 것으로 전제하고 있음을 알 수 있다. 이처럼 다툼의 여지가 없는 선(종교적 또는 성현의 가르침)으로부터 출발하거나 기능적·수단적으로 선한 사회를 접근하는 두 가지 접근 방법을 언급하였거니와 "프로테스탄트의 윤리"[6]의 예에서는 이 두 가지 접근방법이 동시에 작용하고 있음도 살필 수 있다.

한편 우리 사회에 만연하고 있는 부정부패 현상에 접하거나 언론보도를 대할 때 부정부패의 사실과 함께 부정부패는 용인되어서는 안 된다 혹은 부정부패는 사라져야 한다는 가치판단을 동시에 하고

5. 법을 따라야 할 도덕적 의무가 존재하는 것이냐 아니냐 하는 질문이 그것이다. 법 준수의 도덕적 의무를 긍정하는 견해와 부인하는 견해가 있을 수 있음은 물론이다. M. B. E. Smith, "Is There a Prima Facie Obligation to Obey the Law?" *Yale Law Journal*, 82: 950-976면(1973); D. D. Raphael, *Problems of Political Philosophy*, 2nd ed. (Atlantic Highlands, NJ: Humanities Press International, Inc., 1990), 175-209면; A. John Simmons, *Moral Principles and Political Obligations* (Princeton: Princeton University Press, 1979); Tony Honoré, *Making Law Bind: Essays Legal and Philosophical* (Oxford: Clarendon Press, 1987) 등 참조.

6. Max Weber, *The Protestant Ethic and the Spirit of Capitalism*, trans. by Talcott Parsons (New Work: Charles Scribner's Sons, 1958).

있는 우리의 인식현상을 살필 수 있는데, 이 점은 위에서 이상과 현실은 동시에 인식된다고 이미 지적한 바에 비추어 분명하다. 요컨대 바람직하지 않은 사실의 인식은 바람직한 모습에 대한 생각과 떼려야 뗄 수 없게 동시에 하고 있다. 이러한 문제를 어떻게 접근할 것이냐? 문제중심의 접근(topical approach)이란 다 이러한 것인가? 결국 문제로 인식하는 것은 위의 성현들의 가르침이 보여주는 선한 사회의 모습이거나 살아남거나 이길 수 있기 위하여 기능적으로 이해한 필요성의 틀에서 인식한다는 것을 의미하는 것으로 보인다. 다만 성현들이 가르친 선한 사회의 모습이나 기능적 필요성의 틀을 언제나 분명하게 상기하면서 하는 경우도 있을 것이지만 그것이 사회화의 결과로 개인의 성격(personality)이나 가치관의 한 요소로 작용하여 본인 자신은 특히 의식하지 못하는 상태에서 이루어지는 경우도 있을 것이라 생각되는데, 후자의 경우가 아마도 일반적일 것이다. 아무튼 부정부패 현상에는 돈을 주고받는다는 순전히 사실적인 측면과 부정부패는 선하지 아니한 현상이라고 가치 판단하는 측면으로 이루어져 있다고 보여진다. 그렇지 않다면 물건을 팔고 혹은 노역의 대가로 받는 정당한 금전수수와 뇌물수수를 구별할 수 없을 것이라 생각된다.

다른 한편 선은 다층구조로 이루어진 것으로 판단된다. 부정부패가 만연한 그러한 곳에서 혼자만 깨끗하게 사는 경우 소위 직장의 "왕따"가 되기도 하고[7] 미움을 받아 한직으로 쫓겨나기도 하기 때문

---

7. 몇년 전의 씨랜드 화재참사 사건에서 드러난 공무원 비리 사슬에 있어서의 이장덕 계장이 그러한 "왕따" 예의 하나일 것이다. 이주항, 「이장덕계장」, **동아일보** 1999년 7월 7일자 특별기고란 참조.

에, 왕따가 되지 않기 위하여 부정부패의 구조에 끼는 경우(로마에 가서는 로마식으로 하여야 한다는 경우)도 있을 수 있고, 병든 노모의 치료비를 마련한다던지 아이의 학비를 마련하기 위하여 부정을 저지를 수도 있으며, 혹은 "내가 빽이 있어? 그렇다고 돈이 있어? 그러니 상납 받아 위에 상납하고 위에 잘 보여서 여기까지 온 것이야. 그 이외에 내게 무슨 다른 방법이 있어?"와 같은 자기 정당화의 논리를 가지고 적극적으로 부정에 손을 대는 경우도 있을 수 있다.[8] 이러한 것이 착하지 아니하다는 판단은 개인(혹은 작은 집단)의 생존이나 개인적 차원(혹은 작은 집단)의 선을 넘어선 (더 큰 집단 또는 사회 전체의 혹은 범세계적인) 선을 상정하지 아니하고는 불가능하다는 것을 알 수 있다. 그리고 상위의 선이라고 하여 현실의 세계에서 항상 하위의 선을 제압(制壓)한다는 보장은 없다. 그것은 상위의 선을 지지하는 집단과 하위의 선을 지지하는 집단 사이의 세력의 문제라고 생각한다. 그리하여 예컨대 부정부패를 다스리는 공무원(경찰, 검찰, 법원 등) 자신이 부패한 경우에는 맑고 투명한, 부정부패가 없는 사회는 이상으로만 존재하게 된다.

이러한 시각에서 보면 성현의 가르침이나 종교적 가르침이란 원래 인간 사회가 결코 도달하지 못하는 이상으로 남아 있게 마련이

8. 정약용(丁若鏞)이 청렴의 등급을 나누어 나라에서 주는 봉급 이외에 한푼도 먹지 아니하는 염리(廉吏), 봉급 이외에도 정당한 것은 받는 "중고시대의 염리", 그리고 자기 스스로 손을 벌리거나 자기가 먼저 시작하지는 않지만 선례가 되어 있는 것은 명분이 바르지 않더라도 먹는 "오늘날의 염리"를 이야기하고 있는 바는 흥미롭다. 근래에 논의되고 있는 관례화된 소위 "떡값"의 수수는 아마도 이 셋째 등급에 속하는 것으로 보이는데, 이것을 보면 정약용이 살던 시대나 오늘이나 이 점에 있어서의 진전은 없었던 것이 아닌가 싶다. **국역 목민심서** I(서울: 민족문화추진회, 1969), 83면 이하.

고, 그리고 선한 사회를 위한 준거로 작용할 뿐이라고도 생각된다. 왜냐하면 성현의 가르침이나 종교적 가르침에 미치지 못하거나 아예 어긋나는 행동을 정당화하는 주의·주장이, 그리고 이 후자의 주의·주장을 지지하고 옹호하는 집단이 얼마든지 인간 사회에는 존재하는 까닭이다. 발칸반도에서 보는 바와 같이 기독교적·보편적 사랑에 대한 관계에 있어서의 민족주의(예컨대 인간청소를 자행하는 희랍정교회의 세르비아 민족주의)라든지 우리 주변에서 흔히 보는 바와 같이 법적 정의나 원리·원칙이 통용되어야 하는 상황에서의 인맥 등 연고주의의 작용과 같은 것이 그것이다. 위에서 든 부정부패의 예에서 보는 바와 같이 부정부패도 이를 지지하거나 봐주거나 묵인해주는 (소)집단 없이는 아마도 거의 불가능할 것이라고 생각되는 것이다. 그러므로 지지하거나 봐주거나 묵인해주는 (소)집단이 없이 저지르는 부정부패는 사회정책적으로 이야기할 때 대처하기 쉬우리라 생각된다. 왜냐하면 부정부패를 저지른 바로 그 특정의 개인만을 사회에서 제거하거나 격리하거나 치유함으로써 부정부패는 해결되리라 생각되기 때문이다. 그러나 살인이나 부정부패를 저지르는 그 사람을 (묵시적으로나마) 옹호하고 동조하며 혹은 묵인하는 (소)집단이나 패거리가 존재하는 경우에는 그 사람만을 처벌한다던지 제거나 격리를 한다고 하여 문제가 쉽게 해결되리라고 생각되지 않는다.

그러한 만큼 절대적 선에서 출발하든 기능적으로 이해한 선에서 출발하든 또 상위의 선에서 접근하든 그보다 하위의 선에서 접근하든 사회과학적으로 의미 있는 선(善)은 이를 지지하거나 옹호하는 집단이나 세력을 전제로 하여 파악해야 한다고 생각한다.[9] 이러한 점은 후술하는 법치주의와 관련해서도 마찬가지라고 생각한다.[10] 그러하지 않으면 선이란 옛 중국에서 전족(纏足)을 선이라 생각한 에피소드에 속하는 선이거나 우리에게 관련성이 없는 선이 되고 말

---

9. 이러한 현상은 사회심리학적으로 준거집단(reference group)의 개념에 의하여 설명될 수 있는 현상이라고 생각한다. 사람의 태도는 자기가 속하는 준거집단의 영향력에 의하여 형성되며 그 행동은 준거집단의 기준에 비추어 평가되고 있다. Harold Proshansky and Bernard Seidenberg, eds., *Basic Studies in Social Psychology* (New York: Holt, Rinehart and Winston, 1966)에 실린 세 편의 논문 Harold H. Kelley, "Two Functions of Reference Groups," 210－214면; Theodore M. Newcomb, "Attitude Development as a Function of Reference Groups: The Bennington Study," 215－225면; Alberta Engvall Siegel & Sidney Siegel, "Reference Groups, Membership Groups, and Attitude Change," 225－230면; William W. Lambert and Wallace E. Lambert, *Social Psychology* (Englewood-Cliffs: Prentice-Hall, 1964), 86－104면 참조.
10. 소위 전관예우나 명절·부임·이임 시의 떡값 내지 촌지는 이를 관례라고 하여 실행하고 옹호·지지하는 그룹 내지 세력 없이는 이루어지지 아니한다는 사실은 모르는 사람이 없을 것이다. 그러한 만큼 인맥 등에 따른 편파적 법 형성·집행과 법에 있어서의 보편성·공정성 요청의 대립 내지 충돌의 문제는 인맥을 형성하는 그룹과 법의 보편성·공정성을 신봉하는 그룹의 대립 내지 충돌의 문제로 보아야 할 충분한 이유가 있다. 전관예우가 이루어지고 떡값·촌지가 행해지는 인맥 사슬을 형성하는 사람 사이에서는 전관예우나 떡값·촌지 및 보편성·공정성을 상실한 편파적·호의적 법 집행·적용은 당연한 것으로 받아들인다. 그리고 이를 비판하고 법의 보편성·공정성을 믿는 사람들이 어느 정도의 세력을 형성하기에 이르지 아니하는 한 이러한 관례는 문제로서 제기되지 않는다.
   진리·창의력·정직·성실 등의 덕목을 선으로 간주한다고 할까 생명으로 하고 있는 학계나 창작계에서 표절은 치명적인 문제이지만 그 해결 내지 처리는 전적으로 표절을 행한 사람의 지지세력과 표절을 문제 삼는 세력 간의 투쟁의 문제로 전환한다. 아무리 심각한 표절이 행하여져도 표절한 사람을 지지하는 사람들이 표절을 문제 삼는 세력을 압도하리만큼 세력을 형성하는 경우에는 표절은 없었던 것으로 지나간다. 역으로 아무리 창의적인 훌륭한 작품이라도 이를 지지하고 옹호하는 세력보다 이를 따돌리는 세력이 압도하는 경우에는 그 작품은 기준 미달의 작품이 될 수 있다. 꼬리 없는 여우의 세계에서는 꼬리 있는 여우는 "왕따"의 대상일 뿐이다. 그러한 만큼 법치주의가 전적으로 이를 지지하는 세력의 문제가 된다고 생각하는 것은 너무나 당연하다. 그러므로 법치주의는 제도적 장치의 문제 못지않게 이를 신봉하고 지지하는 세력 양성·확산의 문제가 된다. 이러한 의미에서도 민주시민교육·법학교육이 어떻게 이루어지고 있는가, 어떻게 이루어져야 하는가 하는 문제는 결정적으로 중요할 수밖에 없다.

것이라고 생각한다. 그러므로 **우리**에게 선이 되는 것은 **우리**가 의문의 여지없이 받아들이는 혹은 **우리**에게 관련성이 있는 선일 수밖에 없다.

그러므로 우리가 우리나라 사회의 현상에 대하여 느끼는 강한 불만이나 위기의식 속에 선한 사회의 이미지 및 이러한 이미지의 사회로 나아가야 할 필요성의 인식이 동시에 숨겨져 있음을 감지해 낼 수 있다고 생각한다. 그리고 **우리가 가지는** 이러한 선한 사회의 필요성의 인식은 사회과학적으로 의미심장하게 밝혀낼 수 있다고 생각한다. 더욱이 그것은 그룹현상의 한 표현이기도 하기 때문이다. 나아가 자본주의의 성장에 대하여 프로테스탄트의 윤리가 가지는 관계에서처럼 우리가 가지는 선한 사회의 필요성의 인식은 대체로 기능적으로 이해되는 종교적 또는 성현의 가르침을 중심으로 하는 경우일 것이라 생각된다. 예컨대 정직하고 성실한 청지기의 기독교적 가르침이라든지 군자(君子) 즉 정치지도자의 도리에 관한 공자의 가르침과 같은 것이 그것이다. 최근 우리나라 소장 학자들에 의하여 제기되고 있는 유교부활론[11]도 이러한 문맥에서 이해될 수 있다고 생각한다.

11. 함재봉, **탈근대와 유교: 한국정치담론의 모색**(서울: 나남, 1998); 이승환의 일련의 논문, "누가 감히 '전통'을 욕되게 하는가?" **전통과 현대**, 1997년 여름호, 176－197면; "오리엔탈리즘(Orientalism)을 해부한다," **전통과 현대**, 1997년 겨울호, 206－223면; "뚜웨이밍(杜維明)의 '유학 제3기 발전론'", **철학과 현실**, 1997년 가을, 173－189면; "문화는 진보하는가?" **전통과 현대**, 1998년 봄호, 120－135면; "서양의 유교 이해에 대한 담론학적 분석," **계간 사상**, 1998년 봄호, 70－93면; "유가(儒家) 윤리에 '권리' 개념이 있었는가?," **철학**, 제49집, 59－84면(1996).

이웃을 내 몸같이 사랑하라든지 정직하고 성실한 청지기가 되라는 가르침이나 유교부활론도 이를 지지하고 옹호하는 세력을 형성하고 확장하며 이러한 세력의 지지 하에 그러한 가르침을 현실의 행위규범으로 전환시키는 구체적 프로그램을 함께 이야기하는 것이 아니면 그것은 이를테면 우리가 잘 알지 못하는 어느 인도 성자의 좋은 가르침을 소개하는 것(즉 한 가지 에피소드) 이상의 것일 수 없다고 생각한다. 이 같은 구체적 프로그램은 그러한 가르침을 지지하고 옹호하는 세력의 확산을 내용으로 하는 것과 그러한 가르침을 가정 및 학교 교육을 통하여 실제로 가르치고 모범을 통하여 보여주는 것으로 이루어질 수밖에 없을 것이라 생각된다. 단지 지식으로 배운다고 선에 관한 윤리규범이 체현(體現, internalization)된다고 생각되지는 않는다. 그러나 지식의 획득이 체현의 가능성을 높여주리라는 점은 의문의 여지가 없다고 생각된다.

윤리규범의 체현이나 학습은 기본적으로는 그 윤리규범을 지지하고 옹호하는 적극적 및 소극적 제재 내지 강행(sanction)체제에 의하여 이루어진다고 믿는다.[12] 위에서 기독교적 또는 유교적 가르침

12. John Finley Scott, *Internalization of Norms: A Sociological Theory of Moral Commitment* (Englewood Cliffs: Prentice-Hall, 1971) 참조. 도덕·윤리규범을 단순히 경전이나 교과서를 통하여 지식으로서 배운다는 것만으로 행동으로 표현되고 지키지 아니하였을 때의 죄책감을 불러일으킨다는 의미의 도덕적 확신 내지 인격(personality)의 한 요소로 그것이 체현(internalization)되리라고는 생각하지 않는다. 사람은 그러한 도덕적 확신 및 체현에 이르기까지 사회심리학적으로 대단히 복잡한 과정을 거친다고 생각된다. 어린아이의 이러한 과정에서 지식의 습득뿐만 아니라 아이의 도덕적 성장에 커다란 영향력을 미치는 부모 등 주변 어른 및 선생님의 행동을 통한 본보기 및 칭찬과 벌을 통한 가르침 등, 가까운 친구나 직장 동료 및 상사와의 관계에서 이루어지는 적응과정 등이 중대한 변수로 작용하리라고 생각한다. 위의 Scott의 연구 이외에 도덕적 확신의 습득(체현)에 관한 연구로 Roger Brown, *Social*

(그것이 좋다는 것을 모르는 사람이 어디 있으랴)이나 그 밖의 선과 관련해서도 이를 지지하고 옹호하는 집단이나 세력을 전제로 하여 이야기한 것도 이러한 문맥에서다. 즉 선에 관한 윤리규범은 어느 것이든 한편으로는 학습을 통하여 다른 한편으로는 잘한 것은 상주고 못한 것은 저지하고 제재하는 사회적 또는 공동체적인 체제를 통하여 살아있는 선이나 윤리규범으로 의미를 가지고 우리에게 다가온다고 생각한다. 과거에 우리나라 사회가 유교사회일 수 있었던 것은 유교적 선을 지지하고 옹호하는 구체적인 사회적 및 공동체 전체의 실현 체제를 가지고 있었기 때문이다. 그리고 오늘날 우리에게 유교적 선을 지지하고 옹호하는 사회적 실현(sanction)체제가 존재하느냐 하는 문제에 이를 때 오늘의 우리를 아직도 유교적이라고 할 수 있는지 의문이 들도록 만든다.

위에서 말한 우리나라 사회의 긴요한 필요성을 중심으로 파악할 때 우리나라 사회의 선은 개인의 안전이나 행복에 상위하는 전체 공동체(共同體)의 안전(安全) 및 행복(幸福), 공(公)과 사(私)의 준별(峻別), 정직(正直)과 성실(誠實), 인간의 존엄(尊嚴)과 가치(價値)의 존중(尊重), 법치주의를 중심으로 하는 원리·원칙(原理·原則)[13]의 준수

Psychology (New York: Free Press, 1965), 350－417면(chap. 8: The Acquisition of Morality) 및 그 과정에 관한 연구로 Herbert C. Kelman, "Compliance, Identification, and Internalization: Three Processes of Attitude Change," in Harold Proshansky and Bernard Seidenberg, eds., *Basic Studies in Social Psychology* (New York: Holt, Rinehart & Winston, 1966), 140－148면; Richard Wagner and John J. Sherwood, eds., *The Study of Attitude Change* (Belmont: Wadsworth, 1969) 등 참조.

13. 최대권, "원칙의 사람과 원만한 사람," **현상과 인식**, 1997년 봄호(통권 72호), 123－148면 및 이를 약간의 손을 보아 전재한 최대권, **원만한 자 원칙을 꿈꾸라**(서울: 철학과현실사, 2003), 138－172면 참조.

(遵守) 등으로 요약해낼 수 있다고 생각한다. 그리고 우리 사회가 필요로 하는 이같이 파악한 선을 실현할 수 있는 구체적 프로그램을 이야기하여야 하는 것이 우리의 그 다음의 화두(話頭)여야 한다고 생각한다. 이러한 구체적 프로그램에는 우리 사회의 선과 대칭이 되는 우리 사회의 추(醜)한 모습을 적시하고 이를 척결하는 프로그램도 포함되어야 한다고 생각한다. 우리 사회의 추한 모습은 위의 선한 모습과 상응하는 자기 중심의 이기주의(소집단 이기주의[14]), 공과 사의 혼동, 거짓과 적당주의(눈가림의 대강대강주의), 만연하고 있는 부정부패, 인맥중심의 연고주의, 정실주의, 인간성의 상실 등을 중심으로 하여 그려낼 수 있다고 생각한다. 그러면 아래에서 법치주의를 중심으로 하여 우리나라 사회를 지배해야 할 원리·원칙의 문제와 이에 상응하는 또는 이를 뒷받침할 윤리체계의 문제로 유교부활론을 음미해보자.

3. 법치주의(法治主義)의 문제

법치주의와 도덕이나 윤리규범을 대비하는 경우에 중국의 제자백가(諸子百家) 시대의 유가(儒家)와 법가(法家)의 논쟁을 연상하는 사람들이 의외로 많다. 그러나 여기서 분명하게 지적하고 넘어가야 할 관점의 하나는 유가든 법가든 법이라고 하는 경우에 법 가운데에서도 억압적(repressive)인 법에 초점을 맞추어 즉 형벌법을 중심으

---

14. 崔大權, "法規範의 社會的 基礎: 社會統制의 問題點," 韓國社會科學硏究協議會 편, **社會變化와 倫理**(서울: 法文社, 1990), 67−96면 참조.

로 하여 법을 이해하였다는 점[15]을 주의할 필요가 있다. 이처럼 억압적인 형법을 중심으로 법을 이해하는 태도는 오늘날까지도 이어지고 있다. 그 단적인 표현으로 좋은 이웃을 기술하는 '법 없이도 살 사람'이라는 상투어에 잘 나타나 있다고 생각한다. 그러한 까닭에 서양적인 법담론과 동양적인 법담론 사이에 주파수가 서로 맞지 않아 대화가 잘 이루어지지 않는 현상을 관찰할 수 있다. 이러한 현상은 소위 학제간 연구를 강조하는 대학에서도 수없이 부딪치는 체험이기도 하다. 법이라고 하면 나쁜 짓 하는 사람을 수갑 채워 처벌하는, (그러한 점에서는 바람직하나 정서적으로는 멀리하고 싶은) 법 정도로 이해하고 있는 것이 그것인데, 법(서양식으로 이해한 법)에는 억압적인 요소(형법 등)뿐만 아니라 자유와 정의의 실현을 가능케 하고 권력을 통제하며 순화하는 기능(power-restraining function)을 수행하는 요소(예컨대 헌법·행정법 등)도 대단히 중요하다. 사실 민주주의 사회는 후자의 법을 그 필수적 전제로 하고 있다[16]는 점도 주의할 필요가 있다. 전제군주국가이든 독재국가이든 민주국가이든 억압적인 법은 존재하게 마련이지만 권력을 통제하는 법은 민주주의 국가에만 존재하는 까닭이다. 그러므로 서로 주파수가 달라 대화가 되지 않는 현상이 가지는 함의를 한번 살펴보자.

사실 '법 없이 살 사람'이 훌륭한 이웃일 수 있는 것은 처벌법이 없어도 그 사람을 훌륭한 이웃으로 만드는 비(非)처벌적인 사회규범

---

15. 崔大權, **法社會學**(서울대학교출판부, 1983), 제2장 "우리나라 공법사의 한 이해" 가운데 63－72면 및 제3장 "韓·中·日의 法規範과 社會規範" 가운데 129－135면 참조.
16. 崔大權, **憲法學: 法社會學的 接近**(서울: 박영사, 1989), 제1부 제4장 72－105면(우리나라의 立憲主義와 民主主義) 참조.

을 그 전제로 하는 것임은 분명하다. 그런데 서양적인 법 개념으로 "법 없이 살 사람"을 한번 상정해보자. 그것은 아마도 무법천지로 살 사람을 떠올리게 하리라 생각된다. 법 없는 "만인 대 만인의 투쟁"의 무법천지를 극복하기 위하여 소위 사회계약을 맺고 국가를 세우며 법을 반포한다는 것이 서양의 법 이해(홉스의 사회계약론)가 아닌가. 선의 한 가지 기준이 되는 서양의 정의도 자유나 평등도 한결같이 법과 연계시켜 이해하고 있다는 점도 주의할 필요가 있다. 즉 정의는 법의 한 가지 속성이며 법을 떠난 자유나 평등은 논하지 아니한다. 법을 자유의 수단으로까지 생각하고 있는 것이다. 그런데 공자는 "나도 누구 못지아니하게 소송을 처리할 줄 알지만 나는 소송이 없는 사회를 만들기 위하여 가르친다"[17]는 취지의 명언을 하고 있으며, 이 구절과 평행되게 목민심서(牧民心書)의 저자 정약용은 법이 없는 사회를 만들기 위하여 법을 시행한다는 취지의 말[18]을 남기고 있다.

일찍이 공자가 논어(論語)에서 가르친

> 법령에 의해 지도하고 형벌에 의해 규제하면 백성들은 형벌만 면할 수 있는 것이라면 무슨 짓을 하든 부끄러워하지 않는다. 이에 비해, 도덕에 의해 지도하고 예에 의해 규제하는 경우에는, 도덕적인 수치심을 갖고 더 나아가 바른 사람이 된다.[19]

---

17. **대학**(大學)에서 공자가 말한 것으로 인용된 聽訟 吾猶人也 必也使無訟乎.
18. 刑罰之於以正民 末也 律己奉法 臨之以莊 則民不犯 刑罰雖廢之 可也. 정약용, **국역 목민심서** II(서울: 민족문화추진회, 1969), 451면 이하 및 655면.
19. 道之以政 齊之以刑 民免而恥, 道之以德 齊之以禮 有恥且格. **中國思想大系**(서울: 大洋書籍, 1972), 1권(孔子·孟子), 84면.

는 가르침은 이를 우리 식으로 재구성한 것이 위에 든 "법 없이 살 사람"의 상투어라고 생각된다. 그런데 문제는 공자의 이 구절에 비추어볼 때 법망을 피하고 법을 어겨도 부끄러운 줄을 모르는 것은 물론이고 아예 도덕과 예를 모르거나 따르지 않고도 부끄러운 줄 모르는 사람이 적지 않고 더구나 더 늘어나고 있다는 것이 오늘의 우리 사회의 형편이라는 점이다. 그러한 만큼 "법 없이 살 사람"이 훌륭한 이웃이게 하는 사회규범이 우리나라 사회에서 문제인 것이다. 그러므로 "법 없이 살 사람" 가운데에는 그를 훌륭한 이웃이 되게 하는 사회규범의 규율을 받으면서 "법 없이 사는 사람"과 이러한 사회규범의 규율도 받음이 없으면서 "법 없이 사는 사람"의 두 부류가 있을 수 있다고 생각한다. 예를 들어 자기(또는 자기가 속한 소집단)의 이해, 특히 정치적 또는 경제적 이해관계가 걸렸을 때 법도 염치도 없는 우리 이웃의 자주 대하는 행위 양태를 보면 무엇이 문제인지를 쉽사리 이해할 수 있다고 생각한다. 이러한 문제의식이 뒤에 보는 바와 같이 법치주의와 유교규범의 자리 매김을 시도하게 하는 이유다.

문제를 단순화하여 제기하면 결국 법도 없고 도덕과 예가 사라진 우리나라 사회를 놓고 무엇이 우리 사회의 선(善)한 모습이고 어떻게 하면 그러한 선한 사회로 만들 수 있는가 하는 처방의 문제가 된다. 그러면 첫째로 우리나라 사회의 선한 모습은 어떠한 것일가? 위의 논어에서 인용한 공자의 말씀이나 우리의 상투어인 "법 없이 살 사람"이 이상(理想)으로 그리는 사회가 오늘날의 우리 사회의 선한 모습일 수 있는가 하는 문제를 살펴보자. 우선 공자의 말씀이나 "법 없이 살 사람"이 이상으로 그리는 사회는 군주제가 보편적인 정치질서였고 사회변화와 이동의 폭과 속도가 적고 느렸던 농업경제 위주의 고대나 중세 사회에서는 혹시 실현 가능성이 있는 선한 사회의 모습일 수는 있어도 오늘날의 정치·경제·사회·문화적인 여건하에서는 원천적으로 실현 불가능하다는 점에서 결코 오늘날의 선한 사회의 모습일 수는 없다는 것이 우리의 생각이다. 옛적의 정치엘리트의 교육과 오늘의 정치 엘리트 교육을 단순 비교해보자. 옛적에는 교육이라면 천자문·동몽선습·소학·대학·사서삼경 등에 이르는 유교교육이었으며 관리등용의 과거 시험도 사서삼경을 중심으로 하는 것이었다. 오늘날의 정치 엘리트가 기능 위주나 분석 위주의 학문 등은 수학하나 언제 체계적인 인간 윤리교육을 받고 있으며 또 그 테스트를 받고 있는가?

오늘날 산업화와 도시화로 인하여 백여 년 전에는 상상도 하지 못했던 인간관계가 등장하고 있다. 그 대표적인 예로 대도시에서 매일 부딪치는 익명의 인간관계, 대규모 공장이나 사업체의 노사관계, 증권이나 유가증권 등의 거래관계, 지적소유권과 관련된 인간관계, 소비자와 생산자 사이의 관계, 환경문제에 있어서의 인간관계, 인터넷에서 접하는 인간관계들을 들어보자. 이러한 때에 이를테면 유교부활론자가 이러한 각 상황에 알맞는 구체적인 유교적 행동규범을 창안하여 신속하게 교육시킬 수 있는 프로그램을 가지고 있는 것이 아닌 한 예와 도덕의 처방만으로 선한 사회로 이끌 수 있다는 생각은 망상에 가깝다고 생각한다. 정약용은 법이란 임금의 명령인 까닭에 법을 어기는 것은 임금에게 불충(不忠)하는 것이나 다름없다[20]는 말을 남기고 있는데, 서양법학에서 말하는 법실증주의적 사고의 발현이 아닐까 하는 생각에서 흥미롭지만, 다른 한편 법규범에 대하여도 유교가 강조하여 마지않는 인간관계(personal·particularistic)의 틀에서 이해하고 있다는 점이 눈에 띈다. 오늘날의 법에 대하여 인간관계의 틀에서 이해시킨다는 것은 불가능하지는 않을지라도 대단히 어렵다고 생각한다. 오늘날의 법은 추상적·보편적인 규범이며 구체적인 인물인 임금의 법 대신 추상화·객관화된 국가의 법이 되고 있다. 그리고 이러한 점이 위의 논어의 구절 및 "법 없이 살 사람"의 상투어와 함께 오늘날 법을 경시하는 우리들의 태도를 불러일으킨 요인이 아닐까 하는 생각을 할 수 있다. 왜냐하면 임금이나 그 밖의 구체적인 사람에 대한 충성·의리 등과 같은 도덕적·윤리적인 의무가 오늘날에는 (추상화되어버린) 법을 지켜야 하는 의무(즉 준법의무)로부터 떨어져나가버려 후술하는 바와 같이 준법의무가 (법적인 의무이긴 하나) 이 이상 더 도덕적·윤리적 의무는 아닌 것이 된 까닭이다.

아무튼 오늘날의 산업화·도시화·세계화된 생활여건 하에서 우리가 맺고 있는 급속하게 변하는 특정·불특정 다수인과의 인간관계를 규율하여야 할 바람직한 규범체계로서 위의 유교식의 법이냐 법이 없는 윤리규범이냐의 명제는 따라서 도저히 불가능하거나 이제는 적실성(relevancy)이 전혀 없는 명제가 되어버렸다고 생각한다. 오늘날 등장한 새로운 인간관계는 법규범과 윤리규범 양자 모두에 의한 규율이 요청되는 인간관계인 것이다. 그리고 이때에 양자는 법규범이 윤리규범을 지지·보강하며 역으로 윤리규범이 법규범을 지지·강화하는 상호 보완적인 관계에서 작용하여야 한다고 생각한

20. **국역 목민심서** I의 봉공육조(奉公六條) 가운데 수법(守法)조, 167면 참조.

다. 법규범과 윤리규범이 서로 괴리되어 따로따로 논다는 상황은 오늘날의 새로운 인간관계의 유지·발전을 불가능하게 하거나 어렵게 만든다고 생각한다. 다만 새로 태어나는 인간관계(예컨대 정보사회의 등장으로 인하여 생겨난 인간관계)나 수많은 사람과 이루어지는 인간관계(예컨대 증권시장 등 시장경제질서)의 규율의 문제일수록 법규범의 역할이 커질 수밖에 없을 것이라고 생각된다.

민주주의나 시장경제질서를 지지하는 윤리규범(예컨대 기독교윤리[21]) 없이는 민주주의나 시장경제질서를 혹시 어렵게 만들겠지만 이를 뒷받침하는 법치주의 없이는 오늘날의 민주주의나 시장경제를 아예 불가능하게 만든다고 생각한다.[22] 법치주의에서 말하는 법규범은 첫째로 정의(正義)와 합리성(合理性)(진리)을 생명으로 하고 있으며, 정의나 합리성을 결여한 법규범은 법이 아니라 자의(恣意)의 행사에 불과하다. 둘째로 법치주의에서 말하는 법규범은 보편성(普遍性)을 그 본질적 속성으로 하며, 법의 형성·집행에 있어서의 형평성·공정성의 결여는 법규범에 있어서 치명적인 흠(또 하나의

---

21. 기독교의 가르침을 민주주의와 연계시키는 대표적인 사람으로 Reinhold Niebuhr와 Jacques Martain 및 입헌주의와 연계시킨 Carl Friedrich를 들 수 있고, 시장경제와 관련시킨 사람으로 Max Weber를 들 수 있을 것이다. M. Rejai, ed., *Democracy: The Contemporary Theories* (New York: Atherton Press, 1967)의 216면 이하에 수록된 Reinhold Niebuhr, "The Protestant Foundation of Democracy" (216–221면) 및 Jacques Martain, "The Catholic Foundation of Democracy"(222–224면)과 Carl J. Friedrich, *Transcendent Justice: The Religious Dimension of Constitutionalism* (Durham: Duke University Press, 1964)와 Max Weber, *The Protestant Ethic and the Spirit of Capitalism* 참조.

22. Franz Neumann, *The Rule of Law: Political Theory and the Legal System in Modern Society* (Leamington Spa: Berg, 1986); Ian Shapiro, ed., *The Rule of Law*, NOMOS XXXVI (New York: New York University Press, 1994); David Lyons, *Ethics and the Rule of Law* (Cambridge: Cambridge University Press, 1984) 등 참조.

자의의 행사)이 된다. 셋째로 법치주의에서 말하는 법규범은 법적 안정성(法的安定性)과 예측가능성(豫測可能性)을 또한 그 본질적인 속성의 하나로 하고 있다. 따라서 법을 집행하는 사람의 정의감이나 뜻(영감 등)에 따라 달라지는 법(소위 人治를 포함)이라든지 조령모개의 법은 법치주의에 반하며 그 자체 자의의 표출에 지나지 않는다. 이러한 세 가지 속성을 지닌 법규범에 바탕을 둔 법치주의가 민주주의 및 시장경제질서를 가능케 하는 것이다. 인간의 자유와 평등의 실현을 담보하는 입헌주의의 바탕에 이러한 법규범이 존재하는 것이다. 그리고 막스 웨버가 자본주의 성장과 연계시켰던 서양 법체계의 형식적·합리적 속성[23]이란 바로 이러한 법규범의 속성에 지나지 않는다.

그러한 만큼 우리나라 사회에서 법치주의를 이야기하면 곧바로 관련시키는 법만능주의(法萬能主義)와 산업화·도시화된 우리나라 사회의 민주주의와 시장경제 질서의 기초가 되어야 할 법치주의를 혼동해서는 안 된다. 자유와 평등의 문제를 중심으로 하는 도덕·윤리규범 및 이에 내재하는 정의감 등에 바탕을 두지 않은 법규범만에 의한 규율이란 본질을 두고 지엽말단의 법기술적 잔꾀만으로 세상을 다스리려는 것이 되며 그것은 번잡하기만 하지 실제로 잘 되지도 않을 것이라 생각된다. 나아가 윤리규범 및 정의감을 내용으로 하는 법률규범이라고 하더라도 이를 형성하고 집행하는 사람의

---

23. Max Weber, *Economy and Society*, eds., by Guenther Roth and Claus Wittich, vol. 2 (New York: Bedminster Press, 1968)의 제8장 (Economy and Law: 641－900면); Allan Hunt, *The Sociological Movement in Law* (London: MacMillan, 1978)의 제5장 (Max Weber's Sociology of Law: 93－133면) 참조.

윤리규범의 문제를 또한 우리는 문제 삼지 않으면 안 된다. 왜냐하면 법규범이란 결국 사람이 운영하는 것이므로 법을 운영하는 그 사람의 법운영과 관련된 윤리규범이 전제되지 않고는 그 법규범이 제대로 형성·운영·시행되리라고는 생각할 수 없기 때문이다. 아무리 법을 정교하게 만든다고 할지라도 결국 그 법을 운영하는 사람들(예컨대 국회의원 등 입법자, 담당공무원, 경찰, 검사, 판사 등)의 정의감, 준법정신, 청렴·결백, 공평성, 사명감 등이 전제되지 않고는 법이 법으로 형성·운영될 수 없음은 너무나 분명하다. 이것이 법지지적인 윤리규범을 다음으로 문제삼는 이유다.

다시 법치주의의 문제로 돌아와 위에서 말하고자 하는 바는 우리가 법규범과 관련시키지 않고 이야기해온 도덕·윤리규범 및 사회적 정의의 문제를 이제는 우리를 규율할 구체적인 법규범의 형성·운영·집행의 문제와 관련시켜 논의해야 한다는 주장이다. 즉 우리가 우리 사회를 위하여 붙들고 고민하는 도덕·윤리 문제나 정의의 문제를 우리의 구체적인 법규범의 제정·집행 등과 관련시켜 법규범(내용)의 문제로 고민하여야 한다는 주장이다. 그 이유는 우리 사회의 산업화·도시화·세계화에 따른 사회변화의 가속화·사회관계의 복잡화·다층화·광역화로 인하여 그 내용이나 시행에 있어서 도덕·윤리규범 및 정의감의 뒷받침을 받는 법규범이 아니고는 우리나라 사회를 도저히 국제적 경쟁력을 갖춘 선한 사회로 만들어낼 수 없다는 절박한 필요성의 인식이 존재하기 때문이다.

그렇다면 다음으로 법과 관련시켜 논의하여야 할 도덕·윤리규범 및 정의감에 관한 담론 가운데는 우리의 생활 영역 가운데 어디까지를 국가나 공공단체가 담당해야 하고 어디까지를 사적 결정에 맡겨야 하느냐의 문제를 포함해야 한다고 생각한다. 즉 공과 사의 문제인 것이다. 이에는 최근의 공기업의 민영화라든지 경제규제완화의 문제, 국영인 적자 (철도)노선의 폐쇄 문제, 시골의 미니 분교의 폐쇄·통합의 문제 등에서 보는 바와 같은 그야말로 국가의 역할을 어떠한 또는 무엇의 어디까지로 하여야 하느냐의 문제(①)가 있다. 그러나 또 하나의 문제로는 공금횡령이나 유용, 관(공)물의 사적 용도에의 사용, 선심 행정 내지 특혜, 리베이트 등 대가성 금품수수와 연계된 행정, 개인적 친분을 중심으로 하는 인사 등 공적 결정 등에 있어서의 공과 사를 혼동하는 사례에서 보는 바와 같은 엄격한 공·사 준별의 필요성의 문제(②)가 있다. 셋째로는 관(공)물이나 공기업을 마치 자신의 것이나 다름없이 얼마나 근검·절약하며 혹은 효율적으로 관리·운영을 잘 하느냐 하는 문제(③)가 있다.

첫째 문제와 관련하여 예컨대 군대나 경찰을 민영화한다던지 용역을 줄 수는 없을 것이라는 점은 비교적 분명하다. 가령 국영철도나 국영기업을 민영화하는 경우에 효율성이라는 셋째의 문제는 혹시 잘 해결될 수 있을 것이나, 국영 원래의 목표인 공공의 이익을 얼마나 잘 달성·충족할 수 있을지의 문제는 의문으로 남아 있을 수 있다. 그러한 이유 중 하나는 민영화하고 혹은 규제완화를 하는 경우에 민영화나 규제완화에도 불구하고 그곳에 개재(介在)되어 있는 공공의 이익을 확보하기 위한 감시나 통제의 문제가 제기될 수밖에 없으며 그러한 경우에 감시나 통제 장치와 관련하여 둘째 문제가 제기될 수 있을 것이기 때문이다. 그리고 국가가 철도나 학교를 직접 관리·운영하는 여러 가지 이유 가운데 적어도 한 가지는 공적 기능의 관리·운영을 이윤 목적의 사적인 관리·운영에 맡기는 경우에 적자를 이유로 충족시키지 못하는 공공의 이익을 충족시킬 수 있게 만든다는 점이다. 적자노선이지만 철도이용의 편의를 지역주민에게 널리 제공할 수 있는 것은 국가뿐이며 그것은 마치 이윤을 목표로 하지 않는 의료보험이나 국민연금제도를 국가가 관리·운영하는 것과 마찬가지라고 할 수 있다. 이러한 점은 지방 미니 분교의 경우도 마찬가지다. 비용절감의 이유만으로 정당화될 수 없는 공공의 이익(초등교육 등)을 지역주민으로부터 박탈 내지 제약하는 문제가 있기 때문이다. 다른 한편 적자노선이나 지방분교 폐쇄 등의 정책은 농촌의 인구감소 및 노령화, 그리고 인구의 도시집중의 문제도 야기할 것임에 틀림없다. 아무튼 위의 둘째와 셋째 문제는 도덕·윤리규범의 문제, 특히 공적 도덕·윤리규범의 문제를 제기한다. 그러한 만큼 그것은 국가란 무엇이냐 공공(公共)이란 무엇이냐의 첫째 문제를 또한 살펴보게 한다.

결론부터 이야기하면, 국가나 공공이란 **우리 모두**(全體)의 목표나 이익(생존·번영: survival·betterment)이 관련된 문제라고 생각한다. 그리고 국가란 공공의 목표나 이익의 충족을 조직하고 관리·운영하는 문제라고 생각한다. 예컨대 독일이 유럽 내에 있는 수십 개의 나라 가운데에서 강대국인 것은 공공의 목표 및 이익의 추구를 조직·관리·운영함에 있어서 다른 나라보다 뛰어나게 더 잘하는 나라이기 때문이다. 브라질도 미국 못지아니한 자원부국이지만 미국이 더 강대국인 것은 공공 목표 및 이익의 추구를 조직·관리·운영하는데 뛰어났기 때문이다. 이렇게 공공의 목표와 이익의 추구를 조직·관리·운영하는 체제가 바로 국가인 것이다. 다만 지(知)적 전통에 있어서 독일이나 프랑스 등 유럽 국가는 공공의 목표, 공공의 이익의 조직·관리·운영의 문제를 "국가"의 문제로 관념하는 전통이 강한데 영·미의 경우에는 "공공의 이익" 또는 "정부"의 문제로 관념하는 경향이 강하다고 할 수 있다.[24] 그러므로 공공의 이익을 위한 공권력의 행사를 영·미에서는 그것이 공공의 이익 때문이라고 관념하는데 독일 등 유럽 국가에서는 국가의 이익이기 때문에 그러하다고 관념하는 것이다.

여기서 우리나라 사회의 필요성을 중심으로 하여 문제 삼는 것은, 우리나라에서는 국가라고 하면 정서적으로 우리 모두의 것으로보다는 타율적인 것으로 생각하는 경향이 강하다는 점이다. 그리하여 국가라고 하면 한편으로는 어떻게 하면 이를 (개인적으로 불리하게 작용하는 것은) 피하고 다른 한편 어떻게 하면 이를 (개인에게 유리하게 작용하는 것은) 이용할 것인가의 측면에서만 생각하는 경향이 강하다. 이러한 문제도 도덕·윤리규범의 문제(즉 선의 문제)로서 살펴보고 나아가야 할 문제라고 생각한다. 왜냐하면 우리 모두의 생존·번영의 문제(즉 우리 모두가 관련되어 있는 공동체 전체의 생존·번영의 강력한 필요성에서 도출되는 선의 문제)가 걸려 있기 때문이다. 그리고 동시에 국가란 결국 우리 모두의 것이며 우리 모두가 관련된 공공의 목표와 이익을 공동으로 조직·관리·운영하는 문제이기 때문이다. 그리하여 선하다는 것과 국가가 일치할 수 있는 것이다. 그러한 만큼 국가는 철저히 (자유)민주화되어야 한다. 그러나 국가는

---

24. Kenneth H. F. Dyson, *The State Tradition in Western Europe* (Oxford: Martin Robertson, 1980) 참조.

동시에 강(强)해야 한다. 강한 국가와 민주주의는 결코 양립할 수 없는 것이 아니며 오히려 그 반대가 진리라고 생각한다. 개인의 능력이 최고도로 발휘될 수 있게 만드는 체제이기 때문이다. 미국이나 영국, 프랑스, 독일 등이 그 예다. 그리고 선한 사회라는 것과 강한 국가라는 것도 결코 양립할 수 없는 것이 아니며 오히려 선한 사회라야 강한 국가를 이룩할 수 있다고 생각한다.[25]

그런데 국가를 (민주적으로 조직하는 문제를 포함하여) 조직하고 관리·운영하는 문제가 바로 법규범의 문제이며[26] 이를 담보하는 도덕·윤리규범의 문제임을 주의할 필요가 있다. 강국이면서 법규범의 준수가 엄하지 않은 나라는 없다. 그리고 이러한 나라일수록 이를 담보하는 청렴·결백·정직·소명의식 등의 도덕·윤리규범이 강력하지 않은 나라는 없다. 역으로 법의 형성·집행 등 운영과 관련

---

25. 탈옥수 신창원의 체포관련 기사 등과 함께 나온 동아일보 1999년 7월 21일자 「사설」의 제목 "경찰은 있으나 치안은 없다"는 우리의 논의를 위하여 시사하는 바가 크다고 생각한다. 치안이 없다는 것은 국가가 없는 것이나 다름없다는 언명에 지나지 아니한다. 왜냐하면 국가의 최소한의 존재 목적 내지 기능이란 국방과 치안인데 치안이 없으니 그만큼은 국가란 없는 것이나 마찬가지이기 때문이다. 신창원의 도피기간중에 보여준 경찰의 모습은 무능했을 뿐만 아니라 신창원의 동거녀를 성폭행하는 등 그 행태가 선(善)의 반대 개념으로 추하기까지 하였다. 나아가 정치 공동체의 생존과 안녕의 요청이라는 기준으로부터도 선을 정의(定義)하는 우리의 입장에서는 경찰이 무능하다는 사실 자체가 선과 대립되는 의미에서 추한 것이 된다. 정치 공동체의 생존과 안녕과 경찰의 무능은 결코 양립될 수 없는 것이기 때문이다. 그렇다면 위의 사설의 제목은 우리나라를 "추하고 약한 나라"로 부른 것이 된다고 생각한다. 우리가 지금 요구하는 것은 선한 사회, 강한 국가인 것이다.
26. 논의의 출발점은 달라도 국가란 결국 법질서의 문제라고 보는 점에서 Hans Kelsen의 견해와 대단히 유사하다. Hans Kelsen, *General Theory of Law and State*, trans. by Anders Wedberg (New York: Russell & Russell, 1961), 181면 이하; Hans Kelsen, *The Pure Theory of Law*, trans. by Max Knight (Berkeley: University of California Press, 1970), 286면 이하 참조.

하여 공사의 구별이 불분명하고 부정부패가 심한 나라일수록 강한 나라는 없다. 그리고 법규범의 문제가 그 나라나 그 사회를 조직하고 관리·운영하는 데 꼭 필요한 원리·원칙의 문제임을 주의할 필요가 있다. 법규범이란 그 나라 그 사회를 지도해야 할 원리·원칙 가운데 꼭 필요하고 또 대단히 중요한 원리·원칙을 국가에 의하여 강제력을 지닌 원리·원칙으로 만든 것이 법규범이기 때문이다. 그 가운데서도 헌법은 가장 중요하고 기본적인, 우리나라의 나아갈 목표·방향·조직 및 운영의 원리와 원칙 등을 천명한 법규범이다. 법규범이 아니면서도 나라를 지도하는 데 꼭 필요한 원리·원칙이 얼마든지 있을 수 있지만 법규범상의 원리·원칙마저 잘 지켜지지 않으면서 원리·원칙이 잘 지켜지는 나라일 수는 도저히 없다. 우리나라는 위기에 강한 나라라고 말한다. 위기 시에는 (법규범 이외의 요인인) 민족주의나 동포애 등으로 강력하게 뭉치게 만들기 때문일 것이다. 그러나 이것은 평시에는 나라가 강하지 않다는 것을 의미한다고 생각한다. 나라가 강하지 아니하다고 하는 것은 나약한 법규범의 문제에 귀결되는 것이라고 생각한다. 법규범의 문제라고 하는 것은 법전에 쓰여 있는 법규범의 문제라기보다는 이 법규범을 운영하고 집행하며 준수하는 사람의, 즉 우리 모두의, 도덕·윤리규범의 문제에 귀결된다.

4. 법규범 지지적(法規範支持的)인 도덕·윤리규범(道德·倫理規範)

도덕·윤리규범과 관련하여 분석적으로 세 종류의 법규범이 존재한다. 그 첫째의 것으로 법규범과 도덕·윤리규범이 일치하고 있는 경우다. 법규범이 그 내용으로 삼아 법규범으로 강제하고 있는 것이 그 자체 도덕·윤리규범인 경우로, 예컨대 살인죄나 절도죄 처벌 법규의 경우에 살인하지 말아라 도둑질하지 말아라 하는 것은 법을 떠나서도 그래서는 안 되는 도덕·윤리규범인 것이다. 이러한 도덕·윤리규범을 다른 측면에서 바라보면 그 준수를 개인에게 맡기는 것만으로는 공동체 전체의 공동의 목표나 이익의 달성을 담보할 수 없다고 하는 경우에 공동체가 그 준수를 조직·관리·운영하는 경우라고 할 수 있다. 둘째로는 법규범의 내용으로 하고 있는 바가 반드시 도덕·윤리규범이라고 할 수 없는 경우인데, 예컨대 도로법규, 건축법규, 그린벨트 규제, 내부자거래 금지를 포함하는 경제규제 등의 경우다. 어떠한 길로 어떻게 가든 어떠한 건물을 어떻게 짓고 공장을 세우든 그 자체로야 도덕·윤리규범과 직접 관련이 없는 것이지만 공공의 이익 내지 필요성 때문에 법적 규율의 대상으로 삼고 있는 것이다. 셋째로 경우에 따라서는 이전에는 선이라 생각되어 따랐던 도덕·윤리규범과 충돌하는 내용을 공공의 이익 내지 필요성 때문에 법규범으로 다스리는 경우도 있을 수 있다. 예컨대 이전의 적서의 차별·축첩·조혼이나 최근의 관혼상제의 법적 규제나 동성동본 혼인금지의 위헌 결정이 그것이다.

종래에 첫째와 둘째의 문제에 관하여서는 법학에서 논의를 수많이 행하여왔다. 대체로 형법에서 규율하고 있는 법규범은 동시에 도덕·윤리규범이라고 할 수 있고 이러한 경우에는 법규범이 없더라도 그것이 왜 해서는 안 되는지 또는 왜 해야 하는지 의문의 여지가 없고 따라서 도덕·윤리규범이 법규범을 지지하고 있는 경우라 할 수 있다. 셋째 문제는 사회학에서 많이 다루어온 주제라 할 수 있는데, 예컨대 강력한 법속(mores)에 반하는 법규제는 성공하지 못한다는 명제가 그것이다.[27] 아마도 우리의 전통적인 관혼상제 규율법이라 할 수 있는 가정의례에 관한 법률에 대한 최근의 위헌결정[28]이라든지 더 최근의 공무원들의 축의금·조의금의 문제[29]는 이 명제를 증명하는 예가 될 것이라 생각한다. 그러나 동성동본 혼인금지에 대한 위헌결정[30]의 예라든지 적서의 차별·축첩·조혼의 금지가 지금은 문제도 되지 아니하는 것을 보면 위의 명제는 반드시 타당한 것으로 볼 수 없으며, 법속을 규제하는 법규범이라도 그것이 가치관이나 행태의 변화를 일으키는 데 이르게 되면 그것은 도덕·윤리규범의 변화까지 가져오는 것이라고 할 수 있을 것이다. 종래에 첫째와 둘째 법규범의 관계와 관련하여 둘째 법규범도 오랫동안 시행하게 되면 원래는 도덕·윤리규범과 관련이 없던 것이라도 도덕·윤리규범화하는 경향을 볼 수 있다는 점을 인식하고 있었다. 예전의 야간통행금지라든지, 오늘날의 도로법규 및 내부자거래금지 등이 그러한 예가 될 것이다. 그러나 이러한 도덕·윤리규범화의 경향은 그것이 장기적·지속적·체계적으로 시행되는 경우에는 실은 셋째 법규범의 경우에도 살펴볼 수 있음을 방금 지적하였다. 그리고

---

27. William Graham Sumner, *Folkways* (New York: Mentor Book, 1940). 이와 대체로 같은 맥락의 생각을 가졌다고 할 수 있는 것으로 엄청나게 큰 사회적 세력이나 사회규범에 대한 법의 무력 내지 한계를 논하고 있는 Iredell Jenkins, *Social Order and the Limits of Law* (Princeton: Princeton University Press, 1980); Antony Allott, *The Limits of Law* (London: Butterworths, 1980); Gerald N. Rosenberg, *The Hollow Hope: Can Courts Bring About Social Change?* (Chicago: University of Chicago Press, 1991); Stephen C. Halpern, *On the Limits of the Law* (Baltimore: Johns Hopkins University Press, 1995) 등 참조.
28. 헌법재판소 1998.10.15. 결정(98 헌마 168).
29. **동아일보** 1999년 6월 30일자 사설 "빚얻어 잔치하란 말이냐" 참조.
30. 헌법재판소 1997.7.16. 헌법불합치결정(95 헌가 6).

동성동본 금혼의 경우에는 장기적으로 진행된 도덕·윤리규범의 변화는 결국 법의 변화도 가져온 경우라고 할 수 있을 것이다.[31]

이러한 점들은 위에서 제기한 무엇을 공공의 문제로 삼을 것이냐의 문제, 즉 무엇을 국가가 관리(또는 법으로 규제)하여야 할 사항으로 할 것이냐의 문제를 살핌에 있어서 반드시 고려하여야 할 요소들이라고 생각한다. 도덕·윤리규범이 뒷받침해주는 사항의 경우에 이를 법규범화하기는 상대적으로 쉽다고 할 수 있다. 그러나 공공의 이익이나 필요성이 큰 경우에는 도덕·윤리규범의 지지가 없는 경우에도 이를 국가의, 즉 법적인 규제사항으로 해야 할 것이며, 경우에 따라서는, 특히 공공의 이익이나 필요성이 워낙 크다고 하는 경우에는, 기존의 도덕·윤리규범에 반하거나 이와 충돌하는 사항이라도 이를 국가적 규제의 대상으로 하여야 한다고 말할 수 있다. 다만 이러한 법규범일수록 뚜렷한 목표의식을 가지고 행하는 지속적·체계적인 법시행이 뒤따르지 않으면 그러한 규제법은 거의 유명무실한 법규범으로 급속히 전화(轉化)할 우려(즉 경향)가 있다. 그리고 이러한 법규범일수록 이를 집행하는 공무원 등의 강력한 소명의식, 책임감, 청렴·결백, 공사의 준별 등(위에서 지적한 공과 사의 문제 가운데 ② 및 ③의 문제점)은 그 법규범 성공의 필수적인 전제조건이 될 것이다. 도덕·윤리규범과 직접 관련이 없거나 이와 충돌하는 경우뿐만 아니라 심지어 내용적으로 도덕·윤리규범의 지지를 받는 법규범의 경우(예컨대 절도, 사기, 횡령, 살인 등의 경우)까지도

31. Gerald Garvey, *Constitutional Bricolage* (Princeton: Princeton University Press, 1971) 참조.

그 시행을 담당하는 공무원들의 강력한 소명의식, 책임감, 청렴·결백, 공사의 준별의식 등이 뒤따르지 않고는 국가가, 즉 법이 제대로 설 수 없을 것임은 분명하다. 이것이 부정부패의 문제가 국가의 조직·관리·운영(즉 법치주의)에 치명적인 영향을 미치는 중대사항이 되는 이유이기도 하다.

유교부활론은 이러한 맥락에서 전개되어야 한다는 생각이다. 그러므로 우리나라 사회의 필요성에 비추어 우리나라 사회의 국가론·법치주의와 관련성을 가지지 아니하는 유교부활론이라면 그것은 고담준론에 그칠 것임에 틀림없을 것이다. 따라서 위에서 지적한 공과 사의 ①, ② 및 ③의 문제와 관련시켜 논의할 때 유교는 우리나라 사회를 선한 사회로 만들기 위하여 대단히 유용하고 효과적인 처방이 될 수 있다고 믿는다. 문제는 아직도 우리나라 사회를 유교사회라고 할 수 있겠느냐 하리만큼 과거에 우리나라 사회를 선한 사회로 만들던 유교적 사회규범이 거의 사라진 이 마당에 그러면 우리나라 사람의 3분지 1이나 신봉하는 기독교의 윤리이면 왜 안 되겠느냐 하는 질문이 제기될 수 있다. 따라서 기독교윤리에 대하여도 위의 ①, ② 및 ③의 문제와 관련시켜 논의되어야 할 것이라는 점이다. 즉 기독교 윤리도 우리나라 사회를 선한 사회로 만드는 데 충분히 유용할 수 있다. 그러나 우리나라 사회를 선한 사회로 만드는 데 어느 것이 더 효과적일 수 있겠느냐 하는 점에서 유교적 사회규범이 기독교윤리보다 유리하리라고 믿는다. 그것은 우리의 전래(傳來)된 문화(文化)가 유교윤리에 대단히 친(親)한 때문이다. 따라서 유교윤리는 더 적은 사회적 자원의 동원과 노력으로도 우리나라 사회를 지금보다 좀 더 선한 사회로 만들 수 있을 것이라고 믿기 때문이다.

무엇이 유교이냐, 유교를 어떻게 정의할 수 있겠느냐 하는 문제는 대단히 어려울 뿐만 아니라 우리의 담론을 위하여 대단히 중요하다고 생각한다. 다만 유교의 정의는 워낙 대 작업이 필요한 일이라 생각되기 때문에 이곳에서는 이를 본격적으로 시도함이 없이 정의에 가름하여 몇 가지 문제를 중심으로 살펴보려고 한다. 그리하여 유교가 인륜을 중시하고 의리를 중히 여기라고 가르쳤다고 하여 혈연을 무엇보다 중시하라는 결론은 나오지 아니하며, 우리나라 사회를 (선한 사회의 반대 개념으로 쓸 수 있는) 추한 사회로 만드는 데 기여하는 연고주의를 도덕적 윤리적으로 정당화할 수 있다고 생각되지도 않으며, 뇌물의 먹이사슬에 있어서의 "의리"를 도덕적·윤리적으로 정당화할 수 있다는 것은 더구나 아니다. 만약 이러한 경우의 혈연주의를 포함한 연고주의 및 "의리"를 유교적이라고 굳이 말한다면 한국은 아직도 유교적인 나라임에 틀림없다. 그러나 위에서 언급한 바와 같이 우리나라 사회를 선한 사회로 만드는 데 필요한 덕목(예컨대 권력 억제, 전체 공동체의 이익, 성실, 청렴·결백, 공직자의 소명감 등)을 가지고 이야기할 때 우리나라 사회는 이미 유교적인 사회인지 의문이지만 우리나라 사회를 선한 사회로 만들려는 구체적 실행계획이나 프로그램을 가지고 나아가려 할 때 유교의 가르침에서 배울 수 있으며 이를 유용하게 그리고 효과적으로 활용할 수 있다고 믿는다. 그리고 유교윤리든 기독교윤리든 인간은 선한 일(예컨대 이웃 사랑, 성실 등)을 위하여서도 이를 활용하고 동원하지만 악한 제도(예컨대 노예제도)를 정당화하기 위하여서도 이를 활용하고 혹은 동원한다는 점을 다시 한번 상기할 필요가 있다.

유교윤리가 우리나라 사회를 선한 사회로 만드는 데 유용할 뿐만 아니라 효과적일 수 있다면 그러면 유교윤리를 어떻게 구체적으로 프로그램화할 것이냐? 이러한 작업의 첫 번째는 우리나라 사회가 선한 사회로 되기 위하여 필요한 덕목을 밝혀서 지적해내는 일일 것이다. 이 작업을 위하여 진지한 지적 담론(intellectual discourse)이 필요하리라는 점도 분명하다고 생각한다. 가령 우리나라 사회가 선한 사회이기 위하여 필요한 덕목을 권력담당자(정치지도자)의 지도자로서의 인격, 공동체 형성을 위한 협동정신, 염치지심(廉恥之心), 성실성, 정직, 청렴·결백이라고 하자. 그렇다면 이러한 덕목을 공자의 가르침 등 유교경전에서 배우고 가르치도록 우선 초등학교부터 고등학교에 이르는 공교육 과정에 단순한 경전 읽기의 프로그램이 아니라 이러한 덕목을 중심으로 한 체계적 유교교육 프로그램을 포함시켜야 한다. 나아가 학칙은 물론 단체나 단체 내규 및 행위지침 등에도 행동준칙화한 내용을 광범위하게 포섭시켜야 하리라 생각한다. 학교 등에서 배우고 가르치는 것이 바로 인격으로 체현되는 것을 담보하는 것은 아니지만 그 체현의 개연성은 높여주리라 생각한다. 정치지도자로서의 인격 내지 자질을 이야기하는 수신제가(修身齊家) 및 자기가 하는 일에 대하여 하늘을 들어 한 점 부끄럼 없는 떳떳함(예컨대 愼獨) 등에 관한 가르침 등은 곧 떠오르는 우리 사회가 필요로 하는 유교의 가르침이지만, 공동체 형성을 위한 협동정신 등과 관련하여 공자가 군자는 화이부동(和而不同)인데 그러하지 못한 사람들은 동이불화(同而不和)라고 가르치고 있는 바는 가족, 인맥, 계파 등 소집단이기주의(또는 패거리문화)를 조장하는 것이 마치 유교인양 생각하는 경향과 관련하여 의미심장하다. 아무튼 유교를 청산해야 할 유산으로 생각할 것이 아니라 우리나라 사회를 선한 사회로 재창조하기 위한 자산으로 활용할 것을 제안하는 것이다. 최소한 이러한 주장이나 작업을 하지 않고 우리나라 사회를 유교사회라고 부른다던지 유교부활론을 이야기하는 것은 무책임한 일이라고 생각한다.

나아가 두 번째 작업으로 정치지도자나 공직자가 되고자 하는 사람들을 위해서는 정약용의 목민심서가 필독서로 자리매김을 하여야 한다고 생각한다. 특히 장차 법의 형성·시행에 관여하게 될 판·검사 등을 기르는 법학교육과정에는 목민심서의 학습을 필수과목으로 하여야 하며 사법시험 및 행정시험 등에도 법률과목 못지아니한 필수과목이 되어야 한다고 생각한다. 수많은 유교경전이나 저명한 유학자의 저술 가운데 유독 목민심서를 주목하는 이유는 유학자가 유교적 시각에서 공직에 임한 공직자의 자세 등 법을 시행하는 사람의 바람직한 행위준칙(修身)을 상세하게 기술하고 있는, 이를테면 공직자를 위한 수신(修身) handbook과 같은 책이기 때문이다.

정약용은 정치지도자·공직자의 학문은 수신이 그 반이요 목민이 나머지 반이라고 그 서문에 적고 있다. 그리하여 임명장을 받고 임지에 부임할 때까지의 행위지침으로 시작하여 공직자의 공직에 임하는 마음가짐(律己·奉公·愛民)은 물론 이·호·예·병·형·공전 등 경국대전의 6전(典) 편별에 따른 업무지침을 기술하고 있다. 율기 조항의 하나로 정약용은 "청렴은 수령의 본무요, 모든 선의 근원이요, 덕의 바탕이니, 청렴하지 아니하고는 능히 수령일 수 있는 자는 일찍이 없었다."[32]고 하고 있으며, 봉공 조항의 하나로 위에서 이미 인용한 바 있는 "법이란 군왕의 명령이다. 법을 지키지 않는다는 것은 군왕의 명령을 쫓지 않는 것이 된다."[33]는 것이며, "이(利)에 유혹이 되어도 안 되며, 위협에 굴복해서도 안 되는 것이 법을 지키는 길인 것이다. 비록 상사가 독촉하더라도 받아들이지 않음이 있어야 한다."[34]고 하고 있으며, 형전과 관련하여 판사로서 재판에 임하여 "청송(聽訟)하는 근본은 성의를 다하는 데 있고, 성의를 다하는 근본은 혼자 있을 때도 조심하는 데 있다."[35]고 하고 있으며, "막고 가리워서 통하지 못하면 민정이 답답하여지는 것으로서, 하소하러 오는 백성들이 부모의 집에 들어오는 것같이 한다면, 이것이 어진 목민관이다."[36]고 말하고 있다.

이상에서 인용한 몇 가지 예에서 보는 바와 같이 목민심서는 공직에 임하는 공직자의 마음의 자세와 행위규범 및 업무지침을 기술하고 있다. 이러한 공직자를 위한 유교적 덕목은 오늘날의 법규범의 형성·시행 등을 담당하는 사람을 위한 도덕·윤리규범, 즉 법치주의를 지지하는 도덕·윤리규범이 될 수 있다 혹은 적어도 그 기능적 대체물이 될 수 있다는 것이 우리의 주장이다. 그리하여 법치주의 및 이를 지지하는 도덕·윤리규범이 단순한 이상으로서가 아니라 우리를 실제로 규율하는 법규범 및 도덕·윤리규범이 될 때 우리나라 사회는 선한 사회로 나아가는 한 걸음을 내디디게 된다고 생각한다. 사실 유교 가르침의 무게는 배운 사람, 남을 다스리는 사람

32. **국역 목민심서** I, 83면.
33. **국역 목민심서** I, 167면.
34. **국역 목민심서** I, 169면. 이 항목은 오늘날 사법권 독립의 항목으로 구체적으로 거론되고 있는 부분이기도 하다.
35. **국역 목민심서** II, 361면.
36. **국역 목민심서** II, 364면.

에게 향해져 있다는 것이 우리의 유교 이해다. 충(忠)·효(孝)가 유교 가르침의 중심이라고 하는 것은 오히려 정치적 편의주의적 해석[37]이고 군주(정치지도자)가 군주답고 스승이 스승다우며 부모가 부모다울 것을 가르친 것이 그 중심이라고 믿는 것이다. 이를 위하여 유교는 배우고[修學] 몸을 닦을 것[修身]을 강조하였다. 유교의 이러한 점은 서양 법치주의의 핵심이 일반 국민들에게 향해 있는 것이 아니라 권력담당자에게 향해 있다(기본권의 존중, 권력분립의 원리, 사법권의 독립, 적법절차, 준법정신 등)는 점[38]과 평행선을 긋고 있는 것이라고 생각한다.[39] 참으로 우리로 하여금 우리나라 사회를 위하여 위기의식을 더욱 느끼게 하는 것은 우리가 이해하는 유교 가르침의 핵심과 법치주의의 핵심이 우리들의 배운 사람, 자식을 기르고 가르치는 사람, 지도자인 우리의 힘있는 사람, 권력담당자에게 결여되고 있다[40]는 인식 때문이다.

---

37. 박 대통령 시절에 특히 충효사상을 강조한 사실은 이러한 예가 될 것이며, 북한에서의 "어버이 수령"이라든지 "대를 이은 충성" 등 각종의 구호에서 살필 수 있는 유교사상의 강조는 그 극단적 사례가 될 것이다.

38. 崔大權, **英美法**, 개정증보판(서울: 박영사, 1991), 29－30면; 崔大權, **憲法學講義**, 증보판(서울: 박영사, 2001), 321－326면.

39. 崔大權, "우리나라 公法史의 한 理解" 참조.

40. 그러한 사실이 주요 일간신문의 사설에서까지 지적되고 있다. **동아일보** 1999년 7월 11일자 사설 "정치인도 사법절차 존중해야" 참조. 그리고 **동아일보** 1999년 4월 5일자 이수형·하태원 기자 칼럼 "정치인은 法안지켜도 되나…법정 아예 안나타나"; **동아일보** 1999년 4월 8일자 육정수 횡설수설란 "권정달의원의 과태료", **동아일보** 1999년 4월 17일자 하준우 기자 칼럼 "중고생 86% 『지도층 法 안지킨다』" 등도 참조.

5. 맺는말

산업화·도시화·세계화된 오늘날의 우리나라 사회를 위해서는 법치주의(法治主義)가 우리나라 사회를 선(善)한 사회로 만드는 대단히 중요한 조건(條件)이라는 점을 살펴보았다. 법치주의는 우리나라 사회의 공동체로서의 생존·번영을 위한 절실한 필요성(必要性) 때문에 선(善)인 것이다. 그러므로 법치주의와 연계시키지 아니한 채 행하는 선한 사회의 논의는 그것이 유교에 바탕을 둔 도덕·윤리규범이든 기독교윤리에 바탕을 둔 도덕·윤리규범이든 현실성 없는 이상론이거나 고담준론에 불과하다고 믿는다. ① 법규범은 처음부터 도덕·윤리규범을 내용으로 하는 것(예컨대 살인죄·절도죄의 법규정 등)이 있으며, ② 시초에는 도덕·윤리규범과 관련이 없는 법규범(예컨대 도로규칙 등 수많은 행정법규의 경우처럼 강력한 공공의 필요성 때문에 태어난 법규범)이 존재하지만 이러한 둘째의 법규범도 지속적·체계적으로 시행되는 경우에는 그러한 법규범도 도덕·윤리규범화하는 경향을 보여주고 있으며, 그리고 ③ 셋째로는 이전까지 도덕적 혹은 윤리적이라고 생각되던 것을 강력한 공공의 필요성 때문에 이를 규율 또는 규제하는 법규범의 유형(예컨대 관혼상제의 법적규제 등)도 존재하지만 이 셋째의 법규범도 지속적·체계적으로 시행되는 경우에 둘째 유형의 경우처럼 도덕·윤리규범화의 경향을 볼 수 있다는 의미에서 법규범은 대체로 도덕·윤리규범(정의감 포함)을 그 내용으로 한다고 할 수 있다. 나아가 법규범은 위의 어떠한 유형의 법규범이든 이를 시행하고 감시하는 공직자(경찰·검찰·판사 포함)의 사명감, 청렴, 공정성 등의 공직 도덕·윤리규범을 전제로 한다는 의미에서도 도적·윤리규범과 밀접하게 관련되어 있음을 알 수 있다.

한편 법규범과 도덕·윤리규범의 관계는 산업화·도시화·세계화 등을 포함하는 사회변화(社會變化)의 시각에서 바라보아야 할 측면을 지니고 있다. 사회변화는 위에서 지적한 바와 같이 법치주의를 선한 사회의 조건으로 만들고 있지만, 사회변화는 가치관(價値觀)의 변화를 가져오고 가치관의 변화는 법규범(法規範)의 변화를 가져오는 현상도 관찰할 수 있다. 위의 첫째 유형에 속한다고 할 수 있는 동성동본 금혼의 위헌결정이 그 대표적인 예라 할 수 있다. 간통죄나 낙태죄를 거의 범죄시하지 않는다던지 간통죄를 비법화하자는 움직임 등은 또 다른 예라 할 수 있을 것이다. 위의 둘째 및 셋째 법규범 유형의 도덕·윤리규범화 현상도 실은 관련된 가치관의 변화의 결과라 할 수 있다. 특히 셋째 유형의 법규범과 관련하여 지속적·체계적인 강력한 집행이 따르지 않거나 관련된 사회변화·가치관 변화를 가져오지 않거나 못하는 경우에는 법규범이 실패하거나 사라지는 경향도 있다. 가정의례에 관한 법률의 위헌결정이 그러한 예다.

이러한 법규범과 도덕·윤리규범의 관계는 법질서를 국가와 동일시하는 시각에서도 살펴볼 수 있다고 생각한다. 국가란 정치공동체 전체가 관련된 공공의 목표나 이익의 실현을 조직·관리·운영하는 문제이며, 그리고 이러한 국가를 조직·관리·운영하는 문제는 바로 법 문제이기 때문이다. 그러한 만큼 법규범의 문제는 어떠한 사항을 국가의 관할 내지 규제 사항으로 하여야 하며 어떠한 사항을 개인이 관심을 가지거나 관여할 사항으로 하느냐의 문제를 포함하고 있다. 그런데 법규범의 문제가 단순히 국가 대 개인 차원의 문제만이 아니라 법규범 대 도덕·윤리규범 차원 내지 측면의 문제를 포함하고 있다는 점이 중요하다. 즉 국가 영역 및 사적 영역을 가로질러 법이 담당할 영역 및 도덕·윤리규범이 담당할 영역의 문제를 포함하고 있는 것이다. 말할 것도 없이 도덕·윤리규범으로부터 자유스러운 국가영역이나 사적 영역은 없다. 국가를 구성하는 것도 그리고 국가를 조직·관리·운영하는 것도 결국 사람이기 때문이다. 그러므로 최근의 유행어인 규제완화가 능사가 아니라 규제대상인 사람도 규제담당 공무원도 얼마나 도덕적·윤리적이냐가 동시에 문제인 것이다. 국가를 잘 조직하고 잘 관리·운영하는 문제는 우리에게는 선(善)의 문제가 되는 까닭이다.

3

법치주의와 민주주의·
시장경제 및 선진화의 과제

1. 머리말: 민주주의 및 시장경제와 선진화

근래에 우리나라에서 법치주의와 선진화의 화두가 뜨고 있다. 이러한 법치주의와 선진화의 화두에 충실하자면 우리의 논의의 내용과 범위를 한정하기 위하여 민주주의, 시장경제, 법치주의 및 선진화의 의미를 분명히 해두는 것이 순서라고 판단된다. 그리고 잠시 후에 정의하는 바와 같이 민주주의, 시장경제 및 법치주의는 선진화의 중요한 변수인 만큼 우선 선진화의 의미부터 살피는 것이 좋다고 생각된다. 그리고 우리가 정의하려는 선진화는 선진국화 내지 선진국으로 나아간다거나 선진국이 되는 것을 의미한다고 생각되기 때문에 선진국이 무엇이냐를 밝히는 것이 우선순위의 작업이라고 생각된다.

선진국의 사전적 의미는 "학예·산업 기술 그 밖의 일반문화에 있어서 비교적 먼저 발달된 나라"(이희승) 또는 "다른 나라보다 정치·경제·문화 따위의 발달이 앞선 나라"이거나 "경제개발이 앞선 나라"(Naver)이고 이에 대비되는 나라가 후진국 또는 개발도상국이다. 영어 'advanced country' 또는 'developed country'의 어의에 충실하자면, 앞선 나라를 의미할 뿐이다. 그리하여 어느 분야를 지목하여 그 분야(예컨대 미술, 종교행위, 군사무기발달 등)에서 앞선 나라도 상정할 수 있다. 미술(예컨대 미적 표현)을 가지고 이야기한다면 아프리카의 미술이 프랑스의 미술보다 못하다고 말할 수 없다. 다만 미술시장을 가진 미술을 가지고 이야기한다면 프랑스가 선진국이라고 할 수 있을 것임에 틀림없다. 선진국의 의미를 주로 경제개발에 초점을 맞추어서 쓰기도 하지만 우리나라에서 의미하는 바는 정치·

경제·사회·문화 전반에 걸쳐 앞선 나라를 지칭하는 것으로 판단된다. 경제발전을 중심으로 한다면 우리나라도 세계 몇째에 드는 제법 선진국(원조를 받던 나라에서 원조를 주는 나라)의 대열에 서있지만 그럼에도 불구하고 선진화가 지금 화두로 대두하고 있는 것을 보면 그것은 어느 특정 분야(예컨대 경제)를 뛰어넘어 사회 전반의 선진화를 목표 내지 내용으로 하는 선진국을 뜻하는 것이라 생각된다. 다만 무엇이 그러한 선진화를 의미하는지 실은 애매하고 반드시 명확치 아니하다는 점을 감안하여 분석적으로 단순화하여 출발할 필요가 있다. 아마도 통상적으로 널리 쓰이는 선진국 개념의 함의는 대체로 민주주의와 시장경제가 앞선 나라를 중심으로 하는 것이 아닐까 생각한다. 그리고 그러한 나라는 한결같이 법치주의가 앞선 나라이기도 하다는 점이 우리가 주목하는 바이다.

오늘날 통상적으로 선진국으로 지목되는 나라들은 일본을 예외로 하면 주로 서유럽의 여러 나라와 미국을 중심으로 하는데, 우연히도 민주주의와 시장경제가 가장 앞선 나라들이다. 이렇게 정의되는 선진국 개념은 민주주의 및 시장경제에 각기 여러 발전의 단계가 있음을 포섭하는 개념임을 알 수 있다. 민주주의에서도 가장 앞선 민주주의로부터 단지 독재가 아닐 뿐인 단계의 정체(政體: 이를 민주주의라 부를 수 있을지는 논쟁의 여지가 있을 수 있다)에 이르기까지 사이에 여러 발전단계의 민주주의를 상정할 수 있다.[1] 가장 앞선 민주주의의 국가가 선진국으로 통한다. 경제발전에서도 가장 발전

1. Giovanni Sartori, "Democracy," in *International Encyclopedia of the Social Sciences* (1968), 117–118면 참조.

한 경제로부터 최빈곤국에 이르기까지 다양한 경제발전 단계가 있다. 그리고 가장 발전한 경제는 한결같이 시장경제이고 그 정치체제는 가장 앞선 민주체제이다. 그리하여 여기서 가장 앞선 민주주의와 가장 앞선 시장경제의 필연적인 결합관계를, 그리고 가장 앞선 민주주의와 가장 앞선 시장경제가 선진국을 만드는 것(필수조건)이라고 말할 수 있다. 선진국인 소위 자본주의국가와의 경쟁체제에서 국가통제경제(command economy: 이 국가경제체제는 전체주의독재체제의 지지를 받았다)체제를 지녔던 소련권의 몰락은 민주주의와 시장경제의 필연적인 상호지지관계뿐만 아니라 시장경제(및 민주주의)와 선진국의 필연관계를 오히려 극적으로 증명해주는 것이라고 생각된다. 중국은 한때 국가통제경제체제였다가 공산당 주도하의 개혁·개방으로 시장경제체제를 채택한 이래 이제 경제적으로 세계 최강국(G2)의 지위에 올라섰지만 민주주의 국가가 아닌 중국을 우리가 논의하는 선진국이라고는 말할 수는 없을 것이다. 다만 시장경제의 발전이 호의적인 요건으로 작용하여 결국에는(eventually) 민주주의에 이를 수 있을 것인가의 점이 관전 포인트가 되고 있음은 후술하는 바이다.

나아가 설사 선진민주주의와 선진시장경제를 지닌 경우 그것으로 선진국의 필요조건은 충족하였다고 말할 수 있을지라도 충분조건까지 충족하였다고 말하기는 어렵지 않을까 하는 유보의 태도는 여전히 정당화될 수 있다고 생각된다. 왜냐하면 선진국은 선진민주주의 및 선진시장경제뿐만 아니라 선진 시민의식(civic virtue), 선진 "학예" 등 다른 영역에 있어서의 선진화도 포함하는 개념이라고 생각되기 때문이다. 그리고 선진 시민의식의 중요 요소가 준법정신에 의하여 뒷받침되는 법치주의임을 주의할 필요가 있다. 그러하기 때문에 시민의식의 뒷받침이 없는 (그러나 민주주의를 못하는 다른 나라보다는 앞선다는 의미의) 선진민주주의, (못사는 나라보다는 잘산다는 의미의) 졸부 내지 천민 선진시장경제도 가능할 것이다. 그렇더라도 앞선 민주주의 및 앞선 시장경제는 법문화를 포함하는 다른 영역의 선진화를 촉진하는 호의적인 요인으로 작용하기 때문에 선진민주주의, 선진시장경제의 나라는 선진 문화국일 경우가 많다고 생각한다. 다만 이곳에서의 논의의 편의를 위하여 선진민주주의 및 선진시장경제를 중심으로 선진화의 문제를 다루려고 한다.

아무튼 우리나라는 자칭 타칭 앞서가는 중진국이다, 혹은 선진국의 문턱에 와 있다고 말하고 있다. 그리하여 한 단계 더 도약하여 선진국이 되는 선진화가 지금 우리의 화두가 되고 있다. 그리고 우리의 민주주의(및 시장경제)가, 그리고 법치주의가 어떠하여야 한 단계 더 나아가 선진화를 이룩할 수 있느냐가 이 선진화 화두의 핵심적 질문이 되고 있다. 일본의 경제가 선진시장경제임은 의문의 여지가 없지만 그들의 민주주의가 반드시 앞선 민주주의인지는 의문이다. 법치주의의 외형에도 불구하고 그것은 화(和)로 표현되는 일본사회의 전원일치적 공동체결정의 존중의 결과일 뿐이라는 진단[2]이라든지 극단적 사법소극주의, 소수자보호의 부재 등[3]이 그렇게 생각하도록 만든다. 민주주의의 발전단계의 시각에서 보았을 때

2. John Owen Haley, *Authority without Power: Law and the Japanese Paradox* (New York/Oxford: Oxford University Press, 1991), 특히 186면 이하, 197면 이하.

3. 崔大權, "比較 社會·文化的 文脈에서 본 司法積極主義와 司法消極主義: 하나의 探索," 서울대학교 **法學**, 19-39면(2005).

우리나라의 민주주의를 앞선 민주주의라고 말하기는 힘들 것이라고 판단된다. 앞선 민주주의 여부를 판단하는 잣대의 하나인 체제의 정치적 안정성(political stability)과 능률(performance)의 면에서 보았을 때, 우리나라의 민주주의는 아직은 선진민주주의라고 말하기는 힘들 것이고, 겨우 헌법의 규정에 따라 정기적으로 선거가 행해지고 정권교체가 이루어지는 입헌민주주의(constitutional democracy)의 단계라고 생각된다. 민주주의일 뿐만 아니라 민주체제의 정치적 안정성과 능률은 시민의식의 뒷받침을 필요로 한다. 그리고 법치주의는 민주 시민의식의 중요한 요소임은 이미 지적한 바이다. 그러므로 어떻게 해야 입헌민주주의의 단계로부터 한 단계 더 나아가 선진민주주의에 이를 수 있을까 하는 민주주의 선진화의 과제를 우리 사회는 안고 있다고 판단된다.

이곳에서 우리가 민주주의와 선진화가 어떠한 관계에 있느냐, 우리가 내린 주장(민주주의는 시장경제와 함께 선진화의 필수조건이라는 주장)과 달리 민주주의와 다른 정치체제의 길을 따라 선진국이 될 수는 없는 것이냐는 질문을 진지하게 던질 수 있다고 생각한다. 다만 그 길을 보여주는 역사적 사실이 없으며, 옛 소련권의 몰락도 우리의 주장을 옹호하는 자료가 된다고 생각하지만, 동시에 다음과 같은 이론적인 차원에서도 우리의 주장은 설득력을 갖는다고 생각한다. 한 나라 한 사회의 능력은 소수 정예의 능력 발휘에 의하여서보다는 구성원 각자의 능력이 최고도로 발휘될 수 있고 이 능력들이 결집되어 발휘될 수 있을 때 전체적 장기적으로 더 크게 발휘될 수 있다고 생각된다. 그리고 민주주의체제 하의 정치지도력의 핵심은 사회 전반의 각자의 능력을 최고도로 결집하여 끌어올리는 데 있다고 판단된다. 그렇다면 법치주의는 민주주의(및 시장경제)와, 그리고 선진국화와 어떠한 관계를 가지는 것이냐 하는 것이 우리의 다음 번에 물어야 할 질문이 된다고 생각한다.

2. 법치주의와 민주주의(및 시장경제)와의 문제

우리나라에서 적어도 지식으로는 법치주의가 중요하다는 사실을 모르는 사람은 없다고 단언할 수 있다. 그리고 지식으로는 법치주의가 중요한 이유로서 다름 아닌 법치주의 없이 민주주의도 시장경제도 꽃 피울 수 없다는 사실도 인지하고 있다. 그러나 법치주의가 왜 중요한지, 그리고 법치주의가 왜 앞선 민주주의 및 시장경제의 필수조건인지의 여부를 반드시 잘 알고 있다고 말할 수 없다. 왜냐하면 한편으로는 법이라면 되도록이면 멀리하고 싶어하는 정서(情緖)가 전통적으로 도사리고 있기 때문이다.[4] "법 없이 살 사람"이라는 말을 아직도 좋은 이웃을 지칭하는 표현으로 사용하기를 선호하는 문화가 존재하는 것이 그것이다. 그리하여 법치주의는 그 실천의 문제에 이르게 되면, 법을 되도록이면 멀리하고 싶어하는 정서에 편승하거나 이와는 별개로 법치주의 전개과정의 도처에 법경시사상과 행동 내지 편의주의(便宜主義)가 나타나고 있음을 관찰할 수 있기 때문이다. 이처럼 법경시사상과 행동이 나타나면 그만큼 법치주의는, 그리하여 민주주의 및 시장경제의 선진화는 좌절되거나 그

4. Dai-Kwon Choi, "A Legal Profession in Transformation: The Korean Experience," in William L. F. Felstiner, ed., *Reorganization and Resistance: Legal Professions Confront Changing World* (Oxford/Portland: Hart Publishing, 2005), 특히 193면 참조.

실현이 제약받을 것임에 틀림없다.

그렇다면 법치주의란 무엇이며, 어찌하여 민주주의 및 시장경제가 꽃피우고 선진국화하는 데 꼭 필요한 전제조건일 수 있는지, 그리고 결국 법치주의를 좌절시키는 요인이 되는, 법을 멀리하려는 정서 및 법경시사상 내지 행동 또는 편의주의 내지 법의 수단관(手段觀)은 어떻게 하면 극복할 수 있을지 하는 문제를 아래에서 살펴보자.

1) 법치주의의 의의

법치주의를 법이 통치의 중요한 수단이 되는 법에 의한 통치(rule by law)의 의미로 쓴다면 이 세상에 법치주의가 아닌 나라는 없다. 심지어 북한과 같은 일인 독재의 전체주의국가도 법치주의 국가라고 할 수 있다. 그러나 우리나라 헌법을 비롯한 자유민주주의 국가 헌법의 바탕이 되고 있는 법치주의(the rule of law)는 다음과 같은 요소로 이루어져 있다.[5] 첫째로 법치주의에서 말하는 법은 무엇보다도 자연법, 정의 등을 포함하는 이성에 기초한 법, 특히 기본적 인권에 기초한 법을 의미한다. 둘째로 법치주의에서 말하는 법이란 일반인이 아니라 국가권력담당자를 향하고 있다. 그리하여 법치주의 국가의 법은 법을 집행하는 국가기관(행정 및 사법)뿐만 아니라 입법기관(국회)도 구속한다. 이 후자의 요소가 위헌법률심사제도임

---

5. 崔大權, **憲法學講義**, 증보판(서울: 博英社, 2001), 321−326면, 특히 322면; Brian Z. Tamanaha, *On the Rule of Law: History, Politics, Theory* (Cambridge: Cambridge University Press, 2004), 특히 제7장 91면 이하; A. V. Dicey, *An Introduction to the Study of the Law of the Constitution*, 10th ed. (London: MacMillan, 1959), 183면 이하.

은 물론이다. 셋째로 국회가 제정하는 법(입법)은 모든 것을 구속한다. 넷째로 무엇이 법이냐의 판단은 정치적 권력으로부터 독립된 사법기관이 수행한다(사법권의 독립)는 점을 본질적 내용으로 한다.

이러한 요소들을 본질적 내용으로 하는 법치주의의 국가에서 말하는 법은 동시에 원칙적으로 다음과 같은 형식적 원칙 내지 특징을 나타내고 있다. 법의 일반적 적용가능성(generality), 장래로 향한 미래효의 원칙 또는 소급효금지의 원칙, 명확성(clarity), 공개의 원칙, 안정성(stability) 등의 형식적 원칙들이 그것이다.[6] 가령 복지국가에서 요구되는 소위 처분적 법률이 일반적 추상적 법률의 입법원칙과 충돌하는 것이 아니냐의 이론 문제를 일으키는 것도 법치주의에서 요구되는 이러한 형식적 법원칙에 어긋나는 것이 아니냐의 문제를 제기하기 때문이다. 입법으로 표출되는 조령모개(朝令暮改)가 법치주의에서 요구되는 법의 안정성의 원칙에 어긋나는 것임은 물론이다.

이러한 법치주의에서의 법의 형식적 특징들은, 후술하는 바와 같이, 민주주의와 시장경제의 필수적인 전제요건이 되는 법제도의 예측가능성(predictability) 및 법적 안정성(legal stability)의 기초가 된다. 법제도가 예측가능성 및 안정성을 주지 아니하고는 투자도 계약도 재산권의 보호도 이루어지지 않기 때문이다. 막스 웨버가 자본주의의 촉진요소로 거론하는 법제도의 소위 형식적 합리성(formal

6. Lon L. Fuller가 법을 (법이게) 만드는 도덕성이라고 부르는 요소들이다. *The Morality of Law*, rev. ed. (New Haven: Yale University Press, 1969), 46면 이하; Tamanaha, *On the Rule of Law*, 119면 이하.

rationality)[7]이란 법의 이러한 형식적 요소들로 이루어져 있다고 판단된다.

법치주의는 이 같은 형식적 원칙이나 특징만으로는 결코 완결적이라고 말할 수 없다. 이러한 형식적 원칙이나 특징만으로는 법의 실질적 내용을 문제 삼지 않기 때문이다. 즉 이러한 형식적 원칙 내지 특징을 갖추었다고 하더라도 법의 실체적 내용이 정의의 원칙이나 자연법, 이성의 법에 어긋나거나 기본적 인권에 반하는 경우에는 독재에 봉사하는 법일 수 있기 때문이다.[8] 말할 것도 없이 법치주의의 이러한 실체적 내용이 위헌법률심사제도의 기초를 형성한다. 자유민주주의는 법치주의의 형식적 원칙 내지 특징뿐만 아니라 그 실체적 정의의 원칙들을 내용으로 할 때 비로소 이루어진다. 이러한 의미에서 법은 자유의 수단이라고 할 수 있다.

2) 법치주의의 필요불가결성

법치주의가 발전하면 시장경제체제에 바탕을 둔 경제의 발전을 가져온다는 명제를 모르는 사람은 없다. 그리고 이 명제의 근거를 법치주의가 가져오게 마련인 법제도의 예측가능성과 안정성에 두고 있다. 계약법, 재산법 등 법제도의 예측가능성과 안정성이 시장의 행위자들로 하여금 안심하고 계획을 세우며 투자를 행할 수 있게 할 것이기 때문이다. 이러한 점은 시장경제가 앞선 나라들일수록 법치주의가 앞선 나라들이라는 사실에서도 알 수 있다. 그뿐만

---

7. Alan Hunt, *The Sociological Movement in Law* (London: MacMillan, 1978), 93면 이하.
8. 실질적 법치주의에 관하여 Tamanaha, *On the Rule of Law*, 102면 이하.

아니라 우리나라가 중진국의 지위에서 선진국의 지위로 나아가면서 시행착오적으로 절실하게 체험하고 있는 바이기도 하다. 우리나라가 경제위기에서 단기적인 외채의 급증으로 일어난 것이라 하더라도 IMF 국제구제금융으로 회생하면서 절실하게 체험하고 있는 바이기도 하다. 구조조정, 투명성의 확보, 비자금의 문제, 소수주주권, 규제철폐, 회사파산 및 회생제도 등 많은 것을 체험해오고 있다. 법치주의가 확립되지 않으면 선진국으로의 한 단계 도약이 어렵다는 사실은 우리나라에서도 이제 상식이 되고 있다.

오늘날 미국을 중심으로 하는 서양의 문헌들은 거의 예외없이 경제발전과 법치주의를 결부시키는 처방을 내놓고 있다.[9] 더구나 근래에는 신자유주의의 기치 하에 거침없이 경제발전을 위한 법치주의의 처방을 내놓고 있는 것이다. 그러나 우리나라 사람들의 집단기억 속에는 1960년대, 1970년대, 1980년대의 권위주의체제 = 국가주도 하의 빠른 경제성장의 체험을 아름답게 간직하면서, 그리고 경제에서의 국가의 역할에 대한 미련을 버리지 못하면서, 다른 한

9. David M. Trubek and Alvaro Santos, eds., *The New Law and Economic Development: A Critical Appraisal* (Cambridge: Cambridge University Press, 2006); D. M. Trubek, "Law and Development" in N. J. Smelser and Paul B. Baltes, eds., *International Encyclopedia of the Social and Behavioral Sciences* (Oxford: Pergamon, 2001); David M. Trubek and Marc Galanter, "Scholars in Self-Estrangement: Some Reflections on the Crisis in Law and Development Studies in the United States," *Wisconsin Law Review*, 1974, 1062–1102면; David M. Trubek, "Toward a Social Theory of law: An Essay on the Study of Law and Development," *Yale Law Journal*, vol. 82, 1–82면(1972) 등. 그리고 Douglass C. North, *Institutions, Institutional Change and Economic Performance* (Cambridge: Cambridge University Press, 1990); Douglass C. North, "Institutions, Ideology, and Economic Performance," *Cato Journal*, vol. 11, no. 3, 477–488면(1992) 참조.

편 "세계화" "규제철폐" "선진화"를 주문같이 외우고 있다. 이때의 규제철폐는 반시장적인 규제입법의 철폐를 의미하는 것임은 물론이다. 그러한 만큼 지성적으로는 우리의 과거의 권위주의체제 = 법치주의 후퇴 = 급속한 경제성장의 체험과 경제발전(또는 도약)을 위한 법치주의의 처방을 어떻게 조화롭게 체계적으로 이해할 것인가의 문제를 가지고 있다.

우리 주변 지성인 사이에서 흔히 들을 수 있는 공식은 경제성장은, 적어도 도약단계(take-off stage)에서는, 독재(우리의 경우 권위주의)가 단연 낫고, 고도화 단계에서는 (자유)민주주의 = 법치주의일 수밖에 없다는 것이다. 우리(및 대만)의 경험은 확실히 이 공식을 지지한다. 지금의 중국을 보라고도 한다. 그러나 민주주의를 하면서 고도성장을 하고 있는 지금의 인도는 어떻게 설명할 것이냐의 문제를 제기한다. 또 우리나라의 발전을 부러워하면서 찾아오는 가난한 제3세계의 지성인 방문객들에게 너희나라도 경제발전하려면 독재하라고 차마 주문할 수는 없었다는 것이 개인적인 체험이다. 모든 독재체제가 다 경제성장을 가져오는 것이 아니라는 사실은 누구나 안다. 독재체제 외에도 정치지도자의 지도력,[10] 낫게 살겠다는 성취의지,[11] 정치적 안정성 등이 법치주의와 함께 중요한 요인들로 떠오른다.

나아가 법치주의의 발전이 가져다주는 예측가능성 및 안정성 자

---

10. Yoo Se-Hee, ed., *Political Leadership and Economic Development: Korea and China* (Seoul: Institute for Sino-Soviet Studies Hanyang University, 1983) 참조.
11. David C. McClelland, *The Achieving Society* (New York: Free Press, 1961) 등 참조.

체는 아닐지라도 이에 상당하는, 시장경제 주체들에게 투자의 유인을 주기에 충분한 예측가능성 및 안정성을 장기 독재체제가 줄 수 있다면 경제성장은 가능해지는 것은 아닐까 하는 생각[12]도 우리의 과거의 체험을 근거로 하여 행할 수 있다. 우리의 과거 권위주의체제 하의 경제성장은 확실히 이 명제를 지지한다.[13] 공산당 지도하의 중국의 경제성장도 이를 지지한다고 할 수 있다. 다만 우리의 논의의 틀 속에서는 우리나라와 중국의 행태는 확실히 차별화되는 바가 있다. 우리의 경우에는 처음부터 자유민주주의(및 법치주의)와 시장경제(지금에 비하면 사회주의적인 요소를 겸하고 있었지만)의 틀(1948년의 헌법체제)을 세워놓고 시작하였다. 그리고 권위주의는 이 기본체제를 다치지 아니하고 그대로 둔 채 이와 괴리되는 권위주의적인 정치관행(practice)의 모습으로 독재가 행하여졌다. 그리하여 헌법학적으로 우리는 '헌법규범과 정치관행의 괴리'의 현상을 지적하곤 하였다.[14]

우리나라 정부주도하의 경제성장[15]은 우선 민법, 상법, 사법권 독

---

12. Trubek의 1972년 논문은 그 말미에서 아주 조심스럽게 이러한 생각의 일단을 Brazil의 경험에 비추어 개진하고 있음은 흥미롭다. "Toward a Social Theory of Law," 48-49면 참조.

13. Frederic C. Deyo, ed., *The Political Economy of the New Asian Industrialism* (Ithaca: Cornell University Press, 1987); Kanishka Jayasuriya, ed., *Law, and Capitalism and Power in Asia: The Rule of Law and Legal Institutions* (London/New York: Routledge, 1999), 11면 등 참조.

14. Choi Dai-Kwon, "Constitutional Developments in Korea," *The Review of Korean Studies*, vol. 6, no. 2, 27-48면, 특히 29-38면(2003). 당시 이러한 자유민주주의의 헌법규범과 권위주의적인 정치현실 사이의 괴리현상에 주목하여 우리나라의 헌법을 Loewenstein의 분류론에 따라 명목적 헌법(nominal constitution)이라 자조적으로 불렀었다. Karl Loewenstein, *Political Power and the Governmental Process* (Chicago: University of Chicago Press, 1965), 147-154면 참조.

15. Choi, Dai-Kwon, "Law and Development: The Korean Experience," 서울대학교 **法學**

립의 원칙을 담은 법원조직법 등과 같은 법치주의의 기본틀의 바탕 위에서 이루어졌다. 동시에 잇따른 5개년 경제계획에 맞추어 경제성장을 촉진하고 유도하는 외자도입법, 외환관리법, 무역거래법, 수출진흥법, 자본시장육성법 등 그때그때 필요한 수많은 각종의 수단적 입법(instrumental legislation)을 제정하고 이에 따라 우수 생산업체 수출업체들에게 세금면제, 특별자금(외환) 지원, 포상 등과 같은 적극적 유도정책과 함께 면허나 특혜의 박탈 등의 소극적 유도정책을 시행하여 정부주도하의 경제성장(외자도입-수입대체산업육성-수출중심의 산업화-외환관리 등)과 소득증대를 이루어나갔다. 법치주의는 일반적으로 적용되는 법(민법 등)과 사후적으로 개입하는 사법부의 존재 및 시장행위자의 이니시아티브가 특징인 데 비하여 우리가 체험한 정부 주도의 경제성장 모델에서는 수단적 특별입법의 제정과 사전적인 행정부의 주도로 시장행위자의 이니시아티브를 촉진하는 법집행을 특징으로 하였다. 이러한 틀 속에서 소위 행정지도(行政指導)라는 개념이 중요한 역할을 행하였다. 행정지도를 포함하는 이러한 틀은 경제성장이 고도화되면서 경제에 오히려 비능률을 초래하기 시작하였다. 이러한 때에 등장하는 정치적 민주화 및 신자유주의 사상의 유입과 맞물려 이제 규제철폐와 법치주의로의 고도화는 시대의 요청으로 작용하고 있는 것이다.

지난 권위주의의 과거를 법치주의의 시각에서 분석하여보면 우리나라의 법치주의는 두 주인을 섬겼다는 사실에 직면하게 된다. 한 주인은 경제개발로 활성화시키려고 노력해 마지않던 시장경제

(*Seoul Law Journal*), 52권 3호, 37-62면(2011) 참조

체제이고, 다른 한 주인은 권위주의적 정치체제이다. 우리나라의 법치주의는 첫번째 주인을 위해서 도둑을 잡고 질서를 지켰으며 계약을 존중하고 재산권을 보호하는 기능을 수행하였다. 전체주의적 독재체제와는 달리 권위주의체제 자체에 도전하지 않는 한 개인의 자유도 법에 의하여 보호되었다. 아마도 법치주의 단계의 시각에서는 사법권의 독립을 포함하여 상당한 정도로 형식적 법치주의가 지배하였다고 말할 수 있으리라. 그러나 우리나라의 법치주의는 권위주의체제에도 봉사하였다. 당시의 권위주의체제도 일정한 법치주의를 필요로 하였는데 국가재건비상조치법(1961), 소위 유신헌법(1972), 그리고 일련의 긴급조치와 이를 뒷받침하는 비상군법회의 설치 등의 조치가 그러한 대표적 표현형태다. 자유민주주의 헌법규범에 어긋나는 권위주의체제도 그 자체의 정당성 제고를 위하여, 또 관료체제를 효율적으로 그 통제하에 두기 위하여, 그리고 민간법원을 길들이기 위하여 일정한 법치를 필요로 하였던 것이다. 그러한 체제하에 민간법원도 이에 순응하여 권위주의의 합법성 및 정당성을 지지하는 기능을 수행하였다. 예컨대 인혁당 사건은 최종적으로 대법원 판결로 확정되었다. 그러한 판결들이 최근 재심판결에 의하여 민간법원에 의하여 무죄로 선고되고 있음을 주의할 필요가 있다. 아마도 이 둘째 주인을 섬긴 법치주의는 오히려 'the rule by law'라는 의미의 법치주의라고 하여야 하리라.

아무튼 우리의 권위주의체제는 이같이 형식적 법치주의·민주주의의 바탕 위에서 이와 괴리되는 권위주의적 정치관행과 함께한 정부주도의 시장경제 중심의 성장경제정책의 집행을 통하여 경제성장을 이루었다. 그러나 중국은 공산주의 혁명의 결과로 등장한 전체주의+국가계획경제(command economy)체제로 시작하여 시장을 허용하는 공산당 1당지배의 권위주의체제로 이행하였을 뿐이다. 그리하여 중국은 아직도 1당독재의 나라이며 정치적 자유나 경제적 자유의 면에서 헌법규범과 정치행태의 괴리현상은 처음부터 없었다. 다만 국가주도하의 경제성장으로 태어난 시장경제가 그 필요에 의하여 점차 법치주의의 성장을 불러오고 있다고 말할 수 있다. 그리고 이 법치주의의 성장이 어디까지에 이를 것인지, 결국 민주화에 이를 것인지의 문제가 관심 포인트가 된다 함은 이미 언급한 바이다.

이러한 차이점이 그후의 전개과정에서 정치적 자유화와 민주화-선진화의 측면에서 중요한 차이점을 갖게 한다. 그러므로 독재체제=경제성장면에서의 유사성으로부터 마치 우리의 독재와 중국의 독재(공산독재의 점에서 북한의 독재)를 다름없는 것으로 취급하는 것은 잘못이라고 생각한다. 우리의 경우에는 더러 위협받기도 하고 부분적으로 권위주의에 봉사하기도 하였지만 사법권(위헌법률심사제도 포함)의 독립을 비롯하는 법치주의의 틀이 처음부터 거기에 있었다. 그리하여 소위 독재체제 하에서도 멈추지 아니하고 전개되었던 민주화운동·노동운동이 헌법이 규정하고 있는 기본적 인권을 바탕으로 하였다. 이를테면 1987년의 민주화는 헌법학적으로는 자유민주주의의 헌법규범과 권위주의적 정치관행 사이의 갭을 없앤 사건이라고 할 수 있음은 이미 언급한 바이다. 그러므로 이 갭을 없애는 데 기여한 요인으로 자유민주주의 헌법의 존재와 억압이 역으로 자유사상의 교육효과를 가져온 이 헌법 하의 자유주의의 확산을 들어야 한다고 생각한다.[16] 또 하나의 요인은 비록 독재체제 하에서

이지만 경제성장이 가져온 자유주의적 효과, 특히 중산층의 성장[17]이라고 생각한다. 의식주에 여유를 가지게 된 중산층의 성장은 자유의 희구(希求), 자유주의의 확산에 크게 기여하였다고 생각한다. 이렇게 하여 얻어낸 우리의 민주화는 그 후의 평화적 정권 교체를 포함하는 민주주의의 전개 및 1987년에 도입된 헌법재판소의 사법적극주의와 함께 우리나라의 민주주의 및 법치주의의 진전을 가져왔다. 다만 그 선진국화를 위해서는 후술하는 바와 같은 또 한 단계 도약의 과제를 가지고 있다고 말할 수 있다.

아무튼 우리의 자유화, 민주화의 경험에 비추어 중국의 빠른 경제성장은 우리의 지적 호기심을 유발하기에 충분하다. 중국의 헌법이 결코 자유민주주의 헌법은 아니지만 중국공산당 지도하의 빠른 경제성장은 중산층의 성장을 가져올 것임에 틀림없다. 이 중산층의 성장이 중국 사회에 정치적 자유화의 효과를 가져올 것이냐, 내 배가 부르고 등 따뜻하면 정치야 어떻든 상관없다는 계층으로 머무르고 있을 것이냐, 요컨대 민주화가 전개될 것이냐 하는 점이 관전의 포인트이다. 나아가 우리나라가 그리하였듯이 중국도 권위주의 정부주도 하의 경제성장 드라이브(외자도입－수입대체산업육성－수출주도산업육성－외환관리 등)도 시장의 틀을 만들고 그 틀 위에서의 경제성장을 내용으로 하는 것이었다. 최근에 민법(물권법)을 제정·도입하는 등 법제도 정비 작업을 전개하고 있다. 시장경제 성장에 법치주의가 불가결하다는 점을 중국도 보여준다고 할 수 있다. 그

---

16. Choi, "Constitutional Developments in Korea," 34－35면; Choi, "A Legal Profession in Transformation," 180－182면.

17. Ibid.

러나 중국에서는 이에 대응하듯 아직은 법치가 아니라 상향된 인치라 할만한 덕치(德治)[18]를 또한 거론하고 있다. 그러나 우리나라에서도 그러하듯이 경제성장이 어느 단계에 이르면 정부의 개입은 점차 비효율적 비시장적으로 작용하게 되고 좀 더 고도화된 법치주의를 요구하게 된다. 만약 선진화된 시장경제체제의 요구로 중국이 앞선 법치주의로 발전하게 된다면 인권의 보장 등 중국의 자유화의 방향으로 작용하게는 되지 않을까 하는 점이 또한 지적(知的, intellectually)으로 궁금하다.

경제가 선진화하면 할수록 개인의 기업가정신의 자유로운 발휘 등 경제적 자유가 점점 더 요청된다. 민주주의가 선진화되면 될수록 개개인의 자유로는 자아실현 등 자기 발전이 진전된다. 이에 상응하여 국가의 간섭이나 통제는 짐이 될 수밖에 없다. 동시에 구성원 개개인은 국가공동체의 주체가 되는 구성원으로의 일정한 자질 즉 시민의식(civic virtue)을 갖출 것을 요구한다. 그리고 이러한 시민의식 가운데 중요한 요소가 준법정신, 준법의 태도임은 이미 지적한 바이다. 이러한 자율의, 그리고 준법의 시민의식이 존재하지 않고는 그것은 불법·탈법·폭력·부패 등으로 이어질 수 있으며 나아가 국가의 간섭과 통제를 불러올 수밖에 없게 된다. 개인의 자율이 타인의 자율을 제약하는 경우(예컨대 독점의 경우)에 말할 것도 없이 국가의 간섭을 불러오게 된다. 외교·국방·공공질서 유지 등 공공

18. 2002년 필자가 중국을 여행하면서 만난 중국 법학교수들이 덕치를 논하는 것을 견문하였다. 경제성장에 따른 개방의 물결 속에서 법치주의－민주주의(평화적 정권교체)가 아닌 공산당 일당의 지속적 지배를 정당화 내지 지지케 하는 방법의 하나로 주장되었겠구나 생각하였다.

의 필요성이 존재하는 경우에도 국가의 간섭은 불가피하다. 그러한 국가의 간섭·통제가 꼭 필요하다고 정당화되는 경우 이외에는 개개인의 자율은 그것이 최대한 발휘될수록 국가는 선진화된다고 할 수 있다. 이러한 개개인의 자율 활동을 조장하고 이를 결집하여 국가발전으로 이끌어내는 역량이야말로 민주정치체제 내의 정치지도력이라 할 수 있을 것이다. 개개 구성원과 국가 간의 이러한 상호관계에서 개인의 최대한의 자율영역과 꼭 필요한 최소한의 국가의 통제·간섭을 조율하는 원리가 바로 법치주의이다. 그러므로 선진민주주의 및 시장경제로 나아가기 위해서는 시민의식 및 법치주의가 불가결한 전제조건이 된다.

이상의 논의에 비추어 법치주의가 민주주의의 필수조건이라는 점은 충분히 증명되었다고 생각한다. 그럼에도 불구하고 법치주의가 민주주의, 특히 자유민주주의의 필수불가결한 요인이라는 점을 우리나라 사회구조의 문맥에서 다시 설명해 보이는 일은 유익할 뿐만 아니라 필요하다고 생각된다. 2차 대전이 끝난 이후에 출발한 나라로서, 더구나 불과 그 몇 년 후에 겪은 한국전쟁의 참화와 폐허 위에서 시작하였으면서도, 민주화와 산업화를 동시에 이룩한 세계 유일의 나라로서 우리 스스로도 자랑스럽게 생각하고 또 다른 나라 사람들도 부러워하거나 놀랍게 생각하는 나라이지만, 우리 스스로를 되돌아보면서 미래를 전망하면 심사숙고, 면밀한 진단과 계획 및 결단을 요구하는 사안이 한둘이 아니라는 사실을 깨닫게 된다. 그리고 그러한 사안의 중요한 하나가 우리의 법치주의의 문제임은 물론이다. 그리고 우리의 공동체 생활에서 차지하는 입법의 역할과 기능의 중요성에 주목하여야 하는데, 그 이유는, 첫째는 입법이 법의 연원(淵源)의 하나로서 관습법에 대한 관계에서 가지는 절대적 중요성 때문이고, 이로 인하여, 둘째로 입법이 법치주의에 대하여 가지는 관계의 상대적 중요성 때문이다. 그러므로 법치주의 문제도 입법을 중심으로 하여 전개되는 것이라고 하여도 과언이 아니다.

사실 지난 반세기 동안 민주화와 산업화를 이루어 우리나라가 지금 세계 15위의 경제강국으로 개인국민소득 2만 달러에 이른 나라가 되었다는 사실은 우리나라가 얼마나 빠른 사회변화를 겪어왔으며 또 세계화·선진화를 향하여 얼마나 빠른 길을 가고 있는가를 단적으로 보여주고 있다. 과학기술의 변화는 얼마나 폭발적으로 빠르게 진행되고 있으며, 우리를 둘러싼 세계 및 동북아 국제정세는 얼마나 숨가쁘게 변하고 있는가. 급속한 사회변화는 우리의 법률생활 속에서 입법 등 법치의 중요성을 증대시키고 있는 현상이기도 하다. 전통사회에서처럼 사회변화가 느린 사회에서는 법 이외의 사회규범의 역할도 중요할 수밖에 없다. 그러나 새로운 사회규범이나 관습(법)이 생성되기에는 너무나 빠르게 변하는 사회에서는 인위적으로 형성하는 입법의 비중이 커질 수밖에 없는 것이다. 법의 연원으로서의 입법의 중요성은 입법이 법치주의에 대하여 남다른 중요성을 지닐 수밖에 없도록 만들고 있다. 왜냐하면 법치주의에서 문제삼는 법의 일반적 적용가능성, 법적 안정성, 소급효 금지, 명확성, 정의의 원칙, 기본적 인권 등 "법과 원칙"의 문제는 거의 전적으로 입법 및 집행의 절차나 실체를 중심으로 하여 표출되고 있기 때문이다.

예컨대 수십 명 수백 명 수천 명이 고용된 오늘날의 대규모 공장

현장이나 현대 기업의 근로현장을 한번 상정해보자. 오늘날 노동법 등 입법으로 제정된 사용주-피고용자 사이의 근로규범을 제외하고 근로관계를 규율할 수 있는 어떠한 대안적 규범체계를 상정해낼 수 있는가? 사회주의혁명을 통한 노동관계의 설정을 꿈꾸지 아니하고 시장경제 및 민주주의의 틀 속에서의 노사관계를 상정하는 한, 결국 노동쟁의를 포함하여 통상의 노사관계는 절차적으로나 실체적으로나 노동법체계에 의하여 규율될 수밖에 없으며, 만약 어느 노동법 조항 자체의 문제와 관련하여 분쟁이 있는 경우에는 헌법의 절차적 실체적 틀 속에서 예컨대 입법이나 사법 절차를 통하여 변경 또는 조정해나가는 길밖에 없는 것이다. 이러한 사정은 여타의 집단이나 단체나 이해관계 사이에서도 전적으로 마찬가지다. 지금으로부터 50년 전, 100년 전 수평적·수직적 이동을 포함하여 사회변화가 별로 없었던 비교적 안정되었던 시대의 이웃 사이, 마을 사이, 지역 사이의 관계를 규율하던 규범들이 산업화·도시화된 오늘날의 이웃 사이, 마을 사이, 지역 사이의 관계, 이념 간의 관계, 현대적 집단과 단체 및 기업체 사이의 관계를 규율할 수 있다는 것은 상상도 할 수 없다. 마을 어른이나 유지를, 그리고 그들의 역할을 상정할 수도 없다. 그렇다면 그 아름답던 인심 등 지나간 과거의 그리움과 아쉬움을 뒤로하고 이제는 법치에 의존하지 않을 수 없는 우리를 발견하게 된다.

한편 오늘날 유교부활론이라고 부를 만하게 과거 우리의 유교의 유산을 되돌아보며 유교경전을 다시 공부하려는 붐도 일어나고 있다.[19] 그리고 유교규범이 산업화·도시화·국제화된 오늘날의 문맥에서도 알맞은 규범체계로 재해석되고[20] 혹은 오늘날의 법규범을 여러 가지 방안으로 적어도 그 정신에 있어서 유교규범화할 수 있다면 얼마나 좋으랴만은, 거기에 이르지 못하고 유교이상론으로만 머물러 있다면 아쉬움만 더하리라 생각된다. 오늘날의 우리의 정치생활, 경제생활 등을 부득불 법치에 의할 수밖에 없다는 현실론은 우리나라가 그리고 우리나라의 경제가 세계화하면 할수록 더 심각해진다고 판단된다. 우리나라 사람의 인심이나 상식의 잣대로 우리의 국제관계 거래관계를 재단하고 처방한다고 가정해보자. 혹시 개인이나 사 집단 사 단체 사이의 관계라면 통할지 몰라도, 냉혹한 국제정치관계·국제거래관계에서는 어림도 없다는 것을 금방 알 수 있다. 국제관계·국제거래관계에서는 우리의 이익을 지키고 우리의 생존을 위하여서도 법치에 의하지 않을 수 없음은 분명해진다.

이처럼 오늘날의 우리의 민주정치 및 시장경제를 위하여 법치주

---

19. 함재봉, **탈근대와 유교: 한국정치담론의 모색**(서울: 나남출판, 1998); 함재봉·함재학·데이빗 홀 편, **유교 민주주의, 왜 & 어떻게**(고양시: 전통과 현대, 2000); 이승환, **유가사상의 사회철학적 재조명**(서울: 고려대학교출판부, 2001) 등 참조.

20. "善한 社會의 조건: 法治主義를 위한 담론"장 참조. 신도의 수가 우리나라 인구의 3분지 1을 차지하는 기독교의 가르침과 관련하여서도 마찬가지 이야기를 할 수 있다고 믿는다. 기독교의 가르침을 어떻게 실정법으로 규범화할 수 있느냐 하는 문제는 접근이 쉽지 않다고 생각한다. 기독교윤리나 유교윤리나 나의 생각으로는 전문법학대학원에서 가르치는 직업윤리의 차원에서 접근하는 것이 최상의 방법이라고 생각한다. 법을 다루는 법률가가 기독교윤리 내지 유교윤리로 철저히 무장한다면 법률가의 법률해석, 법의 적용이나 적용 등과 관련하여 법의 운영이 기독교윤리나 유교윤리에 걸맞게 이루어지리라 믿는다. 법의 운영에는 정의, 형평성, 사회상규, 정직, 신의성실 등 추상적·개방적 개념들이 중요하게 작용하는 경우가 많은데, 이러한 경우에 판사의 재량이, 그리하여 판사의 가치관, 이상, 이념, 윤리관이 투영될 수밖에 없는 만큼, 법의 운영을 담당하는 법률가를 통하여 기독교윤리 내지 유교윤리가 자연스럽게 작용할 수 있다고 믿는다. 다만 기독교의 가르침과 관련하여 극단의 거부감을 느끼는 사람들이 적지 않은 점을 감안하여 유교윤리를 가지고 접근하면 기능적으로 훨씬 유리하리라 생각한다. 우리의 유교전통이 오래된 만큼 유교윤리에 대하여는 호의적으로 생각하지 적대적으로 생각하는 사람은 많지 않을 것이기 때문이다.

의가 필요불가결한 것이라면 우리의 선택은 우리의 법치를 더 정치(精緻)하게 하여 우리의 이상과 가치와 정의감이 법을 통하여 실현되는 체제를 만들어 나가야 한다는 점이다. 법과 정의가 체제에 있어서나 내용이나 결과에 있어서 따로따로 논다면 이것은 결코 우리가 주장하는 법치주의가 아니다. 이 양자가 따로 놀게 내버려둔다면 문제가 있는 것이다. 양자가 함께 놀도록 만들어야 하는 것이다. 따라서 이 주장은 소위 법만능주의를 주장하기 위하여 행하는 것이 결코 아니다. 법만능주의라고 하는 것은 법으로 무엇이라도 할 수 있고 그리하여 악법도 법이라고 하는 주장이나 태도를 비웃는 말로서 다른 한편 우리가 비판해 마지않는 법을 멀리하고 싶어하는 전통적 정서에 업혀있다. 이러한 전통적 정서 자체가 문제가 되는 것은 아니다. 문제가 되는 것은 이러한 정서가 잠시 후 비판해 마지않는 법경시사상 내지 태도나 법편의주의에 업혀다니며 이용당하는 것이 문제이다. 법치주의를 비판한다는 명분으로 주장하는 법 만능주의 주장은 법편의주의를 옹호하기 위하여 주장하는 일이 많다.

(3) 법치주의를 해(害)하는 사회문화적 요인

민주주의 및 시장경제를 위하여 법치주의가 필요불가결하다는 인식에도 불구하고 그 실현을 어렵게 만드는 사회문화적 요인이 있다. 법치주의의 실현을 어렵게 만드는 사회문화적 요인은 결국 우리나라의 선진국화를 어렵게 만드는 요인이라고 할 수 있다. 우리나라의 법치주의의 실현을 어렵게 만드는 중요한 사회문화적 요인으로 법경시 사상 내지 태도, 이와 함께 가는 법편의주의(便宜主義) 및 법수단관(手段觀)을 들 수 있다고 생각한다. 사회에 편재해 있는 이러한 사회문화적 요인을 검토하여보자.

법 경시의 사상과 행동은 여러 가지 모습으로 표출되고 있다. 법과 원칙의 견지 내지 준법을 당리당략이나 이념 내지 이익단체나 집단의 목적달성을 위한 수단이나 도구로 사용하고 자기의 시각에서 필요하다고 판단되는 경우에는 편법이나 불법, 탈법, 회피나 위법을 서슴지 않는 모습이 그 대표적인 예이다. 광우병쇠고기 촛불시위에서 시작하여 급기야 정권퇴진운동으로까지 변질하였던 집단적 불법시위나 국회의사당에서 벌이고 있는 국회의원들의 해머·전기톱까지 동원한 건물파괴·점거에 의한 국회활동저지 및 폭력행사는 그 단적인 예가 된다. 그러므로 법치주의의 문제를 법과 원칙의 문제로 접근하는 것이 아니고 나에게 유리하면 따르고 불리하면 따르지 않는 수단이나 도구로 활용하는 태도를 나타내고 있는 것이다. "법이 사람을 위하여 있는 것이지 법을 위하여 사람이 있는 것이 아니라"는 표현도 곧잘 활용된다. 정치국면을 전환하기 위하여 때만 되면 나오는 개헌론도 그러한 태도의 하나다. 필자가 보기에는 이 같은 법 경시 사상 및 법을 수단으로 보는 법수단관의 극복이 실은 대한민국 건립 60주년이 지난 오늘날 우리나라의 선진화로 향한 한 단계 도약을 위한 당면과제의 하나라고 생각한다.

한편 법을 싫어하거나 되도록이면 법을 멀리하고 싶어하는 우리의 전통적인 법 정서(情緖)에도 주의할 필요가 있다고 생각한다. 위의 법경시사상이나 법수단관은 흔히 이 같은 법을 멀리하고 싶어하는 전통적인 법 정서에 쉽게 편승하여 표출되기도 한다. 법을 멀리하고 싶어하는 법 정서는, 발생사적으로, 인격도야와 조화를 강조하는 유교사상을 배경으로 하고 있기는 하지만, 다른 한편 일제시대에 체험한 바와 같은 과거의 억압적인 법(repressive law)의 경험에서 연유한 것이라 할 수 있다. 아무튼 자기 이익에 따라 법을 따르기도 하고 멀리하거나 위반하기도 하는 편의주의가 주는 이익에 의하여 조장되기도 한다고 판단된다. 법을 따르면 나만 손해라는 정서가 그러한 예의 하나라고 생각된다. 그러므로 잠시 후 정의(定義)하는 바와 같은 정의(正義)를 내용으로 하는 법치주의의 원숙단계에 이르면 법을 멀리하고 싶어하는 법정서는 사라진다고 할까 의미가 없어지는 운명에 서게 될 것이라고 생각된다. 그러므로 분석적으로 법을 멀리하고 싶어하는 법정서는 위의 법경시사상이나 법수단관과는 구별되어야 할 필요가 있다.

이상의 논의에 비추어보면 "민주주의와 법치주의의 충돌"[21]이란 잘못 설정된 화두라고 말할 수 있다. 이러한 화두는 다분히 민주주의와 법치주의를 각기 어떻게 정의(定義)하느냐의 문제에 의존한다. 민주주의를 다수의 지배 원리로 이해하고 법치주의를 위의 실체적 법치주의로 이해하는 경우에는 이 양자는 충돌할 수밖에 없다. 민주주의를 자유민주주의로, 그리고 법치주의를 사법권의 독립 및 위헌법률심사제도를 포함하는 의미로 이해하는 경우에 충돌이란 있을 수 없다. 다만 헌법 명문으로는 위헌법률심사(사법심사)제도를 가지고 있지 아니하면서 이 제도를 운영하고 있는 미국에서는 헌법 명문으로 이 제도를 가지고 있는 우리나라에서보다는 설득력 있는 화두가 되리라 생각된다. 아무튼 민주주의를 다수의 지배 원리로, 그리고

---

21. "민주주의와 법치주의"의 주제를 가지고 열린 서울대학교 법학연구소의 2008년 5월 30일자 학술대회의 화두가 민주주의와 법치주의의 충돌이었다. 姜正仁, "민주화 이후 한국정치에서 자유민주주의와 법치주의의 충돌," 서울대학교 ***法學***, 49권 3호, 40－75면(2008) 참조.

법치주의를 형식적 및 실체적 법치주의로 이해하는 경우에 비로소 양자는 충돌한다고 말할 수 있다. 이 경우에도 민주주의와 자유주의의 충돌의 문제로 보는 것이 오히려 더 적절하리라 판단된다.

3. 준법의 문제: 준법정신의 고양은 법치주의 선진화의 관건

마지막으로 준법사상 내지 준법정신을 논의하지 않고 행하는 법치주의의 논의는 공허한 논의로 끝나기 쉽게 된다는 점을 주의할 필요가 있다. 법치주의에 관한 서양의 정치사상가·법학자들의 논의를 보면 그 문헌 또한 한두 개가 아닐 뿐더러 법이란 지켜지는 것을 묵시적·보편적 전제로 하여 그 논의를 전개하고 있다고 단언할 수 있다. 바로 그 때문에 그들의 문헌에서 법치주의와 법의 준수를 특히 결부시켜 논의하지는 않는다고 생각된다. 그들에게 준법은 생활화가 되어 있기 때문이다. 그러나 준법 자체가 문제되는 우리나라에서는 준법정신이 더 고양되는 것을 전제로 하지 않고 행하는 법치주의의 논의는 법치주의의 실용적 가치를 반감케 한다고 생각한다. 법을 따르지 않는다면 우리가 정의한 바 있는 그러한 법치주의는, 그리고 궁극적으로 입헌주의는, 무슨 의미가 있는가? 우리나라 언론에서 거론하는 법치주의는 실은 철저한 준법, 준법정신의 고양을 주장하는 논의인 경우가 대부분이라고 생각된다.[22] 그러므로 우리나라 선진화의 관건으로 거론되는 법치주의는 실은 준법사상 내지 태도의

---

22. 예컨대 2008년 6월 12일자 **조선일보** 칼럼 복거일, "이명박 정권의 최후 방어선"; 2008년 6월 19일자 **조선일보** 사설 "죽어버린 法治, 이 후유증을 어떻게 감당할 것인가" 및 동일자 **조선일보** 칼럼 김영봉, "일어난 좌파, 엎드린 우파" 등 참조.

고양이라고 해야 정확하리라 생각된다.

서양 사람들의 일상의 사회생활을 우리와 비교하여 면밀히 관찰해보면 법의 노예라고 말할 수 있을 정도로 법의 준수가 생활화되어 있다. 미국 사람, 특히 독일 사람들을 살펴보면 그러하다. 가령 독일 사람들은 법을 전통적으로 잘 지키니까 법의 내용을 어떻게 규정하느냐에 따라 독재도 될 수 있고 민주주의도 될 수 있다고 생각된다. 나치의 법도 잘 지켰고(법을 통한 독재라 할 수 있다) 2차 대전 후 민주화된 법도 잘 지키니까 거의 하루아침에 곧 민주주의가 될 수 있었던 것이라고 판단된다. 이미 언급한 바와 같이 우리나라는 꼭 60여 년 전에 자유민주주의의 헌법제도를 도입하였지만 헌법규범과 정치현실 사이의 괴리 속에서 수십 년 동안 살다가 1987년에 비로소 "민주화"라는 이름으로 이 괴리를 없앴다고 말할 수 있음은 이미 언급한 바이다. 헌법규범과 정치현실의 괴리의 시대를 뭉뚱그려 우리는 권위주의 또는 군사독재시대라고 부르고 있는 것이다.

그러나 과거 헌법규범과 정치현실의 괴리를 다른 측면에서 보면 서두에서 언급한 우리나라 사회의 뿌리 깊은 법경시사상 내지 법편의주의의 표출에 다름 아니라고 생각된다. 오늘날 광우병 쇠고기 촛불시위가 출범한 지 3개월에 불과한 정권에 대한 퇴진운동으로까지 변질한 불법시위 및 전국적 불법파업노동 등, 그리고 이에 대한 적법한 법집행을 포기하고 있는듯한 정부의 태도나, 대통령 선거 때의 고소·고발사건의 취소로 응하는 여당의 대응태도를 보면, 이 또한 법을 멀리하고 싶어하는 전통적 법 정서에 편승하여 법경시사상 내지 법수단관 내지 법편의주의가 표출된 것에 지나지 않는다고 판단된다. 법치주의의 반대개념이 인치주의인데, 법치주의의 장족의 발전에도 불구하고, 과거의 독재뿐만 아니라 민주화 이래의 오늘의 민주주의도 이렇게 인치의 다양한 모습을 아직도 표현하고 있는 것이 아닐까 생각된다. 사안에 따라 법의 집행이나 적용 여부를 정치적 고려나 이해에 따라 결정하는 정부의 태도가 그러하다. 최근에 드러난 국회에서 국회의원이 벌인 폭력사건, MBC PD수첩사건 및 전교조 시국선언 사건 등에 대한 일련의 무죄판결들도 정치적 고려(이념)에 따라 사법부에서도 일어난 현상이라 할 만하다.[23]

그러므로 우리나라 사회의 준법정신의 확립은 법치주의의 실현을 위한 필수조건이 된다고 말할 수 있다. 문화적 정서 때문이든 정치적 편의 때문이든 법이 지켜지지 않고서야 법치주의의 이상은, 그리고 입헌주의의 이상은, 그 실현이 어려우리라 판단된다. 그리고 법치주의가 이루어지지 않고는 민주주의도 시장경제도 선진국답게 원숙하게 활성화되기는 힘들 것이리라. 그리고 그 중심이 되는 요소 가운데 하나가 준법정신의 고양이라고 생각한다.

나아가 법치주의 실현의 중심에는 독립한 헌법재판소 등 사법부 못지않게 입법부도 거기에 서 있다. 법치주의의 이상이랄까 내용이 입법에 담겨 있어야 하기 때문이다. 위에서 언급한 일반적 적용가능성 등 법의 형식적 요소와 정의 원칙, 기본적 인권과 같은 실체적 요소를 입법은 지녀야 한다는 것이 그것이다. 헌법재판소 등 사법

---

23. 사법의 정치화가 법치주의와 양립할 수 없음은 물론이다. 최대권, "사법의 정치화 단호히 차단하라," **문화일보** 2010.1.19일자 포럼 참조.

부는 오직 2차적으로만 입법이 그러한 요소들을 지녔는가의 여부를 판단하게 된다. 아무튼 입법의 필수요소들을 갖춘 입법이 될 수 있게 하기 위해서 입법이 절차적으로나 실체적으로 어떠한 원리에 의하여 움직여져야 하는지는 이상의 법치주의의 여러 원칙에 비추어 자명해진다. 그럼에도 불구하고 법경시사상, 법편의주의 내지 법수단관은 입법의 실체의 내용이나 절차의 도처에서 표출되고 있다. 불합리하거나 졸속의 입법이 예사로 행해지고 있는 것이다. 입법은 신중하게 행해져야 하고 제정된 법은 잘 지켜져야 한다. 정치적 편의에 따라 졸속으로 만들어진 법이 잘 지켜지지도 않고 돌아서서 곧 개정작업에 들어가기도 하는 현실을 우리는 늘 보고 있다. 극단적으로 국론을 분열시키고 있는 소위 세종시법(행복도시법)은 그 대표적인 예가 된다. 법리적으로 세종시법은 원래 위헌인 법률이다.[24] 이것은 결코 법치주의적이지 않다.

법치주의에 어울리는 입법의 절차적·실체적 원리 원칙들을 간략히 들어보자. 입법은 신중하게 이루어져야 한다는 것이 가장 큰 원칙이라고 할 수 있다. 그러하기 위하여 입법상의 의사공개의 원칙 등 적법절차의 원리[25]라든지 실체적으로 헌법합치성, 상하위법단계

---

24. 崔大權, "신행정수도 후속대책특별법의 위헌성 여부에 관한 연구," 서울대학교 **法學**, 46권 3호, 201-226면(2005).

25. 국회의사 공개의 원칙(헌법 제50조)은 입법상의 적법절차의 내용이 된다고 생각한다. 국회의사공개의 대원칙에 비추어 외교·국방상의 이유와 같은 합리적 이유가 없는 국회의사 비공개는 헌법상 정당화될 수 없으며, 국회법이나 정보공개법의 관계조항이 헌법상의 합리적 이유가 없는 국회의사 비공개를 허용한다는 뜻이라면 그 한에서는 문제의 국회법이나 정보공개법 조항은 위헌이라고 생각된다. 설사 소위원회에서 7차에 걸쳐 비공개로 진행된 세종시법 입법과정이 헌법상 정당화된다고 가정하더라도 국회법에 대한 관계에서 별개의 신법(新法)인 정보공개법에 의한 문제의 소

간 및 같은 단계의 법(조문) 간의 일관성 · 통일성, 조문의 명확성의 원칙 등이 그러한 예로서 대단히 중요한 원칙이 된다. 입법은 정부 정책의 실현수단인 경우가 많은 까닭에 정책 목적 및 그 실현수단에 비추어본 합리성(rationality)을 지니는 일이 또한 중요하다. 이를 위하여 사전적인 그리고 사후적인 점검이 필수적이다. 사후적인 점검의 문제가 입법재평가의 문제임은 물론이다. 입법재평가 feed-back이 입법에 중요함은 말할 필요가 없다.

그럼에도 불구하고 지금까지의 입법은 다음과 같은 두 가지 점에서 민주적 및 법치주의적 이상에 미흡한 흠을 노정하고 있다. 이를 보여주는 한 가지 중요한 증거는 예컨대 일본의 그것과 비교한 엄청나게 높은 헌법소송을 포함하는 소송제기율이라고 생각한다. 첫째는 입법부의 대의기능(조화된 국민의사의 반영)이 입법에 잘 투영되어야 하는데 실제로 통과된 입법이 그러하지 못하니까 그 해결을 최후의 보루로 사법부에 부탁하지 않을 수 없게 만들고 있는 것이다. 이것이 높은 소송제기율로 나타나고 있는 것이다. 둘째로 대의정의 실패뿐만 아니라 졸속입법 등으로 인하여 법치주의에서 나오는 입법 원칙의 요청을 잘 충족시키지 못하고 있는 것이 또한 헌법소송 등 소송제기율 증가의 요인으로 작용하고 있는 것이다. 즉 입

위원회 회의록 등의 정보공개청구를 거부할 헌법적 및 정보공개법상의 근거는 없다고 판단된다. 그럼에도 불구하고 정보공개법상의 정보공개청구거부처분을 정당화하는 대법원 판결(2009.12.10. 2009두16435)이나 헌법소원의 심판청구를 각하한 헌법재판소의 결정(2009.9.24. 2007헌바17)은 정치계를 의식한 극단적 사법소극주의의 표출이라고밖에 생각할 수 없다. 법리적 분석과 헌법적 판단을 회피하고 있는 것이다. 차라리 기각이나 각하의 근거로 국회의 자율성을 들었더라면 국민이 납득하기가 훨씬 용이하였으리라 생각된다.

법의 실패가 소송률의 증가에 기여하는 것이다. 그것은 더 나아가 사법적극주의를 포함하는 헌법재판소 결정의 증가로 나타나는 것이다. 다만 근래에는 정치적 고려에 바탕을 두었다고 볼 수밖에 없는 헌법재판소의 결정들이 자주 등장하고 있음도 주목할 필요가 있다. 예컨대 집회 및 시위에 관한 법률에 대한 헌법불합치결정[26]이나 소위 미디어법결정[27]이 그러하다.

4. 맺는말

이상의 논의에 비추어 우리나라 선진화의 화두는 선진국화이며, 선진국은 선진국이 되기에 필요한 많은 요건 가운데 선진민주주의 및 선진시장경제를 중요한 관건으로 하고 있다. 그리고 선진민주주의 및 선진시장경제의 달성은 법치주의를 한 단계 고양시키는 데 있다. 그러나 고양된 준법정신이 전제되지 않고는 선진화된 법치주의에 도달할 수 없다는 사실도 거증하였다. 민주주의 및 경제질서가 선진화된 단계에서는 국가의 역할은 외교·국방 및 공공의 질서 유지를 비롯한 공공의 필요성(독점금지 및 사회정의 실현 위한 필요성을 포함하는 헌법 제37조제2항 및 제119조제2항 등)에 의하여 정당화되는 경우 이 외의 개입이나 간섭은 악으로 지목되고 개개인이 주체가 될 수밖에 없다. 그러한 만큼 선진화된 민주주의 및 시장경

---

26. 2009.9.24.결정(2008헌가25). 이 결정에 대한 비판적 연구로 崔大權, "헌법불합치결정 유형에 관한 몇 가지 생각: 집시법 헌법불합치결정을 중심으로," 서울대학교 **法學**, 50권 4호, 141-168면(2009).
27. 2009.10.29.결정(2009헌라8 · 9 · 10병합).

제는 개개인이 국가의 자율적인 주체적 구성원으로서의 자질을 갖출 것을 전제 내지 필수요소로 한다. 이러한 국가 구성원의 자질에는 준법정신이 필수적 요소로 자리하고 있다. 준법정신이 전제가 되지 않으면 법치주의는 달성될 수 없다. 법치주의 없이 선진민주주의, 선진시장경제체제로의 진전은 불가능하다고 생각된다. 그것(법치주의)이 전제되지 아니하고는 선진국으로의 진입도 불가능하다고 판단된다.

4

법치주의와 의회주의

1. 머리말

2008년은 자유민주주의와 시장경제질서를 중심으로 하는 대한민국 헌법이 제정·선포된 지, 그리고 이 헌법에 기초하여 세워진 대한민국이 수립된 지, 만 60주년이 되는 해다. 한 개인의 인생에서도 60주년이 되는 해는 환갑이라고 하여, 자기의 생을 되돌아보며 앞으로는 또 어떻게 살아갈 것인가, 그리고 내 가족은, 내가 일구어온 사업이나 평생의 일거리는 어떻게 할 것인가를 깊이 생각하는 큰 계기로 삼는다. 하물며 60주년을 맞이하는 대한민국 헌법, 그리고 그 기초 위에 세워진 대한민국에 대해서야! 말할 것도 없이 60주년을 맞이한 대한민국의 헌법과 대한민국의 과거를 되돌아보고 오늘을 가늠하며 미래를 설계하고 다짐하는 계기로 삼지 않을 수 없다.

이 장에서는 대한민국 헌법이 설계한 바에 따라 설립된 대한민국의 기초가 되는 핵심적 원리인 법치주의 및 의회주의를 중심으로 과거를 되돌아보고 오늘을 가늠하며 미래를 설계하고 전망하려고 한다. 더구나 2009년에 접어들면서 우리나라에 새 정부가 출범한 지 몇 개월도 지나지 아니한 시점에서 미국산 쇠고기수입 문제로 촉발되어 반정부적인 시위로까지 변질된 과격불법촛불시위가 나라의 큰 길을 온통 휘젓고 다니는 가운데 TV 앞에 고개숙인 대통령과 격렬한 불법촛불시위만 보일뿐 당파싸움으로 40여일이나 지나도록 국회는 어디에 있었는지 보이지도 아니하며,[1] 개원하고도 나라를 위하여 별로 생산적이지 않은 국회의 모습을 지켜보면서[2] 국민의

1. 최대권, "국회, 너는 지금 어디에 있느냐," **조선일보** 2008.6.28일자 시론.

일원으로서 참담한 심정으로 우리나라의 민주주의의 앞날을 가늠해보지 아니한 사람은 별로 없을 것이다. 과격불법촛불시위가 법치주의의 담론을 우리나라 사회에 새삼 촉발시켰는데, 다른 한편에서는 법치주의와 민주주의 충돌의 화두가 지난 탄핵사태 및 수도이전 위헌결정 이래로 대두되어왔다.

사실 따지고 보면, 과격불법촛불시위에 이어 일어난, 이념 및 당리당략 차원의 국회의 개원거부 자체가 헌법 및 국회법 위반 등의 불법과 국론의 통합이 아닌 국론분열의 반영이라 생각된다. 그런가 하면, 후술하는 바와 같이, 오늘날 우리나라의 운명을 좌우하는 중요 정치적 결정의 길목에서 우리나라 국회는 헌법에서 행하고 있는 처방과는 달리 행동하는 국민과 대통령만 있는 무대의 "변두리의 지위"[3]를 차지해왔으며, 쇠고기 파동에서도 그러하였다는 점을 새삼 상기하지 않을 수 없다. 더구나 2009년 초에는 TV를 통해 온 국민이 보는 앞에서 국회의원이 가세해 의원보좌관과 당직자들이 해머·전기톱까지 동원하여 벌인 활극[4]은 우리로 하여금 국회는 무엇 때문에 필요한가, 도대체 우리나라에 국회가 있기나 한가, 더 나아

---

2. 예컨대 **조선일보** 2008.8.9일자 "18대 국회 71일째 공전…'끝'이 안 보인다" 기사; **조선일보** 2008.8.20일자 "국회 82일만에 院구성" 및 "與野 '쇠고집' 한발씩 양보했지만…" 보도 등 참조.

3. 박찬욱, "한국 의회정치의 특성," **의정연구**, 1995년 1호, 19-20면; Michael L. Mezey, *Comparative Legislatures* (Durham: Duke University Press, 1979), 39면 이하 참조.

4. 국회의사당 내에서의 국회의원이 관련된 폭력 등 국회에서의 폭력이나 불법과 관련한 시문기사나 사설로 예컨대 **조선일보** 2009.6.18일자 기사 "종아리 걷은 '해머국회'"; **동아일보** 2009.6.18일자 사설 "법원, 국회폭력 엄벌해 사회폭력 근절 계기삼아야"; **조선일보** 2009.6.19일자 조선데스크 "'6·16 國恥日'(국회 수치일)"; **동아일보** 2009.6.19일자 사설 "'국회등원 싸움'을 業삼는 야당, 한국밖에 없다" 등.

가 우리에게 민주적 자치의 능력이 있는가의 자문까지 하게 만들었다. 이러한 시점에서 우리나라 대한민국 헌법, 대한민국, 법치주의, 그리고 의회주의에 대하여 더욱 심각하게 그 회고와 반성과 전망을 해보지 않을 수 없다.

그런가 하면 다른 한편에서는 위기의 경제를 포함한 국정 전반의 불안과 혼돈 속에서도 개헌 논의가 끊임없이 제기되어왔다. 개헌론이 진정으로 우리나라를 위한 구급약으로 믿고 제기하는 것인가, 만병통치약이기 때문인가, 아니면 면피나 면책용인가, 혹은 단순히 국면전환용인가? 도대체 우리나라 정치의 중요한 국면에서는 언제나 개헌 문제가 대두되는 이유는 무엇인가? 과거의, 예컨대 군사독재시대의 개헌논의와 오늘의 개헌논의가 다른 것은 무엇인가? 과격불법의 반정부시위, 국회를 포함하는 무능한 정부, 그리고 이 가운데에서 정치권이 제기하는 개헌논의의 이 3박자는 더 근본적인 질문, 즉 그러면 대한민국 헌법이란 우리에게, 그리고 우리의 자손들에게 무엇이냐, 대한민국은 무엇이며, 우리나라 입헌주의의 바탕인 법치주의와 의회주의는 무엇이며, 어찌해야 하느냐는 질문까지 제기케 만든다고 생각한다.

이러한 질문에 답하기 위하여 아래에서 대한민국 헌법의, 그리고 대한민국의 과거, 현재 및 미래를 살피고, 이어서 우리나라 법치주의 및 의회주의의 과거, 현재 및 미래를 살펴본 후, 개헌논의를 문제삼아보려고 한다.

2. 대한민국 헌법과 대한민국

1) 법치주의의 문제

우리나라는 2차 대전 이후에 건국한 국가 가운데 분단과 6.25 전란 및 극심한 빈곤을 극복하고 산업화와 민주화를 동시에 성취한 유일한 나라로 우리 스스로도 이를 뒤돌아보며 자랑스러워하고 있다. 그러면서도 오늘의 우리 처지를 살펴보면 선진국으로 진입하지 못하고 그 문턱에 서서 죽을 쑤면서 이대로 주저앉게 되지 않을까 하는 두려움을 가지고 있다. 우리가 세계 11번째에서 15번째를 넘나드는 경제대국이면서도 세계 100대 안에 드는 대학이 겨우 하나 있을까 말까 함을 부끄러워하고 있다. 법치주의의 지수가 있다면 대한민국은 몇 번째쯤 되는 나라일까?[5] 그리고 대한민국 헌법은 국회를 입법·국민대표·국정통제의 기능을 수행하는 중추적 권력기관으로 자리매김하고 있는데,[6] 실제로 수행하는 기능이나 차지하는

---

5. 체온을 재는 가장 정확한 방법은 체온계를 사용하는 방법이다. 그러나 체온계가 없거나 사용할 수 없는 상황에서는 손바닥으로 머리를 짚어보는 방법을 쓸 수밖에 없다. 이러한 방법을 인상주의적(impressionistic) 방법이라고 하여 엄밀한 (사회)과학적 방법과 구별한다. **동아일보** 김창혁의 2010.7.14일자 칼럼에서는 "체감법치지수"라고 부르고 있다. 비록 인상주의적 방법이라도 아예 방법론이 없는 것보다는 낫다. 대체로 부정부패와 인맥현상은 함께 한다. 법치주의의 반대개념을 단순히 불법이라고 부르자. 금전수수와 관련이 없는 불법도 있을 수 있다는 의미에서 부정부패와 불법이 꼭 같다고는 생각하지 않지만 부정부패와 불법은 동일어나 마찬가지라고 하여도 크게 지장은 없어 보인다. 그러한 의미에서 부정부패지수를 법치주의지수로 보아도 크게 잘못은 없다고 생각된다. 사실 따지고 보면 부정부패도 그 현상의 성격상 엄밀한 객관적 지수화는 어렵다. 그래서 부패지수의 대용으로 국제투명성기구(Transparency International)에서는 부패인식지수(Corruption Perceptions Index, CPI)를 사용하는 것으로 보인다. 아무튼 국제투명성기구에서 내놓은 2009년의 우리나라 CPI 순위가 세계에서 39번째다. 국민권익위원회에서 내놓은 **통계자료집**(2010.4), 61면 참조.
6. 헌법은 국민을 대표하는 국회를 입법기관으로서 국가기관들 가운데 가장 앞머리

위치 내지 중요성에 대한 국민의 인식을 중심으로 점수를 매긴다면 대한민국 국회는 세계 여러 나라 의회 가운데 몇 번째에 들 것인가를 등원을 거부하면서 불법촛불집회에 참가하여 정권퇴진까지 외쳤던 국회의원들의 몰상식한 행동들까지 목격하면서 생각하였다. 더구나 2011년에는 국회의원이 국회의사당에서 국민의 대국회 인식을 다시 한번 테스트하듯 최류탄을 터트리는 사상 초유의 사태까지 야기하고 있다.

(1) 선진국 논의

그러면 우리가 그 문 앞에는 왔지만 아직 그 진입은 못하고 있는 선진국이란 무엇인가? 위의 장에서 이미 본 바와 같이, 선진국의 사전적 의미를 찾아보면, "학예·산업 기술 그 밖의 일반문화에 있어서 비교적 먼저 발달된 나라"이고 이에 대비되는 나라가 후진국이다. 영어의 'advanced state' 또는 'developed nation'은 그냥 앞선 나라를 의미할 뿐이다. 그리하여 어느 특정 분야(예컨대 미술, 종교행위, 군사무기발달 등)에서 앞선 나라도 선진국이라 할 수 있다. 하지만 통상적으로 널리 쓰이는 선진국 개념의 함의는 대체로 민주주의와 시장경제가 앞선 나라를 중심으로 하는 것이라 생각한다. 그리고 후술하는 바와 같이 이러한 선진국들은 한결같이 법치주의에서도 앞선 나라들임을 주목할 수 있다.

선진국으로 지목되는 나라들은, 일본을 예외로 한다면, 대체로 서유럽의 여러 나라와 미국을 중심으로 하는데, 우연히도 민주주의와

에 규정하고 있음을 주의할 필요가 있다.

시장경제가 가장 앞선 나라들이다. 그리고 이렇게 앞선 나라로 정의되고 있는 선진국 개념은 민주주의 및 시장경제에 각기 여러 발전의 단계가 있음을 포섭하는 개념임을 알 수 있다. 민주주의에서도 가장 앞선 민주주의로부터 독재가 아닐 뿐인 단계의 정체에 이르기까지 사이에 여러 발전단계의 민주주의를 상정할 수 있다.[7] 그러면 우리나라 민주주의는 어느 발전단계의 민주주의에 이른 것일까? 아마도 시민의 민주적 덕성(civic virtue)을 포함하여 사회 전체가 민주화된 선진민주주의와 단지 독재가 아닐 뿐인 단계의 민주주의의 중간에 위치하는 발전단계, 즉 겨우 헌법이 규정한 바에 따라 선거가 이루어지는 등의 입헌민주주의의 단계에 있는 것이 아닐까 생각된다. 그러한 만큼 우리나라 민주주의에서는 선진민주주의에서보다 법치(또는 준법)가 역설적으로 더 중요하다고 말할 수 있다. 법을 따르지 않으면 이미 입헌민주주의도 없는 까닭이다. 그리고 법치 또는 준법의 문제는 선진민주주의 및 선진시장경제의 필수조건인 법치주의와 개념상 또는 발전단계상 구별할 필요가 있다. 우리나라 헌법도 법치주의를 그 필수 내용으로 하고 있다. 그러나 준법 내지 법치가 전제되지 않고는 법치주의, 그리고 입헌주의가 실현될 수 없다. 지금의 우리나라는 법치주의 이전의 준법이 또한 문제되고 있음은 후술하는 바이다.

경제발전에서도 가장 발전한 경제로부터 최빈곤국에 이르기까지 다양한 경제발전 단계가 있다. 그리고 가장 발전한 경제는 한결같

---

7. Giovanni Sartori, “Democracy,” in *International Encyclopedia of the Social Sciences* (1968), 117–118면 참조.

이 시장경제이고 그 정치체제는 가장 앞선 민주체제이다. 그리하여 여기서 가장 앞선 민주주의와 가장 앞선 시장경제가 결합된 나라가 선진국을 만드는 것이라고 말할 수 있다. 선진국인 소위 자본주의 국가와의 경쟁체제에서 국가통제경제(command economy: 이 국가경제체제는 전체주의독재체제의 지지를 받았다)체제를 지녔던 소련권의 몰락은 민주주의와 시장경제의 필연적인 지지관계뿐만 아니라 시장경제(및 민주주의)와 선진국의 필연관계를 오히려 극적으로 증명해주는 것이라고 생각된다. 공산주의 국가통제 경제체제를 지녔던 중국은 1970대 말경의 시장경제체제로의 개혁개방을 단행한 이후 공산당일당체제 하에서 급속한 경제성장은 이룩하고 있으나 민주화의 문제를 안고 있음은 이미 이전 장에서 언급한 바와 같다.

나아가 설사 선진민주주의와 선진시장경제를 지닌 경우 그것으로 선진국의 필요조건은 충족하였다고 말할 수 있을지라도 충분조건까지 충족하였다고 말하기는 어렵지 않을까 하는 입장은 여전히 정당화될 수 있다고 생각된다. 왜냐하면 이미 언급한 바와 같이 선진국은 선진민주주의 및 선진시장경제뿐만 아니라 선진 "학예" 선진적인 시민의식 등 다른 영역에 있어서의 선진화도 포함하는 개념이라고 생각되기 때문이다. 즉 졸부 선진민주주의, 졸부 선진시장경제도 가능할 것이기 때문이다. 그렇더라도 앞선 민주주의 및 앞선 시장경제는 문화 등 다른 영역의 선진화를 촉진하는 호의적인 요인으로 작용하기 때문에 선진민주주의, 선진시장경제의 나라는 선진문화국일 경우가 많다고 생각한다. 다만 이곳에서의 논의의 편의를 위하여 선진민주주의 및 선진시장경제를 중심으로 하여 선진화의 문제를 다루어보자. 지금 세계에서 가장 앞선 선진민주주의와 선진시장경제를 가진 나라들은 예외 없이 법치주의가 앞선 나라들이라는 사실에서 선진화의 관건은 법치주의의 확립이라고 말할 수 있다. 즉 앞선 법치주의 없이 선진화될 수 있는 길이 있는지 의문이기 때문이다.

(2) 법치주의의 유형 내지 발전단계

필자는 법치주의(the rule of law)가 다음과 같은 요소로 이루어져 있다는 교과서[8]적 정의를 바탕으로 하여 법치주의에 관한 논의를 전개하곤 하였다. 즉 첫째로 법치주의에서 말하는 법은 무엇보다도 자연법, 정의 등을 포함하는 이성에 기초한 법, 특히 기본적 인권에 기초한 법을 의미한다. 둘째로 법치주의에서 말하는 법이란 일반인이 아니라 국가권력담당자를 향하고 있다. 그리하여 법치주의 국가의 법은 법을 집행하는 국가기관(행정 및 사법)뿐만 아니라 입법기관(국회)도 구속한다. 이 후자의 요소가 위헌법률심사제도의 문제임은 물론이다. 셋째로 국회가 제정하는 법(입법)은 모든 것을 구속한다. 넷째로 무엇이 법이냐의 판단은 정치적 권력으로부터 독립된 사법기관이 수행한다(사법권의 독립)고 정의하는 것이 그것이다.

그러나 2008년 봄의 과격불법촛불시위에 의하여 촉발된 우리나라에서의 법치주의의 화두를 분석적으로 이해하기에 이러한 접근이 과연 적절한가 하는 회의를 하게 되었다. 위에서 거론한 교과서

---

8. 崔大權, **憲法學講義**, 증보판(서울: 博英社, 2001), 321－326면, 특히 322면; Brian Z. Tamanaha, *On the Rule of Law: History, Politics, Theory* (Cambridge: Cambridge University Press, 2004), 특히 제7장 91면 이하; A. V. Dicey, *An Introduction to the Study of the Law of the Constitution*, 10th ed. (London: MacMillan, 1959), 183면 이하.

적 법치주의 정의의 화두는 2004년 탄핵 및 수도이전법의 위헌결정 정국에서 제기되었고, 지난 2008년의 사태는 이러한 법치주의의 문제에 관한 것이 아니라 우리나라 사회의 법치 내지 준법의 문제를 새삼 제기한 것이라고 관찰되었기 때문이다. 그리고 법치(준법)와 법치주의가 혼용되고 있음도 관찰할 수 있었다. 동시에 법치주의를 정의하거나 논의하고 있는 서양 문헌을 보면 법치(준법)의 문제는 그들 나라에서는 이미 그 기초가 되어 있거나 법치주의의 전제의 문제일뿐이기 때문에 새삼스럽게 논의할 이유가 없고, 바로 그러한 이유 때문에 법치(준법)의 논의를 찾아볼 수 없었다는 관찰을 할 수 있었다. 더구나 법치주의를 민주화 및 경제발전, 그리고 선진화의 문제에까지 연계시켜 논의하는 비교법적 및 사회과학적 시각에서는 위의 교과서적 정의로부터 시작하는 것은 방법론적으로 적절치 않다는 생각을 할 수 있다. 선진국의 징표라 할 만한 인권 문제 등 실질적 법치주의를 진지하게 논의·실현하고 있는 우리나라에서 제3세계의 전유물과 같은, 근대국가로서는 아주 기초적이라고 할 만한 법치 내지 준법의 문제를 심각하게 노출시키고 있기 때문이다.

법치주의 용어 사용례에는 적어도 다음 세 가지 유형 내지 단계가 있다고 판단된다. 첫째 유형 내지 단계는, 그 나라의 발전단계가 어떠하든, 그리고 그 나라가 독재국가이든 민주국가이든, 법(law and legal system)이 그 나라 통치의 중요 장치인 나라라면 법치(주의) 국가가 아닌 나라는 이 세상에 없다는 의미의 법치주의다. 사실 법치는 통치의 비용을 줄여주기 때문에 근대적인 국가라면 법치주의 국가가 아닌 나라는 없다.[9] 이러한 유형 내지 단계의 법치국가의 법은 그 성격상 억압적(repressive)이다.[10] 그리고 경찰이 중요한 역할을 담당한다. 법의 형성이나 집행 등을 통제하는 장치가 없음이 보통이다. 그리하여 그 법은 관료의 자의나 부패와 친할 수 있다. 그리고 이 유형 내지 단계의 법치국가에서는 폭력 및 부패 통제의 문제가 심각하게 제기되는 일이 많다.

둘째 유형 내지 단계는 법이 권력통제의 원리·원칙을 포함하여 정치나 종교 또는 경제로부터 독자성(autonomy)을 지니는 법의 유형 내지 단계를 말한다.[11] 이러한 유형 내지 단계의 법은 원칙적으로 다음과 같은 형식적 원칙 내지 특징을 나타내고 있다. 법의 일반적 적용가능성(generality), 장래로 향한 미래효의 원칙 또는 소급효금지의 원칙, 명확성(clarity), 공개의 원칙, 안정성(stability) 등의 형식적 원칙들이 그것이다.[12] 가령 복지국가에서 요구되는 소위 처분적 법률이 일반적·추상적 법률의 입법원칙과 충돌하는 것이 아니냐의 이론문제를 일으키는 것도 법치주의에서 요구되는 이러한 형식적 법원칙에 어긋나는 것이 아니냐는 문제를 제기하기 때문이다. 입법으로 표출되는 조령모개(朝令暮改)가 법치주의에서 요구되는 법의 안정성의 원칙에 어긋나는 것임은 물론이다. 이러한 유형 내지 단계의 법치주의를 형식적 법치주의(형식적 법치국가)라고 부를 수 있다. 이러한 법치주의에서의 법의 형식적 특징들은, 후술하는 바와

9. H. H. Gerth and C. Wright Mills, eds., "Bureaucracy," *From Max Weber: Essays in Sociology* (New York: Oxford University Press, 1958), 196－244면 참조.

10. Phiippe Nonet and Phillip Selznick, *Law and Society in Transition: Toward Responsive Law* (New York: Harper & Low, 1978), 29－52면 참조.

11. Nonet and Selznick, *Law and Society in Transition*, 53－72면; 崔大權, **法과 社會**(서울: 서울대학교출판부, 1992)에 실린 "법과 사회개발" 및 "사법권의 독립," 각각 1－61면 및 123－157면 등 참조.

12. Tamanaha, *On the Rule of Law*, 91－101면, 119－126면 등.

같이, 민주주의와 시장경제의 필수적인 전제요건이 되는 법제도의 예측가능성(predictability) 및 법적 안정성(legal stability)의 기초가 된다. 법제도가 예측가능성 및 안정성을 주지 않고는 투자도 계약 및 재산권의 보호도 이루어지지 않기 때문이다.[13] 그리고 이러한 형식적 법치주의는 개인의 자유를 가져올 수 있다.[14]

그러나 형식적 법치주의만으로는 한 나라가 독재국가로 변질될 수도 있다(예컨대 나치 독일). 그러므로 형식적 법치주의만으로는 법치주의가 완결적이라고 할 수 없다. 이러한 형식적 원칙 내지 특징만으로는 법의 실질적 내용을 문제삼지 않기 때문이다. 즉 위에서 거론한 형식적 원칙 내지 특징을 갖추었다고 하더라도 법의 실체적 내용이 정의의 원칙이나, 자연법, 이성의 법에 어긋나거나 기본적 인권에 반하는 경우에는 독재에 봉사하는 법일 수 있기 때문이다. 위의 법의 형식적 원칙 내지 특징에 더하여 이렇게 정의의 원칙, 자연법, 상위의 법(higher law)사상,[15] 인권과 같은 법의 실질적 내용까지를 그 불가분의 요소로 하는 셋째 유형 내지 단계의 법치주의를 실질적 법치주의라 할 수 있다.[16] 입법에 대한 사법심사는 자유민주

13. Max Weber는 이러한 요소들을 갖춘 법질서를 형식적 합리성을 갖춘 법질서라고 하면서 자본주의의 성장과 결부시키고 있다. Alan Hunt, *The Sociological Movement in Law* (London: MacMillan, 1978), 93면 이하 참조.

14. F. A. Hayek, *The Road to Serfdom*, 50th ed. (Chicago: University of Chicago Press, 1944), 80면 이하. 그리고 Rainer Grote, "Rule of Law, Rechtsstaat and »Etat de droit«" in Christian Starck, ed., *Constitutionalism, Universalism and Democracy–A Comparative Analysis* (Baden-Baden: Nomos Verlagsgesellschaft, 1999), 277–284면 등 참조.

15. Edward Corwin, *The "Higher Law" Background of American Constitutional Law* (Ithaca: Cornell University Press, 1955).

16. Tamanaha, *On the Rule of Law*, 102–113면; Grote, "Rule of Law, Rechtsstaat and »Etat de droit«," 284면 이하 등 참조.

주의와 관련되어 있는 이 셋째 유형 내지 단계에 있는 법치주의의 결과물이라 할 수 있다. 그리하여 위에서 교과서적 정의라고 한 법치주의는 실은 바로 이 셋째 유형 내지 단계의 법치주의라는 사실을 간파할 수 있다.

그런데 법치주의의 이 세 가지 유형 내지 단계는 대체로 현 시점에서의 법치주의의 분류 내지 종류라기보다는 대체로 자유민주주의에 이르는 발전단계에 맞추어진 분류 내지 종류임을 살필 수 있다. 그리고 이 세 유형 내지 단계의 법치주의가 상당한 정도로 서로 중첩되어 나타나고 있음을 주의할 필요가 있다. 그러므로 법치주의의 이 세 유형 내지 단계는 칼로 자르듯이 준별될 수 있는 것은 아니다. 다만 그 중심적인 무게나 특성에 비추어 분류될 수 있을 뿐이다.

말할 것도 없이, 지금 우리나라에서는, 특히 1987년의 민주화 이래로는, 셋째 단계의 법치주의를 진지하게 이야기하며 이를 전개시켜왔다. 적어도 형식적 규정으로는 우리나라 헌법은 대한민국의 건립(1948) 이래로 셋째 단계의 법치주의의 원리·원칙들을 기본적 내용으로 하여왔으며 한 번도 이를 벗어난 적이 없었다고 말할 수 있다. 자유민주주의 및 시장경제를 바탕으로 헌법은 기본권의 보장, 복수정당, 선거를 포함하여 그 형태는 바뀌었어도 입법에 대한 사법심사제도를 항상 견지해왔기 때문이다.[17] 그렇다면 우리나라의 권위주의의 체험을 어떻게 설명해낼 것인가의 문제가 있다. 개념상 권위주의는 법치주의와 양립할 수 없기 때문이다. 이 문제에 대하여

---

17. 崔大權, **憲法學講義**, 409–413면 참조.

헌법규범과 따로 논 권위주의적 정치현실(political practice)의 괴리현상에 의하여 설명해낼 수 있다는 것이 우리의 생각이다. 그리고 권위주의 정권은 시장경제의 법체제(적어도 형식적 법치주의)의 바탕위에 외자도입법, 외환관리법 등과 같은 다수의 도구적인 특별입법을 동원하여 우리나라의 산업화 등 경제발전을 이룩하였다.

이 경제발전이 가져온 중산층 및 지식계층의 성장을 포함하는 자유민주주의에 친한 사회변화가 결국 민주화를 가져왔으며 자유민주적 헌법규범과 권위주의적 정치현실 사이의 괴리의 갭을 소멸케 만들어 결국 민주화를, 즉 헌법규범과 정치현실의 일치현상을 가져왔다고 설명할 수 있을 것이다.[18] 그리고 권위주의적인 정치현실에도 불구하고 존재하였던 자유민주적인 헌법규범의 존재가 한국의 권위주의를 일당체제의 권위주의 하에서 경제발전을 하고 있는 현재의 중국의 권위주의와 차별케 만든다고 생각한다. 다만 재산법(민법)의 도입을 위시하여 시장경제의 필요에 의하여 중국에서도 (형식적) 법치주의의 요소를 증대시켜오고 있는 점은 흥미롭다. 그리고 경제성장의 진척은 중산층 및 (해외유학생의 귀환을 포함하는) 지식층의 성장, 도시화 및 빈부의 격차와 같은 산업화에 의한 사회변화가 장차 중국에서도 민주화의 요구로 이어질 것인지의 문제를 제기하리라 생각된다.

그러면 권위주의체제 하의 경제성장은 어떻게 설명할 것인가? 법

---

18. 우리나라의 사회변화에 따른 헌법발전 및 민주화에 관하여, Dai-Kwon Choi, "Constitutional Developments in Korea," *The Review of Korean Studies*, vol.6, no.2, 27–48면(2003) 참조.

치주의가 주는 예측가능성(predictability) 및 법적 안정성(stability) 자체는 아닐지라도 안정되고 시장경제 육성에 전념하는 권위주의는 이에 상당하는, 투자, 계약 및 재산권의 보호 등과 같은 시장경제 활동에 불가결한 예측가능성 및 안정성을 줄 수 있다고 생각한다. 우리나라의 경제발전, 그리고 중국의 경제발전이 바로 이러한 점을 보여준다고 생각한다. 다만 우리나라의 경험에 의하면 일정한 단계에 이르기까지의 경제성장 즉 도약단계의 경제성장은 이같이 설명해줄 수 있다고 생각한다. 다만, 그 이상의 성장은 법치주의의 동반을 강력하게 요구한다고 생각한다. 위에서 언급한 도구적 특별입법과 동행하였던 행정지도 및 규제가 우리나라 경제의 고도화(complex)와 함께 이 이상 더 효율적이지 않게 됨과 동시에 시장에 맡겨야 한다는 요구가 증대하여온 점이라든지 1997년의 소위 IMF 환란으로 알려진 외환위기 극복과 함께한 투명성 증대 요구 및 구조조정 요구와 비자금 폭로 및 그 억제의 요구 등이 그 점을 잘 보여준다고 생각한다.

2) 민주주의와 법치주의의 충돌의 문제

위에서 법치주의의 유형 내지 발전단계를 논의하였거니와 우리나라에서도 특히 2004년의 탄핵 및 수도이전법 위헌결정 사태 이래 법치주의가 민주주의와 충돌한다는 화두가 대두되어왔다. 이 화두가 이론적으로는 개헌논의로도 이어지고 있다고 보여지는 만큼, 법치주의와 민주주의의 충돌의 화두를 어떻게 이해해야 하는가 하는 문제를 살펴보지 않을 수 없다. 이 문제를 생각함에 있어, 우선 우리나라 민주주의의 발전단계가 위에서 이미 지적한 바와 같이 입헌민주주의의 단계임을 주의할 필요가 있다. 그리고 민주주의와 법치주의 충돌의 화두에서 이해하는 민주주의를 다수결 원리로만 이해하는 데 일차적으로 문제가 있다. 위에서 거론한 바와 같이 민주주의를 이해하든 법치주의를 이해하든 여러 유형 내지 발전단계가 있으며, 우리나라의 민주주의가 입헌민주주의임을 감안한다면, 헌법을 중심으로 하는 법치주의를 전제하지 않고 선거가, (질서 잡힌) 집회가, 국회가, 그리고 민주적 합의 등 민주주의(다수결) 자체가 현실적으로 가능할 것인가의 문제부터 생각하지 않을 수 없다.

민주주의와 법치주의 충돌의 화두는 선출된 국민의 대표의 결정(다수결)을 선출 안 된 소수의 법관이 좌절시킨다는 점(즉 실질적 법치주의)을 문제 삼는다. 그러나 이 화두는 나라에 따라서는 얼마든지 발생할 수 있는 다수의 독재 가능성의 문제를 외면한다고 할까 보지 못하고 있다. 입법(다수결)에 대한 사법심사제도는 다수결에서 소외된 소수의 보호를 통하여 헌법=민주주의 수호 즉 다수의 독재 방지의 기능을 수행한다. 그러므로 입법에 대한 사법심사를 내용으로 하는 법치주의는 자유민주주의를 완성한다고 할까 자유민주주의 불가결한 요소로 작용하고 있다. 더구나 민주주의와 법치주의 충돌의 화두는 성문헌법에 일언반구의 언급도 없는데도 불구하고 입법에 대한 사법심사제도를 창안하여 이 세상에 전파시키는 데 기여한 미국이 발신지임을 주의할 필요가 있다.[19] 헌법의 명문규정이

19. 민주주의 대 법치주의의 화두는 어디까지나 미국발(發)임을 주의할 필요가 있다. 유럽에서는 별로 논의되고 있지 않다. Tim Koopmans, *Courts and Political Institutions: A Comparative View* (Cambridge: Cambridge University Press, 2003), 104–108면. 그리고 이와 대비하여 Robert A. Dahl, *Pluralist Democracy in the United States: Conflict and Consent* (Chicago: Rand McNally, 1967), 143–170면; Robert A. Dahl, *How Democratic Is the American Constitution?* (New Haven: Yale

없으니 이론적으로는 민주적 다수의 결정과 소수의 임명된 법관에 의한 위헌(무효) 판결의 충돌의 문제가 문제됨직도 하다. 그러나 우리나라 헌법은 명문으로 입법에 대한 사법심사제도(실질적 법치주의)를 규정하고 있다. 그러므로 우리나라 헌법 자체의 정당성을 부인하는 데까지 나아가지 아니하는 한 민주주의 대 법치주의 충돌의 화두는 우리나라에서는 적실성이 없다고 말할 수 있다.[20]

과거 나치를 경험한 독일을 위시하여 유럽에서는 이 화두가 제기되는 일이 별로 없다는 점도 주의할 필요가 있다. 오히려 이제 사법권의 확대 현상 및 다수지배에 대한 제약원리로서의 위헌법률심사제도와 (자유)민주주의의 양립 논리는 유럽 여러 나라의 대세를 이루고 있다. 그러한 전제 위에서 사법권의 독립을 해치지 않으면서 어떻게 사법권력을 제약할 것인가의 문제를 오히려 화두로 삼고 있음을 주의할 필요가 있다. 이러한 시각에서 직업관료제로서의 법관제도를 비판하며 판사들의 사회적 배경의 다양성 확보라든지 소송절차라든지 특별검사제도 등의 문제를 논의하고 있다.[21] 사실 사법권 확대의 세계적 추세는 복지국가의 등장과 같은 현상의 예에서 보듯이 세계적으로 국가기능(즉 법적 규율의 영역)이 경제·사회영역으로 확대되어온 현상과 상관관계를 가지고 있다. 나아가 정치의 사법화 현상(즉 입법에 대한 사법심사현상)은 당리당략과 부정부패로 얼룩진 정치에 대한 국민의 불신현상과도 상관관계가 있다.[22] 그리

University Press, 2001), 55－56면, 152면 이하 등 참조.

20. 崔大權, **憲法學講義**, 407－409면.

21. Carlo Guarnieri and Patrizia Pederzoli, *The Power of Judges: A Comparative Study of Courts and Democracy* (Oxford: Oxford University Press, 2002) 참조.

고 과거 한 나라의 민주화가 어떻게 이루어졌느냐, 국왕의 전권에 대한 그 나라 의회의 투쟁의 산물이냐(영국이 그 대표적 예다) 국민의 혁명에 의하여 이루어졌느냐(프랑스의 예, 우리나라도 이에 가까울 것이다)와 같은 변수가 또한 이러한 국민의 의회에 대한 불신의 한 요인임을 주의할 필요가 있다.

우리나라와 비교하면 일본은 입법에 대한 사법심사의 제도가 없다고 할 수 있을 만큼 극단적 사법소극주의를 보여주고 있으며 우리나라는 극단적 사법적극주의를 보여주고 있다.[23] 이러한 그림에 민주주의와 법치주의 충돌의 화두를 대입해보자. 그러면, 우리가 보고 있는 바와 같이 재일교포로 대표되는 소수자의 보호에 소극적인 일본의 정치가 민주주의이고 사법적극주의인 한국은 사법의 횡포에 시달린다고 말해야 하리라 생각된다. 그러한 만큼 언론에서 거론되고 있는 바와 같이 일본 사회가 우경화 경향에 이르고 가령 이에 이은 군국주의의 길로 치닫는다고 가정하는 경우에 사법에 의한 견제장치의 작용은 기대하기 어려우리라는 생각도 가능하다. 우리나라에서 여대 야소의 경우는 물론 예컨대 여소야대의 경우라도 다수정당에 의하여 밀어붙이는 국회를 견제할 수 있는 장치는 입법에 대한 사법심사의 장치가 아니면 국민에 의한 저항 이외에는 없을 것이라는 전망도 가능하다. 실질적 법치주의를 내용으로 하지 않고는 비록 형식적 법치주의를 갖추었다고 하더라도 민주주의를 이야기하기는 힘든 세상 내지 발전단계에 우리가 살고 있다고 말할 수

---

22. Koopmans, *Courts and Political Institutions*, 245면 이하 참조.
23. 崔大權, "比較 社會·文化的 文脈에서 본 司法積極主義와 司法消極主義－하나의 探索," 서울대학교 **法學**, 46권 1호, 19－39면(2005).

있을 것이다. 그러한 점에서 적어도 민주주의에 관한 한 우리나라의 민주주의가 짧은 역사에도 불구하고 일본의 그것보다는 한발 앞선 단계의 민주주의를 실행하고 있다고 믿는다.

3) 준법 내지 법치의 문제

사실 지난번의 과격불법촟불집회사태는, 후술하는 우리나라 의회주의 내지 대의정의 문제와 함께, 법치주의 이전단계의 준법 내지 법치의 문제를 우리 사회에 제기하였다는 것이 우리의 문제의식이다. 헌법적 원리·원칙들을 포함하여 법규칙들이 지켜지지 않고는 (형식적 및 실질적) 법치주의가 불가능하며, 더구나 법치주의가 주는 합리성을 전제로 하지 않고는 근대적 국가의 건설 및 운영 자체가 어렵게 되는 것임은 물론이다. 나아가 시민의식 내지 시민적 덕목의 필요불가결한 내용 가운데 하나가 공화국 구성원으로서의 준법의식임을 주의할 필요가 있다. 우리나라에서 제기되는 준법 또는 법치의 문제가 실은 우리나라를 선진민주주의, 선진시장경제와 차별짓게 만든다고 생각한다.

법치주의를 논의하는 서양의 문헌을 보면 한결같이 법치주의와 민주주의 및 시장경제의 성장을 결부시키고 있으나,[24] 준법 내지 법치의 문제를 특히 언급하는 문헌은 별로 본 일이 없다. 그것은 준법 내지 법치가 법치주의의 당연한 전제이기 때문일 것이다. 우리와 비교해보면 서양, 특히 미국이나 독일 같은 나라는 법의 노예라고

---

24. David M. Trubek and Alvaro Santos, eds., *The New Law and Economic Development: A Critical Appraisal* (Cambridge: Cambridge University Press, 2006) 등 참조.

하리만큼 준법문화가 강력하다. 이러한 준법문화가 있었으니까 법의 내용이 독재이면 나치와 같은 독재의 나라가 되고 2차 대전 후 법의 내용이 민주주의로 바뀌니까 하루아침에 민주국가가 될 수 있는 것이 아니겠는가? 지난 시기의 우리의 독재는 나치와 같은 법을 통한 독재라기보다 인치의 요소가 강한 독재였다고 생각된다. 왜냐하면 다당제도·선거와 같은 자유민주주의의 헌법의 기본 틀은 거기에 두어 유지하면서 이와 괴리되는(즉 헌법을 지키지 않는) 독재정치를 실행하였다고 할 수 있기 때문이다. 이러한 자유민주주의 헌법의 틀을 결코 버리지 않았다는 점이 지난날의 우리의 권위주의를 아직도 일당독재체제를 유지하고 있는 중국의 권위주의와 구별되게 만든다고 생각한다. 잠시 후 언급하는 바와 같이 인치와 법치주의는 양립할 수 없다. 중국은 공산주의의 전체주의 독재와 국가통제경제(command economy)의 체제로 시작하여 1970년대 후반의 개혁개방정책의 채택으로 시장경제의 체제를 갖추었지만 아직도 공산당에 의한 권위주의는 변하지 않고 있으며 성장하는 시장경제의 필요에 의하여 법치의 요소를 점차 증대시키고 있지 아니한가?

우리나라에서 IMF 사태로 명명하고 있는 1997년의 금융위기는 우리나라의 시장경제가 한 걸음 더 나아갈 수 있기 위해서는 법치를 강화하여 우리나라의 법치주의를 한 단계 업그레이드시켜야 할 필요성을 비싼 등록금을 대가로 하여 일깨워주었다고 생각한다. 회사 경영에 있어서의 인치적 요소를 배제하고 상법·민법의 원칙에 바탕을 둔 법치의 필요성을 절감케 만든 것이라고 생각하는 것이다. 구조조정, 투명성의 증대 요청, 비자금의 폭로·억제, 소액주주보호 등이 그것이다. 또 경제가 복잡(complex)·고도화함에 따라 이를 점차 시장에 맡겨야지 행정지도나 관치금융은 이미 적절치 아니하고 오히려 효율성을 떨어지게 만든다는 산 경험을 또한 얻게 만들지 않았는가?

사실 심정적 정서적으로는 법 이외의 다른 대안(예컨대 인심, 유교나 기독교 윤리 등)이 있음직하고 바람직해 보여 법을 가능하면 피하고 싶어지지만 실제로 작동하는 어떠한 대안적 기준이나 원리나 권위가 (아직도) 있는지 알지 못하기 때문이다. 우리나라 사회의 고도의 산업화와 도시화·정보화·세계화로 인하여 지역 간, 이념 간, 세대 간, 집단 간의 이해관계가 첨예화함에 따라 그 이해관계를 조화롭게 조절하는 헌법적 원리·원칙 이외의 다른 대안이 없다는 것을 몸으로 체험케 만들었다고 생각한다. 그러므로 민주주의적 게임을 위하여 준법과 법치주의는 최소한의 필요조건이 되어 있다고 생각한다. 준법과 법치주의 없이 민주주의는 되지 아니한다. 그러나 준법과 법치주의가 선진민주주의의 충분조건이 되는 것은 아니라고 생각한다. 그것은 준법과 법치주의를 바탕으로 하고 그 위에서 시민들이 민주시민의식 내지 시민의 덕성을 갖추게 될 때 우리의 민주주의는 선진화될 것이라고 믿는다. 이것이 다음에 논의하고자 하는 공화주의의 문제이다.

법치주의는 기본적으로 권력통제(헌법)의 문제인데 준법 내지 법치의 문제는 기본적인 법질서 확보의 문제이다. 지난 2008년 봄 내내 전개되었던 촛불과격불법시위 등은 새삼 우리나라에서는 법치주의 이전에 사회 전반에 걸쳐 기본적인 법질서의 확립, 이를 뒷받침하는 준법문화가 문제라는 사실을 확인해주었다. 사실 준법이 뒷받침이 되지 않으면 법치주의는 사상누각이 될 수 있다. 더구나 법치주의에 바탕을 두고 있는 민주질서와 시장경제질서도 바로서기 어려울 것이라는 점은 분명하다. 그러나 민주주의 및 시장경제를 위하여 법치주의가 필요불가결하다는 인지(認知, cognitive)적 차원의 인식에도 불구하고 그 실현 (즉 준법)을 어렵게 만드는 사회문화적 요인이 우리 사회에 실제로 존재한다. 준법을 해하는 이러한 사회문화적 요인으로, 유교문화적 전통, 인맥을 중심으로 하는 연고주의, 법경시(輕視)사상 내지 태도, 이와 함께 가는 법편의주의(便宜主義) 및 법수단관(手段觀)을 들 수 있다고 생각한다. 사회에 편재(遍在)해 있는 이러한 사회문화적 요인을 검토해보자.

① 첫째로, 요즈음 세상인심이 사나워졌다는 표현이 타당하리만큼 많이 변하기는 하였어도, 그래도 우리나라 법문화의 정서적(feeling) 및 평가적(evaluative) 차원의 법의식에는 아직도 사람의 도리를 중시하고 법이 반드시 바람직한 것은 아니라는 정서가 남아있다. 이러한 정서는 우리가 좋은 친구나 이웃에 대하여 흔히 쓰는 "법 없이 살 사람"이라는 표현에도 녹아 있다. 이러한 정서는 이념적으로는 유교문화에 뿌리를 두고 있다고 판단된다. 논어(論語)의 "법령에 의하여 지도하고 형벌에 의하여 규제하면 백성들은 형벌만 면할 수 있는 것이라면 무슨 짓을 하든 부끄러워하지 않는다. 이에 비해, 도덕에 의해 지도하고 예에 의해 규제하는 경우에는, 도덕적인 수치심을 갖고 더 나아가 바른 사람이 된다."는 공자의 말씀이 그 대표적인 표현이라 생각된다. 그리하여 법은 법 없는 이상사회를 만들기 위하여 필요할 뿐이라는 사상으로도 이어진다.[25] 그러나 이러한 유교적 사상은 연고주의와 같은 인간의 편의를 위하여 법을

가볍게 보려는 생각으로 세속화 내지 타락해왔다고 말할 수 있다.

② 둘째로 우리나라의 연고주의[26]가 법 제정 · 집행 · 적용의 곳곳에 복병처럼 여러 모습으로 나타나 보편주의가 타당해야 할 법원칙·규칙을 왜곡하는 중요한 요인으로 작용[27]하고 있다는 사실은 누구나 잘 안다고 믿는다. 그리고 이러한 연고주의가 "의리"와 같은 유교적 정서에 힘입고 있다고 믿는다. 문제는 이러한 연고주의가 법치 내지 준법문화의 암으로 작용한다는 데 있다. 나아가 그것이 법치주의의 실현에 부정적으로 작용할 수 있다는 데 있다. 연고주의

---

25. **대학**(大學)에서 공자는 "나도 남과 같이 송사를 할 수 있지만 나는 송사를 없도록 하려는 것"이 자기의 뜻임을 밝히고 있는 구절은 유명하다. 정약용도 같은 생각을 밝혀 "형벌은 백성을 바르게 하는 일에 있어서 최후 수단이다. 자신을 단속하고 법을 받들어 엄정하게 임하면, 백성이 죄를 범하지 않을 것이니, 그렇다면 형벌은 폐하여도 좋을 것이다"고 말하고 있다. 정약용, **국역 목민심서** II(서울: 민족문화추진위원회, 1969), 451면.
26. 崔大權, "韓 · 中 · 日의 社會構造와 그 變化," **法社會學**(서울대학교출판부, 1983), 91-146면(제3장) 참조. 그리고 연고주의에 관한 사회심리학적 연구로 이훈구, **연고주의**(서울: 法文社, 2003); 최대권, "스폰서문화와 법치주의," **월간법제**, 2010년 6월호, 2-5면 참조.
27. 예컨대 객관적이어야 할 국가대표선수 선발에서도 연고주의가 작용하여 논란이 자주 일어나고 있음을 우리가 알고 있다. 한편 우리나라 사회에서 연고주의가 작용하여 법의 집행이 왜곡되는 현상을 방지하기 위하여 재량의 여지를 남기지 아니하고 법의 집행을 획일화하는 경향도 가져오게 한다. 융통성 없는 법의 획일화는 구체적 타당성이나 형평에 맞는 법집행을 가져올 수 없게 만들어 법의 본래의 취지 즉 (그 자체가) 정의에 어긋나게 하는 일이 많다. 법의 획일적 적용의 예는 행정부처 관하의 일선 행정관료들에게 내리는 법집행 관련의 예규, 고시, 훈시 등에 표현되는 일이 많다. 이러한 예규, 고시, 훈시 등이 법규적 성격을 지니느냐 어떠냐에 상관없이 이에 어긋나는 경우에는 담당공무원에 대한 징계나 좌천 등으로 단속하기 때문에 그로부터 조금도 벗어나지 못하게 만든다. 이러한 획일주의에서 벗어나는 법집행에는 위험이 따르기 때문에 뇌물의 단가를 높이는 결과도 가져온다. 이러한 법의 획일화의 현상에 관하여, Dai-Kwon Choi, "Informal Ways versus the Formal Law in Korea," 서울대학교 **法學**, 36권 3·4호, 51-61면(1995) 참조.

는 쉽사리 공무원 및 정치인에 대한 뇌물이나 불법정치자금수수와 연계되어 작용하기도 한다. 뇌물이나 불법정치자금의 흐름이 연고에 따라 흐르는 일이 많기 때문이다. 더구나 기능적으로 이해할 때 법의 운영에 부정적으로 미치는 영향력의 모습(pattern)은 연고주의와 뇌물수수가 동일하다는 사실을 관찰할 수 있다. 소위 부패지수[28]와 법치주의지수가 반비례의 관계에 있음은 말할 필요도 없다. 그리고 우리나라의 부패지수가 선진국만큼 낮지 않다는 사실이 문제임은 물론이다. 법 제정·집행·적용에 작용하는 연고주의나 부패가 실은 인치(人治)의 대표적 예가 된다.

③ 셋째로 우리나라 법문화의 행태적(behavioral) 차원의 법의식에는 법경시사상, 법편의주의 및 법수단관[29]이 여러 가지 모습과 여러 가지 강도로 포함되어 있음을 탐지해낼 수 있다. 법을 반드시 지켜야 하는 규범(must의 규범), 안 지키는 경우에 양심의 가책을 받는 그러한 규범이 아니고, 지키는 것이 자기에게 유리하냐 안 지키는 것이 유리하냐, 안 지켰다가 발각되는 경우에 그래도 괜찮겠느냐, 불이익이 따르겠느냐 등의 계산에 따라 따르기도 하고 혹은 따르지 않기도 하는 규범(should 또는 could의 규범)으로 취급하는 경향을 드러내고 있다. 법의식 조사에 곧잘 등장하는 "법을 지키면 나만 손

---

28. 국제투명성기구(Transparency International)에서 내놓은 2007년의 부패인지지수가 180개 국가 가운데 우리나라가 43번째라고 한다. www.transparency.org/policy_research/surveys_indices/cpi/2007; **2007년도 청렴백서**(서울: 국민권익위원회, 2008), 500−509면. 그리고 우리나라 2009년의 부패인식지수는 39번째다. 위 주 5)에서 인용한 국민권익위원회의 **통계자료집**(2010), 61면.

29. 황승흠, **분쟁에서의 법의 동원: 87년 이후의 노동분쟁을 중심으로**, 1996년 서울대학교 법학박사 학위논문 참조.

해”라는 인식도 그 한 표현이다.[30] 법과 원칙의 견지 내지 준법을 당리당략이나 이념 내지 이익단체나 집단의 목적달성을 위한 수단이나 도구로 사용하고 자기의 시각에서 필요하다고 판단되는 경우에는, 즉 명분만 주어지면, 편법이나 불법, 탈법, 회피나 위법(예컨대 불법정치자금수수, 선거법위반, 등원거부, 단상점거, 불법시위나 집회참여 등)을 서슴지 않는 모습도 그 대표적인 예의 하나다. 한편 자기에게 유리하다고 판단하는 경우에는 법(예컨대 고소고발 소송 등)을 적극적으로 활용하기도 한다. 정치국면을 전환하기 위하여 때만 되면 나오는 개헌론도 그러한 태도의 하나다. 북한과 함께 우리나라의 UN 가입이 논의되던 시절에 안 되면 UN헌장을 고쳐서라도 그렇게 해야 한다고 발언한 저명 정치인도 있었다. “법이 사람을 위하여 있는 것이지 법을 위하여 사람이 있는 것이 아니라”는 표현도 곧잘 활용된다. 어느 정책에 관련된 법적 논의를 두고 “법만능주의”라고 혹평하는 태도를 만나는 일도 드물지 않다.[31]

---

30. 예컨대 **'94 國民法意識調査硏究**(서울: 한국법제연구원, 1994), 108면 참조. 이에 의하면 우리 사회에서 법이 지켜지지 않고 있다는 사람이 78.9%이고, 법이 지켜지지 아니하는 원인 5개 항목 가운데 “법대로 살면 손해를 보니까”로 답한 사람이 11.5%이고 “법 이외의 다른 방법이 편리하므로”는 24.9%이다. 이세정·이상윤, **2008 국민법의식 조사연구**(서울: 한국법제연구원, 2008), 193면에 의하면, 62.8%가 우리 사회에서 법이 잘 지켜지지 않고 있다고 답했고, 196면에 의하면 법이 잘 지켜지지 않는 이유로 34.3%가 법대로 살면 손해를 보기 때문이라고 답했다고 한다.
31. 효율성 등을 추구하는 정책 논의의 토론회의에서 법 문제를 제기하면 문제의 정책에 브레이크를 걸려는 의도쯤으로 받아들이는 일이 많다. 그리하여 관련된 법 문제의 제기를 정책을 이해 못하는 법률가들의 법만능주의적 발언 정도로 폄하당하는 일이 많다. 통일을 논의하는 학술토론대회에서 관련되거나 관련될 법 문제의 제기 발언에 대해 “통일에 법이 무슨 상관이 있느냐?” 하는 반응을 접한 일이 있다. 통일이나 남북문제에 관련된 논의, 통일 방안이나 제안 등은 다음과 같은 두 가지 점에서 법의 문제를 제기한다. 첫째는 방안이나 제안, 심지어 발언이 현행 법(헌법, 형법, 기타 관련법 등)의 적용 내지 위반 여부의 문제를 제기하느냐의 문제다. 둘째는 발언(예컨대 선언이나 성명 등), 제안이나 방안이 채택 내지 합의가 되는 등 현실화되는 경우

필경 이러한 법경시사상, 법편의주의, 법도구관은 지난 조선시대의 가렴주구, 일제의 착취와 탄압, 그리고 우리의 독재체제하의 체험에서 생성되고 강화되었으리라 짐작된다. 조선시대의 법치는 법개념으로서의 기본권, 권력분립, 사법권의 독립은 없었다는 의미에서 우리가 정의한 법치주의는 없었다. 그러나 강력한 유교적 정치이념과 규범이 존재하여 이를테면 유교적 입헌주의가 존재하여 권력통제의 기능을 수행했다고 말할 수 있다.[32] 다만 시대에 따라 다르긴 했어도 관리들의 가렴주구는 심했다고 생각된다. 그러나 일제통치하의 법치는, 유교적 통제규범에 의한 뒷받침도 없는, 그 자체가 철저히 식민지 통치 및 착취를 위한 도구주의의 산물이었다. 우리의 권위주의는 자유민주주의 및 시장경제의 틀을 규정한 헌법규범에도 불구하고 산업화를 위한 도구주의적 법운영을 시행하였다고 할 수 있다. 이러한 억압적 법치체제하의 개인이 살아남는 전략에서 법경시사상, 법편의주의, 법도구관이 조성되었다고 생각된다. 여기에 더하여, "윗물이 맑아야 아랫물이 맑다"는 속담을 거론할 것도 없이, 민주화 이후에도 지속적으로 나타난, 대통령과 정치인 및 고위직 공무원들이 보여주는 여러 형태의 법경시의 행태, 부패와 불법·위법·탈법, 심지어 국회의사당에서도 보여주는 파괴·폭력과 불법 등이 널리 퍼져있는 법경시사상, 법편의주의, 법도구관의 경감(輕減)이 아니라 오히려 강화 내지 지속의 학습효과(우위모방)를 가

에 그것이 장차 우리를 구속하는 법적 효력을 가지게 되느냐, 어떠한 법적 효력을 가지게 되느냐 등의 법적 문제를 수반하게 된다. 그러한 의미에서 이를테면 통일논의는 입법논의라 할 수 있고 통일은 바로 입법이 된다. 崔大權, **統一의 法的問題**(서울: 法文社, 1990), 138-153면(제5장).

32. 崔大權, "우리나라 公法史의 한 理解," **法社會學**, 54-90면, 특히 89면.

져오는 것이 아닐까 생각된다.

④ 법을 바람직하지 않은 것으로 보는 이러한 태도, 인치의 요소, 법경시사상, 법편의주의, 법도구관으로 구성된 우리나라의 법문화는 당위적으로나 기능적으로 헌법이 기초하고 있는 법치주의(입헌주의)와 양립할 수 없음은 분명하다. 우선 우리의 헌법적 법체제(법치주의)는 더는 타율적인 것이 아니고 우리 모두(공동체)의 것이기 때문이다. 그리고 우리나라는 군주나 외국지배자나 독재자의 것이 아니고 우리 모두가 평등하게 참여하여 구성된 민주공화국이기 때문이다. 우리나라의 법체제(법치주의)에 대하여 좀 부족한 것이 있더라도 이를 잘 다듬고 아껴 잘 운영하려는 태도와 지혜가 필요하다. 헌법수호의 책무를 지는 대통령의 입에서 나온 "그 놈의 헌법"이라는 발언은 최악의 (헌)법경시사상의 노출일 것이다. 일부 현역 국회의원이 국회를 뒤로 하고 촛불과격불법시위에 참여하는 태도와 행위 또한 우리나라 입헌주의 (및 의회주의 내지 대의민주주의)와 정면으로 충돌한다. 산업화, 도시화 및 민주화에 따르는 급속한 사회변화에 의하여 생성된 전국적 규모의 각종 이익단체, 이념단체, 정당 등 정치조직, 사회단체의 등장이 각 단체의 이념이나 이익을 위하여 사회분열적으로, 현존하는 법을 멀리하려는 태도, 법경시사상, 법편의주의 및 법도구주의를 조장·활용해온 것이 사실이다. 그러나 동시에 좀 더 이성적으로 바라보면 사회분열적인 알력, 대립, 분쟁을 해결할 공통분모적 규범체계는 법규범 이외에 달리 없다는 사실에 도달하게 된다. 예컨대 유교나 기독교 윤리를 상정할 수는 있겠지만 현실적으로 그것이 가능하다고는 생각되지 않기 때문이다. 그러므로 세계무대에서 공동체로서 살아남아 우리의 화두인 선

진국이 되기 위해서도 법에 대한 긍정적인 사고와 법존중 사상 및 태도가 확립되어야 한다. 이를 위하여 헌법의 통합(integration)기능, 특히 후술하는 바와 같은 국회의 통합기능이 요구된다고 단언할 수 있다. 그리고 무엇보다도 법에 대한 긍정적인 사고와 법존중 사상 및 태도의 확립을 위해서 정치지도자들의 솔선수범이 요구된다고 말할 수 있다. 말할 것도 없이 준법은 민주적 시민의식(civic virtue)의 불가결한 요소 가운데 하나임은 후술하는 바와 같다.

4) 대한민국은 민주공화국이다

제헌 및 대한민국 건국 60주년이, 더구나 촛불불법시위로 촉발된 최근의 위기의식이, 대한민국 헌법은, 그리고 그 기초 위에 건립된 대한민국은, 우리에게 그리고 우리 후손들에게 무엇이었고 또 무엇이어야 하는지를 적절하게도 우리로 하여금 깊이 생각하게 만든다고 생각한다. 지금, 같은 배를 타고 먼 항해를 하고 있으면서도 이 배를 처음부터 진수시키지도 타지도 말았어야 한다고 생각하듯이, 대한민국 단독정부 수립이 잘못되었다고 진정으로 믿는 적지 않은 수의 사람들이 주변에 우리의 동료로 이웃으로 있기 때문에 그러하다. 때에 따라 항해하는 배를 흔들고 좌초를 시도하는 이웃까지 있기 때문에 더욱 그러하다. 필자는 해방정국의 혼란 속에서도 대한민국 헌법을 제정하여 그에 기초하여 대한민국을 출범시킨 것이 스릴을 느낄 정도로 얼마나 잘 된 선택이었으며 대한민국 국민인 것이 얼마나 감사한지 말도 할 수 없다는 생각을 가지고 있다. 우리가 이룩한 민주화도 경제발전도 대한민국 헌법 및 대한민국의 토대와 울타리가 있었기 때문에 가능했다고 믿고 있다. 나아가 대한민국 헌법 및 대한민국을 한 단계 더 업그레이드시켜 후손에게 물려주어야 할 책무가 우리에게 있다고 믿고 있다. 그러면 이러한 생각을 가지고 있는 헌법학자로서 대한민국 헌법은, 그리고 대한민국은 무엇인지 살펴보기로 하자.

비유적으로 대한민국 헌법이란 대한민국이라는 건축물의 설계도라고 할 만하다. 그러므로 설계도를 보면 설계도에 따라 지어진 건축물을 실제로 보지 않고도 그 건축물에 관하여 (거의) 다 알 수 있듯이 감각적으로 이를 만지거나 눈으로 볼 수 없는 국가를 이해하려면 헌법을 보면 된다. 지도를 펴놓고 이것이 한국이다 이것이 미국이다고 가르쳐주듯이 헌법을 펴놓고 이것이 국가(한국 또는 미국)다고 말할 수 있음은 물론이다. 그러므로 헌법학자 가운데는 헌법이 곧 국가라고 언명한 학자(H. Kelsen)도 없지 않다. 다만 실제로 지어진 건축물과 설계도상의 건축물이 우선 감각이 달라도 다르듯이 헌법에 따라 설립된 국가가 헌법상의 국가와 다를 수 있다. 실제의 국가는 살아있는 사람으로 구성되어 있기 때문이다. 그러하기 때문에 헌법의 설계대로 되지 않은 경우에 설계대로 시공하라는 명령이나 요구에 상당하는 경우가 헌법에서도 일어날 수 있다. 지난 권위주의 시절에 일어났던 민주화운동이라든지 6.10 저항권의 행사 같은 경우가 그 대표적 예가 되고, 평상시의 헌법소송이나 정치시위 같은 것도 헌법 자체가 마련한 절차에 따른 시정 명령 내지 요구에 상당하다고 할 만하다.

아무튼 대한민국 건립의 기초가 되는 대한민국 헌법은 본문에 들어가기 전에 전문을 두어 대한민국의 목표, 달성하려는 이상, 대한민국의 존재이유와 그 성격 및 대한민국 헌법 제정의 주체를 천명하고 있다. 헌법 전문은, 문학의 시각에서는 어떠한 분석이 나올지 몰라도, 대한민국의 목표, 이상, 존재이유, 그 성격 및 주체를 아주 썩 잘 표현하고 있으며 어디로나 치우침이 없다고 믿고 있다. 그러므로 대한민국 구성원으로서의 교육에서는 예컨대 초중고교 교육과정에서는 반드시 교과서에 실어 적어도 한번은 이를 읽혀 교육시켜야 하며, 교육법의 목적조항에 삽입하여 교육의 목표로 삼아야 한다고 생각한다. 대한민국 국민으로서 함께 살아가야 할 사람의 교육이기 때문이다.

전문에 이어 제일 먼저 나오는 헌법 제1조는 누구나 다 아는 "대한민국은 민주공화국이다(제1항)", "대한민국의 주권은 국민에게 있고, 모든 권력은 국민으로부터 나온다(제2항)"는 조항이다. 이 4장에서는 오로지 "대한민국," "민주공화국" 및 "국민"에 대해서만 초점을 맞추어 논의하고자 한다. 종래에 공화국이란 군주국의 반대개념으로만 이해되었지 공화국의 내용이 무엇인지에 관한 적극적인 규명의 노력이 부족하였다고 생각된다. 그리하여 대한민국이라는 국가와 공화국과 국민이 서로 연관됨이 없이, 그것도 실체의 내용을 결한 추상적 개념으로 따로따로 노는 개념들로 안주하여왔다. 특히 나라가 분열되는 듯싶은 오늘날의 위기는 이를 연계시켜 재해석하고 그 내용을 학문적으로 탐구해야 할 절실한 필요성을 제기하였다고 생각한다. 실제로 군주국에도 전제군주국과 그 정치 내용이 자유민주주의인 입헌군주국이 존재하듯이 공화국에도 국민의 역할과 지위에 주목하며 독재공화국인 인민공화국이 있고 정치의 내용이 자유민주주의인 민주공화국이 존재한다. 그러므로 대한민국이 그 정치체제가 자유민주주의인 공화국 헌법을 천명하고 있다는 점을 여기서 주목할 필요가 있다.

지금껏 우리는 국가란 나와 상관없는 타율적인 것이어서 한편으로는 억압이나 탄압의 주체(따라서 비난의 대상)로 이해해왔는가 하면 다른 한편으로는 편리하게도 시혜나 혜택이나 특혜의 부여 주체이거나 권리주장의 대상으로만 관행적으로 생각해왔지, 내가 그 한 부분이라는 생각에는 미치지 않았다고 판단된다. 그리하여 국민으로서의 의무나 책임은 법준수의 의무를 포함하여 되도록 피하려고 한다. 그런가 하면 국민은 집단의 당리당략적 이익추구나 이념집단의 주의·주장 시의 자기 정당화의 논거로 편리하게 이용되는 개념이기도 하였다. 그러나 무엇을 근거로 하여 자기의 주장이 국민의 뜻이라고 말할 수 있는가?

전제군주국이나 독재공화국의 경우와 달리 국민이 주권의 담당자인 국가란 타율적으로 따로 있는 것이 아니라 "우리"(we) 모두의 공동체가 바로 국가라고 생각한다. 그리고 정부는 이 공동체(우리)의 수임자 즉 대표에 불과할 뿐이다. 그리하여 우리 공동체의 구성원들은 신분이나 지위나 부의 정도와 관계없이 누구나 다 동등한 자격에서 "공공선"(대한민국 헌법의 목표·이상 등)의 성취를 위하여 구성원으로서의 적극적 역할과 지위에서 의무와 책임을 담당할 것을 우리 헌법은 제1조 제1항 및 제2항의 선언을 통하여 요구한다고 이해된다. 모든 개인은 공동체의 구성원으로 존재하며, 그러므로 개인의 자유나 권리도 상호의존적인 공동체의 틀을 벗어나서는 보장될 수 없다. 이러한 점은 최근에 논란의 대상이 되고 있는 양심상의 병역거부의 예를 보면 분명해진다. 내 개인의 기본권을 일방적으로 주장한다고 될 일이 아니고 공동체의 관용이랄까 이해가 전제되어야 해결될 문제임이 분명하기 때문이다.

이러한 이해는 우리의 민주공화국의 이해를 위하여 최근에 널리 원용되고 있는 공화주의적 이해[33]에 바탕을 둔 것으로서 내 마을 내 고장의 자유를 지키기 위하여 의무로서보다 권리로서 기꺼이 칼을 들고 나가서 싸웠던 그리스 및 로마 공화정시대 시민의 전통으로부터 개발되어온 이론이라 할 수 있다.[34] 그러한 만큼 공동체의 구성원은 그 구성원인 시민으로서의 자질과 역량(예컨대 적극적 참여·토론·양보·타협 등 타 구성원과의 소통, 공동체에 대한 사랑 내지 애착, 희생, 양보, 봉사, 책임, 준법 등 소위 시민으로서의 덕성 내지 시민의식)을 가질 것이 요구된다. 그렇지 않고는 공동체는 이루어질 수 없기 때문이다. 공동체의 구성원은 자유로운 시민 즉 자기 스스로를 지배할 뿐인 자율적 시민으로서 오직 법에만 복종하며 타인에게 복종하도록 강제될 수 없다고 이해되고 있다. 이러한 공화주의적 이해에 바탕을 둘 때 자유, 평등, 법에의 복종, 의무, 희생, 사명감, 책임, 다른 시민과의 소통 내지 토론과 같은 덕목이 우리의 "민주공화국"의 이해를 위하여 참으로 중요하게 부각될 수밖에 없다. 하물며 국민의 대표의 경우에야. 국민의 대표는 스스로 공동체의 구성원이자 실은 정치지도자이기 때문에 더욱 그렇다.

---

33. 2008년 2월 15일에 열린 2008년 한국정치학회 특별학술회의 **이명박 정부의 과제와 시대정신**에서 발표한 정윤재, "이명박 정부와 통합의 정치: 공화주의적 시각에서" (46–60면); Maurizio Viroli, *Republicanism* (New York: Hill and Wang, 2002) 등 참조.
34. 미국 수정헌법 제2조 참조.

이처럼 민주공화국을 공화주의적으로 이해한다 할지라도 공공선을 향한 공동체의 결정은 정치과정에서 다수결에 의하여 이루어질 수밖에 없다. 그러한 만큼 소수자의 보호는 운명적으로 중요하다. 그렇지 않고는 소수자에게 다수의 결정은 타율적인 지배 즉 다수의 독재를 의미하게 되는 까닭이다. 그러므로 권력분립의 원리라든지 위헌법률심사와 같은 자유주의적 헌법장치가 필수적으로 요구된다. 그리하여 민주공화국의 민주는 자유민주주의로 이해된다. 최근 우리나라에서 화두가 되고 있는 민주주의와 법치주의의 충돌[35]은 잘못 설정된 화두라고 생각된다는 점은 이미 언급하였다. 민주주의가 다수의 지배[36]만을 의미한다면 몰라도 자유민주주의를 뜻하는 것이

---

35. 강정인, "민주화 이후 한국정치에서 자유민주주와 법치주의의 충돌," 서울대학교 **法學**, 49권 3호, 40-75면(2008) 등.

36. 우리나라 국회의 의결과정을 살펴보면 우리나라의 민주주의를 다수의 지배로 정의할 수 있는지도 의문이다. 왜냐하면 현재의 국회(제18대)의 의사결정과정을 보면 과반수의석을 차지한 한나라당 중심으로 다수결의원칙에 따라 용이하게 소위 민생법안들을 의결·처리해나갈 수 있을 것이다. 그러나 의결의 실제에서는 소수당인 민주당 등 야당이 강력 저지하면 국회의결을 하지 못하고 넘어간다. 이러한 때에 다수당이 강행처리하면 "다수 독재"라고 하면서 야당은 의장석을 점거한다던지 그 밖의 방법으로 의사진행이나 의결을 물리적으로 방해 내지 저지한다. 이러한 사정은 한나라당이 야당이던 지난 국회에서도 동일하였다. 우리나라 민주주의는 다수결이 받아들여지지 아니하는 민주주의 내지 전원일치제의 민주주의라 하는 것이 옳을지 모르겠다. 전원일치적 의결관행을 제도화하는 장치가 소위 (당)총무회담이다. 총무회담에서 합의된 의제는 본 회의에서 자구수정 정도의 수정은 몰라도 일사천리로 의사결정과정이 진행된다. 이러한 〈총무회담에서의 합의-국회의결〉의 절차를 따르지 아니하고 다수결의원칙에 따라 소위 "강행처리"되는 경우에는 다수결에서 소외된 야당측에서 법원이나 헌법재판소로 그 저지나 구제 청구를 위하여 달려가는 것이 정해진 코스나 마찬가지다. 우리나라 헌법소송사건들은 이러한 국회의결과정의 실정과 밀접한 관련을 가지는 것이기 때문에 우리나라에서의 민주주의 대 법치주의의 대결의 화두는 참으로 나이브한 인식에 바탕을 두었다고 할 수 있거나 미국의 화두를 앵무새같이 읊조리는 것에 지나지 않는다고 할 수 있다. 한편 국회 의결과정에서 타협 등을 통한 전원합의에 이르지 못하는 경우에 다수결의원칙이 왜 우리나라에서는 받아들여지지 아니하는가, 다수결이 받아들여지는 정치·사회·문화적 바탕은 무엇일

라면 법치주의는 자유민주주의를 완성하기 위한 장치일 뿐이기 때문에 이 양자의 충돌이란 있을 수 없다. 또 미국에서는 헌법의 명문 규정의 근거 없이 위헌법률심사의 제도를 운영하고 있기 때문에 적어도 추상적 이론으로는 법치주의는 민주주의와 충돌할 수 있고 따라서 위의 화두는 적절한 화두일 수 있다. 그러나 우리나라는 위헌법률심사의 제도를 헌법 명문으로 두고 있기 때문에 위 화두는 그만큼은 적실성이 떨어지는 화두라 할 수 있음은 이미 언급한 바이다.

3. 의회주의와 국회의 위상

1) 헌법이 처방하는 국회의 권능과 지위

대한민국 헌법은 선진민주주의의 전통에 따라 대의정의 원리 및 의회주의의 원리를 그 바탕으로 하여 대한민국 국회를 구성·조직하고 있다. 사실 이러한 언명은 교과서적이다. 적어도 중앙정부 차원에서 직접민주주의는 극히 예외적으로만 허용(헌법개정시 및 국가안위에 관련하여 대통령의 부의가 있을 경우)하고 국민의 대표가 지배하는 대의정의 원리를 대원칙으로 하고 있다. 그리고 대의정의 중심에 국민의 대표로 구성된 의회가 자리를 차지하고 있다함은 누구나 다 아는 사실이다. 이것이 의회주의의 요체다. 의회주의는, 좁게는 의회가 정부를 구성하는 내각책임제 정부형태를 지칭하기도 하지만, 통상적으로 대통령제 정부형태의 경우를 포함하는 개념이다.

까의 문제도 한번 생각해볼 필요가 있다고 생각한다. 그리하여 우리나라에서의 민주주의 논쟁은 전원일치의 원칙을 놓고 전개하여야 하는 것이 아닌가 하는 생각을 할 수 있다.

대통령제 정부형태라고 하여 의회가 대통령에 종속하는 기구는 결코 아니기 때문이다. 대통령제 정부형태란 의회와 대통령이 모두 정치의 중추기관으로서 상호 독립과 공화(즉 견제와 균형)를 그 구조적·제도적 특징으로 하는 정부형태일 뿐이다.[37] 그리하여 힘이 한쪽으로 기울게 되어 있는, 그리하여 한쪽이 다른 쪽보다 우위에 서게 되어 있는 정부형태는 이미 대통령제의 정부형태라 할 수 없다.

그리하여 대한민국 헌법은 대한민국 국회가 대의정 및 의회주의의 원리에 따른 다음과 같은 세 가지 요소(능력)를 지닌 중추적 정부기구일 것을 요구하고 있다.

(1) 상호 독립과 공화

첫째로, 국회는, 위에서 언급한 바와 같은, 대통령과의 관계에서 상호 독립과 공화(견제와 균형)의 관계 내지 지위를 가지는 정부기구여야 한다.[38] 대통령의 권한이 강화되면 이에 상응하는 국회의 권

---

37. 최대권, **憲法學講義**, 341면 이하. Karl Loewenstein, *Political Power and the Governmental Process* (Chicago: University of Chicago Press, 1965), 105–116면; Richard E. Neustadt, "Presidential Government," in *International Encyclopedia of the Social Sciences* (1968) 등 참조.

38. 崔大權, **憲法學講義**, 341–343면; Richard E. Neustadt, "Presidential Government," in *International Encyclopedia of the Social Sciences* (1968). 정치의 실제에 있어 무게의 중심이 대통령 쪽으로 이동하여 정치적으로 국회가 대통령에 종속하는 상황이 되는 경우에는 그것은 신대통령제에 가까워진다고 말할 수 있다. 근래 우리나라의 개헌논의에서 문제로 삼는 "제왕적 대통령"의 문제는 제도 즉 헌법의 문제가 아니라 당파싸움만 일삼으면서 일하는 국회와는 거리가 먼 국회의 무능과 국회의원후보의 당 중앙집권적 공천관행과 같은 정치관행(practice)에서 연유되는 문제라는 것이 우리의 진단이다. 대통령제 하 대통령과의 관계에서 국회가 상호 독립과 공화의 관계 내지 지위를 지니는 문제는 단지 권력분립과 견제와 균형의 헌법제도만의 문제가 아니고 (이 점은 이미 갖추어져 있다), 첫째로 국회가 그 권능을 행사하는, 일하는 국회가 되어야 하는데, 국회가 다수의 구성원으로 구성되어 있어 하나의 기관으로서 일하기 어려운 구조적인 단점을 내재적으로 안고 있다. 이 단점을 극복하는 장치의 하나가

능(견제 내지 통제의 권능)도 강화되어야 한다. 대통령은 국회의 결의, 동의, 승인 등이 없으면 그 권한을 행사하기 어렵다. 그러나 견제를 위한 견제는 국정을 마비시키는 우려가 있기 때문에, 국회는 국회독자의 시각에서 국익을 위하여 견제할 것은 견제하고 지지할 것은 지지하여 상호 공화의 관계에 서야 한다. 국회와 대통령이 상호 공화의 관계에 서지 아니하면 국정이 마비된다는 것은 누구나 안다. 국회도 대통령 못지않게 국익을 위하여 그러나 국민의 대표기관으로서 국민의 신임을 발판으로 국회 독자의 시각에서 대통령에 대한 관계에서나 국민에 대한 관계에서 국회의 여야당을 초월하여 정치지도력을 발휘할 수 있어야 한다.

그러나 우리나라 정치현실에서 국회가 대통령에 대한 관계에서나 국민에 대한 관계에서 국정을 이끄는 정치지도력을 발휘한 적이 있었는지 의문이다. 그러한 경우가 있었다면 그것은 역사상 대한민국 헌법을 제정하고 대통령을 선출한 제헌의회 때하고, 4.19 이후 민주당 정부 초기 때의 국회, 그리고 혹시 민주화(1987년)의 뜻을 개

적은 수로 효율적으로 일할 수 있게 하는 상임위원회제도 등의 활성화라 할 수 있는데, 이 상임위원회 활성화의 문제도 제도만의 문제가 아니고 상임위원회를 통하여 실제로 일하는 것이 문제다. 회기 중이 아니면 상임위원회가 활동을 하지 않는 것도 문제다. 둘째로 대통령이나 계파의 실력자가 실질적으로 당공천권한을 장악·행사하는 경우에 개개의 의원이 소신에 따른 독자의 발언권을 행사하고 전체적으로 국회가 독자의 권한행사에 이르게 되기 어렵다. 의원후보는 당내민주주의 원리에 따라 당비를 내는 지역당원에 의하여 아래로부터 결정되어야 한다. 무엇보다도 국회가 아래에서 보는 바와 같이 정파와 이념과 특수 이익으로부터 독립하여 국회로서의 독자성을 지닐 수 있어야 한다. 崔大權, **憲法學講義**, 173면 이하; 崔大權, "政治改革을 위한 몇가지 생각(I): 政府形態·政黨·政治資金·選擧制度 등을 중심으로," 서울대학교 **法學**, 33권 1호, 171－180면(1992); 崔大權, "憲法과 黨內民主主義," 서울대학교 **法學**, 42권 1호, 1－22면(2001).

헌으로 반영한 국회가 유일한 예라고 생각된다. 그 이외의 경우에 국회는 제도적으로(유신 때)나 정치적으로 대통령이나 국민에 대하여 예속적이거나 적어도 독자의 정치지도력을 발휘하는 위치에 있었던 기억이 별로 없다. 당 총재가 대통령이 되는 경우에는 여당을 중심으로 국회와 정부 사이에서는 권력의 통합이 일어났고 대 국민과의 관계에서는 정당이나 정파(소위 당리당략), 그리고 이념이나 지역이익 내지 정서 등에 예속되어 대국민 정치지도력을 발휘하지 못하는 국회로 자리 매김해왔다. 이러한 정치실적이 국회로 하여금 정치학자들로부터 "변두리에 위치한 의회"로 분류케 만든 이유일 것이다. 이 문제는 또한 후술하는 국회의 독자성의 문제가 된다.

국회가 국민의 대표기관이라 함은 국회가 독자의 정치지도력을 가지는 국가 중추기관이어야 함을 뜻하는 것이다. 우리의 국회사가 보여주듯 국회가 독자의 정치지도력을 발휘하는 국가 중추기관으로서의 자리매김을 하지 못한다면 개헌론에서 유력하게 거론되고 있는 내각제 정부형태가 개헌으로 도입된다고 하여 하루아침에 사정이 달라지리라고 생각되지 않는다. 정당 · 정파 · 이념 · 지역이익 등 그리고 이를 반영하는 정당법 · 정치자금에 관한 법률 · 선거법 등 여타의 여건이 그대로인 한 국회가 달라지리라 상정되지 아니하고, 또 국회가 달라지지 않는 한 우리나라의 민주정치나 선진화 작업이 얼마나 달라질는지 의구심이 든다. 1960년 때의 민주당 정부에 관한 기억이 아직도 생생하다. 절대다수의 의석을 차지했던 민주당이 정확히 반으로 나뉘어 당쟁으로 지새워 정국의 혼란을 가중시켰을 뿐이지 않았던가? 국회가 정치적으로 독자의 정치지도력을 가진 국가 중추기관이 되지 못하는 이유가 대통령제 정부형태를 우리가 가지고 있기 때문이라고 생각한다면 그것은 오해라고 생각한다. 지금 대통령제 정부형태를 채택하였다고 하여 대한민국 헌법이 그러한 국회를 설계하고 있는 것은 결코 아니기 때문이다. 오히려 헌법은 국회가 독자의 정치지도력을 가진 국가 중추기관일 것을 요구하고 있다.

(2) 국회의 통합기능

국회가 갖추어야 할 둘째의 요소(능력)는 국익을 위하여 (자유)토론, 조화, 설득, 양보, 타협 등을 통하여 분열되거나 일치되지 아니하는 다양한 국민의 의사를 통일된 국가의사(입법)로 통합·형성(integration)해내는 능력이다.[39] 국회는 다수의 의원으로 구성된 합의체 국가기관이다. 그러한 만큼 하나의 중추적 국가기관(입법, 국민대표 및 국정통제기관)으로서의 권능을 성공적으로 수행할 수 있으려면 다양한 국민의 의사를 통일된 국가의사로 통합·형성해내는 능력을 갖추는 일이 필수적이다. 그러한 국가기관이 될 수 있기 위해서는 무엇보다도 그 구성원인 국회의원 개개인이 공동체의 공공선을 위하여 토론, 설득, 양보, 희생, 솔선수범하는 시민적 덕성을 갖출 것이 요구된다. 민주공화국 구성원 개개인이 갖추어야 할 덕목은 국회의원에게는 더 더욱이 요구된다고 말할 수 있다. 국회의원이야말로 국가기관의 구성원이자 국민의 대표인 정치지도자이기 때문이다.

---

39. 이러한 기능을 갖춘 의회의 전형을 Transformative Legislature이라 하면서 대통령제 정부형태를 지닌 미국의 의회를 그 대표적 예로 Polsby는 들고 있다. 그리고 이와 대척점이 되는 의회를 토론장(Arena)으로서의 의회라고 하면서 그는 내각책임제 정부형태를 지닌 영국의 의회를 그 대표적 예로 들고 있다. Nelson W. Polsby, "Legislatures," in Fred L. Greenstein and Nelson W. Polsby, eds., *Governmental Instutions and Processes*, Handbook of Political Science, vol. 5 (Reading, Massachusetts: Addison-Wesley, 1975), 257–319면, 특히 277면 이하.

국회는 과격하거나 분열적인 주장까지 포함하여 국민의 각기 다른 다양한 의사와 이익이 모두 반영·투영되고 국정의 모든 것(대정부 비판과 성토. 심지어 탄핵까지)이 국회에서 논의되어, 걸러지고 타협·양보·설득하는 등의 공개된 토론을 통하여 합의되고 설득력을 갖는, 통일된 국가의사로 형성될 수 있어야 한다. 국회가 국민의 분열적인 다양한 의사와 이익에 대하여 이 같은 통합의 기능을 수행하지 못하고 단순히 반영할 뿐인, 따라서 여야당이 분열된 국회로 남는다면 국회의 존재의의는 반감된다고 생각한다. 그리하여 국회 자체가 분열적인 국회로 남는다면 여당 등이 강행으로 밀어붙이거나 전격 통과시키고 혹은 야당 등이 결사 저지하려다 가결된 결정이 국민에 대하여 설득력을 가질 수 없을 것이며, 필요한 법안이 야당의 결사저지로 통과되지 못하는 경우[40]에도 국민에 대하여 설득력을 가질 수 없음이 분명하다. 나아가 국민에 대하여 정치적 지도력을 발휘할 수 없음은 분명하고, 국회가 이러한 반영·통합의 정치적 지도력을 발휘하였다면, 국회의 이러한 반영·통합의 정치적 지도력에 대한 국민의 신뢰가 존재하였다면, 조용한 촛불시위가 국력을 낭비하는 그렇게 큰 불법·불요(不要)의 반정부 불법시위로 확대되지 않았으리라 판단된다.

---

40. 第18大 국회는 과격한 여야대결로 의원임기개시 초기의 등원 거부로부터 시작하여 개원(8월 19일) 이후에도 결코 생산적이지 못하다고 지적된 국정감사와 (헌법)법정기한 내 예산 통과 실패에 이어 각종 민생법안의 통과를 거의 하지 아니하여, 국민들로 하여금 그 존재의의를 회의케 만드는 모습을 보여주고 있다. 예컨대 **조선일보** 2008.12.10일자의 "5席 민노당에 의회민주주의 마비" 기사 및 사설 "민노당, 입법부의 無法者 되기로 작정했나"; **조선일보** 2008.12.11일자 사설 "국민의 피와 살로 짠 예산 이렇게 심의해선 안 돼" 등 참조.

국민의사의 반영·공개된 토론·합의된 통합적 의사의 도출 능력이야말로 국회 의사(議事)의 핵심적 요소가 된다고 생각한다. 그래서 대한민국 헌법도, 외교·국방상의 이유와 같은 특히 비밀이 정당화되는 사항에 관한 것이 아닌 한, 국회의사의 공개가 원칙임을 천명하고 있다(헌법 제50). 원래 민주주의와 비밀주의는 양립할 수 없다. 국회의사공개의 원칙은 국민의 알 권리 차원에서뿐만 아니라 선거권과 같은 국민의 주권적 권리의 행사나 여론의 형성에 관련된 언론의 자유 행사를 위해서도 요구된다. 국민이 알지 못하고는 이 같은 주권적 권리를 제대로 행사할 수 없게 되기 때문이다. 위에서 말한 바와 같은, 국회의 통합기능 수행의 경우에 요구되는 국회에서의 타협과 양보는 (헌)법과 원칙의 기초 위에서 국익을 위하여 행하는 떳떳한 타협과 양보이고, 그것이 사익이나 당리당략을 위한 타협과 양보라면 그것은 소위 야합에 지나지 않을 가능성이 많다. 따라서 비공개로 얻어낸 의사 결론이라면 국민에 대한 관계에서 설득력을 발휘할 수 없을 것임에 틀림없다.

그리하여 국회의사공개의 원칙은 국회입법절차상의 적법절차의 한 가지 중요한 요소가 된다고 생각한다. 그런데 우리나라 의회정치의 현실은 국회 본회의가, 심지어 심층심리를 위하여 운영되는 상임위원회 및 소위원회까지도, 국회 밖에서 이루어지는 당정 간 및 여야총무 회담에서 합의한 바를 확인하는 장(forum)으로 전락함에 따라 공개토론을 본질로 하는 의회주의의 원칙에 어긋나는 것이 아니냐의 문제를 제기하게 만든다.[41] 그리고 그것은 원리·원칙에

41. 최대권, "한국의 의회주의와 그 문제점," **의정연구**, 1995년 1호, 87-106면; Carl

바탕을 둔 떳떳한 타협과 양보가 아니고, 국회의 의결기능을 촉진하기 위한 필요에서 나온 것이라고 하기보다는 당리당략을 위한 야합의 인상을 주기에 충분하다. 그리하여 공개 토론이라는 의회주의의 본질적 요소를 망각하는 처사가 된다.

국민의 다양한 의사를 통일된 국가의사(입법)로 통합·형성(integration)해내는 능력을 국회가 갖추어야 한다고 한 당위적 진술의 현실은 실제로 일어나고 있는 국회의 의사결정과정에서 관찰할 수 있다. 자신의 의견이나 이익이 받아들여지지 않는 경우에 의사당 점거·의사진행방해 등의 폭력과 불법으로라도 의사진행의 발목을 잡을 수 있다든지 여야총무회담 등 원외에서 도달한 합의를 본회의에서는 이를 단순히 추인하듯이 합의에 이르는 등의 실제로 일어나고 있는 국회의사과정을 보면 우리나라 국회의 의사결정과정은 다수결(majority rule)[42]이 아니라 전원합의(consensus)가 원칙이라고 생각된다. 사실 전원합의의 의사결정원리가 모든 참여자의 의사를 반영한다는 점에서 바람직하다고 말할 수 있다. 그러나 많은 경우에 전원합의의 의사결정은 현실적으로 실현되기가 용이하지 아니하다. 전원합의의 결론을 얻기 위한 소통과 타협과 양보가 국회의사결정과정에서 대단히 필요하고 중요한 것은 사실이지만, 구성원 간의 의견이나 이해의 차이가 워낙 큰 경우에는 전원합의의 결론 도출이

Schmitt, *The Crisis of Parliamentary Democracy*, trans. by Ellen Kennedy, (Cambridge: MIT Press, 1985); 칼 슈미트, 김효전 옮김, **현대 의회주의의 정신사적 지위**(서울: 관악사, 2007) 등 참조.

42. 다수결의원리에 관하여 Radhakamal Mukerjee, "Majority Rule," in *Encyclopedia of the Social Sciences* (1954); J. Roland Pennock, "Majority Rule," in *International Encyclopedia of the Social Sciences* (1968) 등.

어렵거나 불가능한 경우가 얼마든지 있을 수 있기 때문이다. 그러한 경우에 다수가 지지하는 대안을 전체의 의사로 선택하는 의사결정의 원리 즉 다수결의 원리가 요구될 수밖에 없다. 확실히 다수결은 신속하고 분명한 결론을 얻어내게 만드는 장점이 있다.

다만 다수결의 원리는 다수로 하여금 소수와의 소통·타협·양보를 통하여 전체가 합의할 수 있는 결론을 얻어내려는 유인을 가지지 못하게 할 우려가 있다. 나아가 경우에 따라 다수결은 다수의 독재에 이르게 할 수도 있다. 그러한 만큼 다수의 지배원리에 대한 소수자의 권리보호의 원리(minority rights)는 자유민주주의의 운명적인 필요 요건이라 함은 이미 지적한 바이다. 소수자의 권리에 언론의 자유, 투표권, 헌법소송 제소권 등 재판청구권을 포함한다. 사실 헌법의 기본권은 실은 소수자의 권리라고 해도 과언이 아니다. 또 그 중요성이나 성질에 비추어 단순과반수가 아니고 재적 3분지 2와 같은 가중된 다수결이 요구되는 결정사항(예컨대 헌법개정안)도 있다. 그러나 이 같은 특히 가중된 다수결이 요구되는 의결사항이 아닌 대다수의사의 경우에는, 국정의 마비나 예컨대 분리·독립과 같은 항구적인 분열에까지 이르는 선택을 감수하려는 경우가 아닌 한, 국정의 원활한 운영을 위하여 다수결에 의한 의사결정은 민주주의 질서에서의 불가피한 의사결정의 원리이다. 그뿐만 아니라 다수결에 의한 이러한 의사결정은 사후적인 국민의 신임에 바탕을 두고 행하는 의사결정이다. 국민의 신임이란 다수결에 의한 결정에 대한 여론에 의한 비판은 물론 차기 선거와 헌법소송의 제기를 통한 국민의 심판에 복하게 됨을 의미한다. 나아가 다수결의 의사 결정 원리는 자유의 원칙이나 평등의 원칙 양자 어느 것에 의하여도 정당화된다. 다수결의 원리는 평등의 원리를 바탕으로 하여 최대의 자유를 획득하는 장치가 된다. 전원합의의 원리는 소수자에게 부당한 거부권을 주는 것이나 마찬가지다. 일하는 국회를 위해서 다수결의 원리는 불가피한 의사결정의 원리이다.

(3) 국회의 독자성

대의정 및 의회주의의 원리에 따라 국회가 갖추어야 할 셋째 요소는 그 주변으로부터 사회학적 의미의 국회 독자성(autonomy) 확보의 문제가 된다. 독자성의 문제는 주변(대통령 또는 청와대, 정당, 정파, 열혈 지지세력 등)으로부터의 완전한 독립이나 완전한 종속이 아니고 상호지지 등 공화의 관계를 유지하면서 독자의 구조와 기능을 가지는 것을 의미한다. 그것은 예컨대 심장이 신체의 한 부분이고 그 주변 장기(허파, 위장, 간장, 뇌와 신경조직 등)로부터 상호 지원하는 관계를 가지면서 그러나 독자의 구조를 가지고 독자의 기능을 수행하는 장기라는 것과 마찬가지의 의미다. 위에서 이미 지적한 바와 같이, 헌법은 국회를 독자의 구조를 가지고 독자의 기(권)능을 수행하는 국가 중추기관의 하나로 설계하였지만 그 실행(performance)을 보면 과연 국회가 독자성을 지니는 국가기관이냐의 의심을 가지기에 충분하다고 믿는다. 이러한 의심을 가지게 만드는 가장 큰 변수는 국회와 국회에 진출한 (여야)정당과의 관계이며, 정당을 매개로 하는 정파나 대통령이나 당 총재와 같은 다른 권력담당자와의 관계 및 국회나 정당외각의 열성지지세력(예컨대 386세대, 노사모, 영호남의 지역정서 등)과의 관계다. 그리고 이러한 관계는 가장 중심적으로는 (당내의) 중앙집권적 공천권 등을, 그리고 대통령이나 당 총재 등 권력 핵심 담당자가 제공하는 자금지원, 보은인사나 측근인사 등의 당근을 매개로 하여 형성된다.

이러한 관계 속에서 국회의원들은 국회의원으로서의 역할보다는 마치 국회에 파견된 출신 정당이나 권력 핵심의 돌격대원과 같은 역할을 담당하게 된다. 그 결과 국회는 국가의 중요한 독자적 정책 심의·결정기관이 아니라 당리당략적 계산에 바탕을 둔 여야당의 살벌한 대결장이 된다. 그리고 국회 내의 전략전술의 수립을 위한 당원회의는 정당이 미는 정책 논의보다는 외각의 지지세력 등을 염두에 둔 파벌이나 정파 간의 전략전술이 지배한다.[43] 이러한 관계 속에서는 국회의 독자성을 발견하기가 어렵다. 이러한 관계를 지배하는 핵심 요소의 하나는 의원들의 공화주의적 자질의 문제이고, 다른 하나는 당중앙집권적 공천관행이라고 생각한다. 이 후자의 문제는 당내 민주주의의 문제이고, 전자의 문제는 연줄 따라 지지 투표 등을 행하는 지역구 등의 시민의 자질(시민의 공화주의적 덕성의 결여)과도 밀접히 관계되는 문제라고 생각한다. 지난 촛불시위에서 국회등원 대신 이에 참여하는 국회의원들의 행태는 우리나라 국회가 과연 독자성을 지닌 국가 핵심기관인가를 회의케 만든 대표적 예라고 생각한다. 광우병보다 더 중대한 어떠한 사안이라도 국회에서 논의할 수 있어야 하는 것이다.

국회의 독자성의 문제는 국회가 어느 정도나 일하는 기관이냐의 차원에서도 접근할 수 있다고 생각한다.[44] 헌법은 확실히 국회를 중

43. 정당 내의 파벌이나 정파의 모습을 보여주는 예로 **조선일보** 2008.12.10일자 사설 "親李·親朴 싸움 국민 안 보이는 곳으로 나가서 하라"; **조선일보** 2008.12.11일자 박두식의 칼럼 "다시 고개드는 '난닝구·빽바지 악령'" 등 참조. 그리고 위 주 36) 참조.

요한 국정(입법, 여론 반영 등 국민대표의 기능, 국정감시·통제) 수행기관으로 설정하였다. 그러나 국회가 국정을 얼마나 잘(신중, 업무강도, 시간 등에서 잘) 수행하고 있는지는 의문이다. 하루 평균 국정수행(공무)과 직접 관련이 없는 정치활동(지역구 관리 등 표관리, 정당활동, 계파관리, 로비나 사람을 만나는 일 등)에는 얼마나 많은 시간과 노력을 들이며 국정수행에는 얼마나 많은 시간과 노력을 들이는지, 객관적으로 측정할 수 있는 기법이 있다면 더 훌륭하게 단정할 수 있을 것이지만, 그러한 것이 없더라도 국회개회 일수를 보면 어느 정도 알 수 있다고 생각한다.[45] 얼마나 열심히 공부하는 대학교수냐의 객관적 기준은 없지만(요즘은 논문의 인용횟수 등으로 측정하기도 하지만) 그러나 학교 부근(academic circle)에서는 다 알듯이 국회가 얼마나 국정수행(공무)을 잘하고 있는지는 국회를 관찰하고 있는 사람들은 다 안다. 정치적으로 민감한 안건을 놓고 여야가 줄 당기기하는 데 시간을 다 보내고 나서 회기 막바지에 이르러 무더기로 안건을 통과시키거나 통과시키지 못하여 꼭 통과시켜야 할 소위 민생법안이 6개월, 1년씩 통과되지 못하는 일이 비일비재하다.

원래 대통령제 정부형태의 나라(미국)에서는 내각책임제의 나라에서보다 국회가 일을 하기 위하여 상임위원회제도가 발달하고 그

---

44. **조선일보** 2008.11.17일자 "국회, 위헌·헌법불합치 법령 44건 방치" 및 "국민권익 해치는 법'나몰라라'·게으른 국회" 난; **조선일보** 2008.10.27일자 사설 "입방아만 찧는 국정감사 이제 그만 하라"; **동아일보** 2008.10.24일자 사설 "경제위기 해소 위해 국회가 한 일 있나"; **동아일보** 2008.10.25일자 횡설수설 난 "'됐어요' 국감" 등 참조.

45. 일하지 아니하는 국회라는 국민적 질타에 따라 이제사 국회는 "상시국회"의 방안을 국회운영제도개선자문위원회의 국회운영제도 개선안을 놓고 논의하기 시작하였다. **동아일보** 2008.11.8일자의 대서특필한 보도 참조.

리고 본회의가 열리지 않는 날이라도 상임위원회 활동은 거의 매일 이루어져 각각의 상임위원회 활동을 중심으로 하여 미국의 국회는 일년 열두달 거의 항상 열리고 있다. 우리는 상임위원회가 거의 본회의 기간 중에만 열리는 것을 보면 일하는 국회인지의 여부를 알 수 있다고 생각한다. 국회가 중추적인 독자의 국정수행기관이라면 국정수행을 위하여 많은 시간과 노력을 들일 것임에 틀림없다. 그러나 국회가 주변부를 차지하는 기관이라면 본연의 국정수행에 많은 시간과 노력을 들일 이유는 없을 것이고, 중심부(정치권력)에 봉사하는 데 더 많은 시간과 노력을 들일 것이다.

2) 의회주의 실패에 따르는 결과(정치현상)

이상에서 우리는 우리나라 의회주의의 실패라고 부를만한 현상 즉 헌법의 처방(국가의 중심축인 기관)에 미치지 못하고 있는 국회의 실제의 위치, 무능이라 말할 수 있을 만큼의 그 기능(integration 기능 등 국회 기능) 수행 능력의 부족 및 정치·사회세력으로부터의 독자성 상실 내지 부족의 현상을 살펴보았다. 이 같은 의회주의 실패의 현상이 우리 사회에 어떠한 헌법적·정치적 현상을 동반하는가 혹은 결과하는가 하는 문제를 따져볼 필요가 있다. 그 첫째로 지적해야 할 의회주의 실패현상, 이로 인한 국정의 마비현상의 결과 하나는 대표(의)기관을 도외시한 채 시민들이 길거리로 직접 들고 나와 호소하고 국가정책 방향을 결정하는 마치 직접민주주의인 것으로 보이게 만드는 현상의 잦은 출현이다. 지난번의 촛불시위는 그러한 현상의 대표적 예라 할 수 있을 것이다.

둘째로 지적하여야 할 의회주의 실패현상의 결과는 헌법소송사건의 증대현상이라고 생각한다. 사실 국회의 입법기능·국민 대표기능, 특히 통합기능을 헌법의 설계구도에 맞게 원활히 수행해왔다면 정치적 알력·갈등·대립 등이 국회에서 수렴·통합되어 상당한 정도로 헌법소송사건의 수는 최근의 사건통계수치보다 단연 적어졌으리라 판단된다. 그 대표적 예로 대통령에 대한 탄핵사건을 들 수 있다고 생각한다. 정치적으로 해결되었어야 할 것이 헌법재판소로 넘어온 사건이라고 할 수 있다. 위헌으로 판정된 수도이전특별법[46]도, 소위 행복도시법[47]도, 기타 근래에 전국적 관심을 끈 사립학교법이나 방송법, 언론관련법(신문등의자유와기능보장에관한법률 및 언론중재및피해구제등에관한법률),[48] 종합부동산세법,[49] 집회 및 시위에 관한 법률[50] 등도 국회의 통합기능·심리기능 등 헌법의 처방에 맞게 국민 대표기능을 원만히 꼼꼼하게 수행할 수 있었더라면 굳이 헌법재판소에까지 이르지 않았을 법률들이라 할 수 있다. 이 법률들은 한결같이 밀어붙여서 혹은 졸속으로 통과되었던 것들이다. 우리나라에서 소위 정치의 사법화 현상은 상당한 정도로 국회 스스로

46. 이 수도이전법에 대한 2004.10.21. 위헌결정(2004헌마554·566) 참조.

47. 헌법재판소의 각하결정으로 끝난 신행정수도후속대책특별법에 관한 헌법학적 연구로 최대권, "신행정수도후속대책특별법의 위헌성 여부에 관한 연구," 서울대학교 **法學**, 46권 3호, 201–226면(2005) 참조. 그리고 이 특별법에 대한 헌법재판소의 2005.11.24일자 각하결정(2005헌마579·763) 참조.

48. 이 법률들에 대한 헌법재판소 2006.6.29. 위헌 등 결정(2005헌마165·314·555·807, 2006헌가3) 참조.

49. 이 법에 대한 헌법재판소 2008.11.13. 위헌, 헌법불합치, 합헌 등 결정(2006헌바112) 및 **조선일보** 2008.11.14일자 사설 "종합부동산세 일부 違憲 결정은 났지만" 참조.

50. 이 법에 대한 헌법재판소 2009.9.24일자 결정(2009헌가25) 및 이 결정에 대하여 행한 판례연구 **崔大權**, "헌법불합치결정유형에 관한 몇 가지 생각: 집시법 헌법불합치결정을 중심으로," 서울대학교 **法學**, 50권 4호, 141–168면(2009) 참조. 이 법률은 헌법재판소의 헌법불합치결정에 따라 개정입법을 내놓아야 할 시점(2010.6.30)을 넘겨 이 순간(2011.10)까지도 여야 간의 의견대립으로 개정입법을 내놓지 못하고 있다.

자초하고 있는 것이다. 헌법 제37조제2항의 구도상 국회가 입법에 대한 일차적인 헌법판단기관이며 오직 2차적으로만 헌법재판소가 헌법판단기관이 된다.

이러한 점에서 의원입법은 많은 문제점을 던지고 있다. 의원들의 국회실적 쌓기 작업의 하나로 의원입법안을 제안하고 졸속으로 다른 법률과의 관계라든지 예산의 뒷받침이라든지 헌법적 문제점들에 관한 충분한 전문적·사전적 검토도 없이, 그리고 입법예고도 없이, 여야의원들의 정치적 편의나 야합으로 통과시키는 경향이 있다. 정부가 제안하는 입법안의 경우에는 상대적으로 충분한 시간을 가지고 전문실무부처에서, 법제처, 차관회의, 국무회의 등에서, 그리고 입법예고를 거쳐, 국회에 넘겨지고, 그리고 국회의 심의·의결 과정을 거쳐 법률이 된다. 물론 의원입법의 경우에도 입법조사처와 같은 보조기관들이 국회에 있어서 올바른 입법을 위하여 작용을 하는 것은 사실이지만 정부제안입법안의 경우와 비교하여 위헌의 문제를 포함하는 입법상의 문제점을 더 많이 노출하는 경향이 있음도 사실이다. 위에 언급한 소위 행복도시법의 경우가 그 예다.

더구나 우리나라 정부형태는 국무총리제, 국회의 장관해임건의권한 등 내각책임제 정부형태의 요소를 지닌 정부형태로 지적되고 있다. 그러한 만큼 집권여당과 정부와의 밀접한 협의하에 입법안이 발의·제안된다고 말할 수 있다. 소위 당정협의회제도의 운영은 그러한 내각책임제적 요소의 표현이라 할 수 있다. 그렇다면 여당이 지배하는 정부(또는 정부가 지배하는 여당 그리고 국회)가 주도하는 정부법안과 별개의 의원입법을 임의로 제안하고 혹은 야당의원이

제안하는 의안에 동조해서 법안을 통과시키는 관행을 어떻게 정당화할 수 있을 것인지 의문이다. 대표적인 내각책임제 정부형태의 영국 국회에서 정부입법과 별개로, 경우에 따라서는 충돌할 수도 있는 의원입법안을 제안할 수 있는 권한은 실질적으로 없다. 오직 정부입법과 관련이 없는 범위의, 정치적으로 중요치 아니한 사안의 의원입법안제안권을 그것도 일주일에 하루를 정하여 제출할 수 있을 뿐이다.[51] 아무튼 우리나라에서 의원입법안의 증가는 국정운영을 위하여서나 헌법적·입법학적 통제를 위하여 많은 문제점을 던져주고 있다. 무엇보다도 의원입법은 우리나라 헌법이 예정하고 있는 정부형태의 내각책임제적 요소와 충돌한다고 말할 수 있으리라.

셋째로 우리나라의 잦은 개헌 및 개헌논의가 우리나라 의회주의의 실패와 크게 관련되어 있다고 믿는다. 의회주의를 중심으로 한 정치권이 그 무능 내지 실패로 인하여 풀지 못하는 난관이나 장애물을 헌법개정의 정치로 풀어가거나 넘어가거나 회피하거나 호도하려고 개헌논의를 시도하고 있다고 판단되는 것이다. 영국이 성문헌법 없이도 성문헌법이 있는 나라 같으면 헌법개정을 통하여 풀어갈 만한 국가적 중요사항(예컨대 최근의 예로 상원의 권한 축소 등)을 의회주의를 통하여 풀어가고 있음은 대표적인 예이거니와, 성문헌법이 있다고 하더라도 빈번한 헌법개정 없이 정치적 안정을 누리는

---

51. 내각책임제 정부형태를 택하고 있는 영국에서는 입법과정에서의 정부(의회 다수당)의 주도가 개개 의원입법의 권리나 기회의 불가피한 제약을 동반하고 있다. 예컨대 의원입법안(private members' bill)은 회기 중 금요일 중의 지정된 시간 내의 심의만 허용하며, 실제로 입법화되는 수는 얼마 되지 아니하여서 매년 겨우 12건 정도라고 한다. David R. Myers and Alan C. Page, *Legislation* (London: Sweet & Maxwell, 1982), 107–139면, 특히 111면 및 113면 이하.

선진민주주의의 나라들(예컨대 미국, 독일, 일본 등)을 보면 우리나라의 잦은 개헌 및 개헌논의와 의회주의의 관계를 가늠케 한다. 우리나라 의회주의의 실패 내지 취약함이 무엇보다도 성문헌법 때문이 아님을 주의할 필요가 있다. 역으로 우리나라 의회주의 실패 내지 취약함의 요인이 되는 국회의원의 자질 부족을 포함하는 시민의식 내지 시민적 덕성(civic virtue)의 부재, 정당구조, 당파싸움, 지나친 지역주의 및 이념갈등 등의 요인이 바뀌거나 개선되지 않고 그대로 남아있는 한 헌법개정에 의하여 의회주의(정치력)가 헌법이 예정하고 있는 만큼 복원 내지 활성화되리라고 생각되지 않는다. 헌법이 예정하고 있는 바에 충실하게 의회주의가 그리고 정치권이 복원 내지 활성화되면 개헌의 필요성은 그만큼 축소되리라 믿는다. 의회주의(정치권)가 복원 내지 활성화되면 웬만한 국가의 중대사항은 부득이한 헌법개정 없이도 큰 무리 없이 국회(및 사법부)가 중심이 되어 풀어나갈 수 있을 것이라고 믿기 때문이다.

4. 헌법개정의 문제

(1) 우리나라의 입헌주의(법치주의) 및 의회주의의 현실에 관한 이상의 논의에 비추어 지난 IMF 때보다 더 심각하게 다가오고 있는 경제위기에도 불구하고 계속되어온 개헌논의를 살펴보자. 계속되는 개헌론을 필자는 정치국면 돌파를 꾀하는 정치인들의 정략용이지 진정으로 대한민국의 민주정치와 시장경제 선진화 등 발전을 위한 불가피한 선택으로는 도저히 볼 수 없다. 무엇보다도 남북관계·동북아정세를 포함하는 세계정세의 진전 및 우리나라 발전의 이 단계

에서 미국산 쇠고기수입 같은 상대적으로 별것도 아닌 안건으로 몇 달씩이나 국력을 낭비하는데, 이에 더하여 국론분열·국력낭비를 동반할 것임에 틀림없는 백년대계 헌법의 개정 문제를 놓고 갑론을박 격론을 벌이는 것은 결코 현명하지도 신중하지도 않다고 생각한다.[52] 1987년 체제가 이제 20년이나 지나게 되었으니 바뀔 때가 되었다는 주장은 무책임의 극단이라 생각한다. 개헌론의 내용을 보면 정부형태를 바꾸자는 것이 중심이고 부수하여 여기저기 손을 대자는 것인데, 명분으로 치면 독재정권 시절 정권연장의 숨은 뜻을 위하여 정부형태를 바꾸자고 한 것과 무엇이 다른지 알 수 없다. 왜냐하면 자기네 정당이나 정파의 집권 또는 정권연장에 유리하냐 아니냐의 당리당략적 고려가 어느 정부형태로의 개헌 주장 뒤에 자리잡고 있음이 보통이기 때문이다.

(2) 일반 법률의 경우도 그렇지만, 헌법의 개정은, 특히 그렇게 해야 충분한 이유나 근거가 없는 한, 그리고 이에 대한 범국민적 합의가 없는 한, 행해서는 안 된다. 대한민국 헌법은 바로 대한민국(의 기반)이기 때문이다. 미국은 200년 이상이나(일본은 50년 이상이나), 특히 정부형태에 관하여는, 손 한번 대지 않고 그대로 유지 발전하고 있으며 앞으로도 그러할 것이라고 판단된다. 특히 헌법은 자주 손을 대서는 안 된다. 이 세상에 완벽한, 완전무결한 헌법이란 있을 수 없다. 미국이 동일한 헌법을 200년이나 지켜온 것은 그것이 완벽

52. 헌법개정에 관한 정치학자들의 논의를 보면서 정치학자들의 헌법학 담론의 무지에 놀랐고, 헌법학자들과 정치학자들 사이의 지성적 담론이나 대화가 전무하다시피 하다는 데 또한 놀랐으며, 정치학자들의 개헌논의의 선동성이랄까 우리나라 정치계에 주리라 상정되는 그들의 영향력에 대하여 두려움을 느꼈다. 이러한 시각에서 박명림, "87년 헌정체제 개혁과 한국민주주의," **창작과비평**, 2005년 겨울호, 34-51면 참조.

하기 때문이 결코 아니다. 예컨대 미국 대통령 선거는 간선제이지만 직선제같이 운영해오고 있다. 부시 대통령의 두 번째 당선 시 고어와의 투표수 계산상의 문제점들이 일어났지만 미국인들의 건전한 상식으로 이를 풀어나가고 있음(고어의 승복 및 미대법원의 정치적으로 현명한 결정)을 알고 있다. 우리의 정치문화를 전제로 상정하여 상상해보면 이 문제가 우리나라에서 일어났다면 이를 어떻게 풀었을지 참으로 궁금하다. 문제는 제도가 아니라 사람의 문제이며 정치문화(시민적 덕성)의 문제다. 우리나라가 헌법을 개정하더라도 또 문제가 있을 수 있음은 물론이다. 시민적 덕성의 문제는 이미 언급한 바이다.

(3) 무엇보다도 1987년에 개정된 우리 헌법의 무엇이 문제인지를 진정으로 알지 못하고 있다. 허비한 지난 10년, 또는 5년이 문제였다면 그것은 무능한 좌파정권의 무모한 정책 때문이었다고밖에 판단되지 않는다. 만약 연임이 가능한 대통령체제였다면 집권세력은 이에 더하여 국정수행보다는 연임에 더 신경과 노력을 썼을 것이라는 판단이 선다. 필자는 5년 임기제였음이 천만다행이었다고 생각하고 있다. 임기 5년도 지루했는데 이보다 더 길다면 얼마나 더 지루할 것인가? 그리하여 5년 단임의 대통령제도 그 나름으로 장점이 있는 정부형태라고 생각하고 있다.

필자는 원래 내각책임제 지지자였었다.[53] 그러나 사회적 문맥에

53. 崔大權, **憲法學: 法社會學的 接近**(서울: 박영사, 1989), 254−372면. 그리고 崔大權, "政治改革을 위한 몇가지 생각(1): 政府形態·政黨·政治資金·選擧制度 등을 중심으로," 서울대학교 **法學**, 33권 1호, 156−180면(1992) 참조.

서 헌법을 관찰해온 법학자로서 우리나라의 정부형태를 외국의 그것과 비교하면서 관찰하여본 결과로는, 첫째는 제도가 아니라 사람의 문제에 귀결된다는 것이고, 둘째는 현재의 정치·경제·사회·문화적 여건에서라면 내각책임제·대통령제 어느 것이나 다 장단점을 지닌 제도이고 한쪽이 다른 쪽보다 낫다는 판단이 서지 않는다. 그리고 이미 언급한 바와 같이 단임의 대통령제도 일리가 있다는 생각이다. 단임제이면, 연임에 신경을 더 쓰는 연임제의 경우보다는, 역사에 남을 것을 생각하면서 대통령이 국정수행에만 최선을 다하도록 만들어갈 가능성이 더 커지지 않을까 하는 생각을 해볼 수 있다. 멸사봉공하는 유능·청렴한 대통령이라면 8년도 짧을 수 있지만 무능 또는 부패한 대통령이라면 5년도 길다. 사실 내각책임제는 그 성공이 유능하고 안정된 국회와 그리고 안정된 정당체제에 크게 의존하는 정부형태다. 위에서 언급한 바와 같이 통합의 능력(정치지도력)과 독자성을 갖춘 국회를 내각책임제는 그 전제로 한다. 이러한 자질이 갖추어지지 아니한 국회, 정파 등의 이해에 따라 이합집산하는 정당체제를 놓고 내각책임제를 천거할 수는 없다고 생각한다. 장면 정권 때의 내각책임제 경험도 이러한 주장을 지지한다고 생각한다. 내각책임제가 도입된다고 우리나라 국회가, 정당이, 그리고 파벌이나 정파가 그리 쉽게 내각책임제 운영에 적합하게 달라지리라고 상상되지 않는다. 이원집정제는 우리나라 여건에서는 더욱 위험한 정부형태라고 생각한다.[54]

54. 崔大權, **憲法學講義**, 339－341면; 崔大權, "政治改革을 위한 몇가지 생각(1)," 170－171면 참조.

(4) 적어도 이론적으로 의회주의의 시각에서는 개헌해야 할 헌법 조항이 하나 있긴 있다. 헌법 제72조의 대통령의 국민투표부의권 조항이 그것이다. 국회는 정부의 중심축 가운데 하나인데 대통령은 외교·국방·통일 기타 국가안위에 관한 중요정책을 국회를 따돌리고 국민에게 직접 국민투표에 부쳐 그 뜻을 물을 수 있게 되어 있다. 이때의 국민투표가, 성급·경솔하게도 직접민주주의라고 추켜세운 인사까지 있는 광화문촛불집회의 직접민주주의적 성격과는 차원을 달리하는 것이지만, 아무튼 국정이 국민의 대표기관인 국회를 중심으로 운영되어야 한다는 의회주의와는 양립할 수 없음은 분명하다.[55] 이 조항은 원래 독재시대(1972, 1980)에 도입된 조항으로 1987년의 개헌 때에 살아남았던 것이다. 이 조항의 원조격이라 할 만한 프랑스헌법의 대통령의 국민투표부의권은 이원집정제의 정부나 양원의 공동제안에 따라서만 행사하도록 되어 있음은 주목할 만하다. 프랑스의 정부는 하원의 다수의석을 점유하는 정당을 중심으로 하여 구성되는 것이 아닌가. 우리나라 헌법 제72조의 대통령의 국민투표부의권을 이러한 시각에서 비판하는 견해가 없는 것은 우리나라에 의회주의의 전통이 없거나 약하다는 증거가 되는 것은 아닐까 싶다.

(5) 필자도 새 대통령의 국정운영의 실적(performance)에 실망하고 있는 사람 가운데 하나지만 이전 대통령이나 현재 대통령이나 대통령의 국정운영의 실적 부진이 사람 때문이지 단임 대통령제 때문이라고는 생각하지 않는다. 더구나 위에서 이미 언명한 바와 같이 헌

---

55. 최대권, "한국의 의회주주의와 그 문제점," 103–104면 참조.

법은, 개정하여야 할 불가피한 이유가 있고 또 그에 관한 국민적 공감대가 형성되어 있는 경우가 아닌 한, 함부로 개정의 대상이 되어서는 안 된다고 생각한다. 쉽게 개정할 수 있는 경우에는 헌법경시사상으로 이어질 수도 있다. 헌법경시사상은 민주정치의 불안전성(instability)과 연계될 수 있다. 물론 헌법으로 정치의 안정성을 담보할 수는 없다. 잦은 헌법 개정은 정치 불안정의 반영일 것이다. 그러나 헌법의 안정성과 민주정치의 안전성은 서로 상승적으로 영향을 미치는 관계에 있다고 생각한다. 그러므로 헌법은 지켜야지 자주 바뀌어서는 안 된다. 그리고 만약 개헌을 하게 되는 경우에는 그야말로 실체적으로나 절차적으로나 신중하게 행해야 한다. 1987년의 개헌 때도 신중하게 행한 개헌이었으리라 생각된다. 신중하게 고친 것이니 고친 헌법은 잘 지켜야 마땅하다.

진정으로 고쳐야 할 것은 헌법이 아니라 시민적 덕성을 갖춘 유능한 국민적 정치지도자를 기르고 발굴해내서 대통령후보로 모실 수 있는 또는 그러한 유능한 국민적 지도자가 그 뜻을 펴려고 스스럼없이 대통령후보로 나설 수 있게 만드는 장치 즉 현재의 정당조직 및 운영, 당내 경선제도 등이 아닐까 생각된다. 아무리 생각해도 지금 정당조직과 운영은 알려지지 않은, 시민적 덕성을 갖추고 청렴하고 유능한 국민적 지도자 재목으로 하여금 정치, 특히 정당정치를 외면케 만들며, 직업적인 "정치꾼" 등을 후보로 뽑아내는 장치로 작용할 뿐이라고 생각된다. 그러므로 정당은 명사정당이 아니라 정책정당이 되어 뜻을 같이하며 공동체를 위하여 봉사와 희생을 기꺼이 하려는 사람이면 평시에도 누구나 쉽게 접근할 수 있고 당원으로 합류할 수 있으며 당규나 정책개발에 참여할 수 있어야 할 것이고, 또한 회비를 내는 당원이 당의 중요결정에서 그 투표권도 행사하는 당내민주주의[56]가 시행되어 당원협의회장, 지역구·비례대표제 후보를 당원의 손으로 뽑을 수 있는 체제[57]가 되면 혹시 다를 것인지 등을 개혁·실험해보아야 하리라 생각된다. 요컨대 개혁해야 할 것은 정책개발·시민의식을 지닌 유능한 당원·당후보 충원 등의 정당조직운영체제이지 헌법은 아니다. 이리하여 정당제도, 정치자금제도, 선거제도 등이 바뀌어 시민적 덕성을 갖춘 지도자를 충원해내는 체제를 갖추어야 하고, 그러한 체제를 전제로 하고서 내각책임제 정부형태가 도입되어야 한다고 생각한다.

(6) 그리고 대통령제 정부형태를 현행대로 유지하든 연임이 가능한 4년제 대통령제 정부형태를 개헌을 통하여 도입하든 대통령 선거 시에는 프랑스 대통령 선거 시의 결선투표제와 같은 결선투표제는 반드시 채택되어야 한다고 믿는다. 프랑스에서는 1차투표에서 절대적 다수표를 얻은 후보가 안 나오면 최고득표자 두 후보 사이의 결선투표(2차투표)를 시행하여 절대적 다수를 확보한 대통령을 내도록 하고 있다. 이 제도가 대통령에 대한 국민의 절대적 신임과 지지의 확보 장치라는 의미에서 대단히 큰 정치적 의미가 있다고 생각한다. 지난(2007) 대선에서 이 대통령이 차순위득표자와의 득표수 차이로는 역대 최대득표를 하였다고 대서특필되었지만, 따지고 보면 유권자의 60%가 투표에 임한 가운데 40%의 다수득표를 얻어 대통령이 되었다. 이것은 유권자의 24%만이(국민의 4분지 1만이) 이

---

56. 崔大權, "憲法과 黨內民主主義," 서울대학교 **法學**, 42권 1호, 1－22면(2001).
57. 崔大權, "政治改革을 위한 몇 가지 생각(1), 171－180면 참조.

대통령을 지지한 결과가 된다. 그러한 의미에서 민주화 이후 당선된 대통령은 현재에 이르기까지 언제나 소수(minority)대통령의 위치에 머물러 있었다고 할 수 있다. 그리하여 소수대통령은, 그 실적(performance)이 뛰어나 인기가 높아지는 경우가 아닌 한, 항상 국민의 신임 부족에 허덕일 수밖에 없는 운명에 처해진다고 말할 수 있다. 그리하여 현 정권을 포함하여 역대 민주정권이 동반한 정치적 불안정은 결코 이 현상과 무관할 수 없다. 그리고 결선투표제가 있었다면 우리의 좌파정권의 등장은 아마도 처음부터 없었을 것이라 생각된다.

(7) 마지막으로, 헌법 개정의 경우에 이에 편승하여 우리나라 헌법의 영토조항(제3조)을 삭제하자는 주장도 없지 않다. 삭제주장의 근거로 이 조항이 통일에 장애가 된다, 평화적 통일조항(제4조)과 충돌한다, 국가보안법의 근거가 되기 때문에 (국가보안법을 폐기하기 위하여) 폐기되어야 한다 등의 주장을 전개한다. 그러나 영토조항이 통일에 장애를 준다는 주장은 근거가 없다. 영토조항은 통일이나 통일논의에, 그것이 적화통일의 그것이 아닌 한, 과거에도 현재도 조금도 지장을 주어본 일도 지장을 주지도 않는다. 영토조항은 평화적 통일조항과 조금도 충돌하지 않으며 오히려 잘 조화되고 있다. 국가보안법의 헌법적 근거는 영토조항이 아니라 헌법 제37조 제2항이며, 엄격해석 또는 한정적 해석에 의거하여 국가보안법은 헌법적으로 정당화되며 여러 번의 결정을 통하여 헌법재판소도 이를 합헌임을 확인하고 있는 바이다.[58] 더 나아가 영토조항은 대한민

58. 崔大權, "刑法의 解釋과 憲法의 效力," **事例中心 憲法學**, 증보판(서울: 박영사, 2001),

국의 정통성을 보여주는 조항임을 주의할 필요가 있다. 영토조항의 폐기 주장은 대한민국의 정통성을 부인하는 주장에 지나지 않는다. 장차의 통일 시 영토조항은, 과거 독일통일 시 서독 헌법의 경우에서처럼, 대한민국의 헌법을 개폐함이 없이 통일을 이룩할 수 있게 만들어주는 유익한 장치가 되리라 확신하고 있다.[59] 그러므로 영토조항은 결코 폐기되어서는 안 된다.

333－348면(제8장) 참조.

59. 崔大權, "韓國憲法의 座標: '領土條項'과 '平和的 統一條項'," **事例中心 憲法學**, 557－579면(제15장); 崔大權, "「南北合意書」와 관련된 法問題: 특히 「特殊關係」의 의미를 중심으로," 서울대학교 **法學**, 34권 3·4호, 1－38면(1993) 참조.

5

헌법재판과 민주주의

1. 머리말

헌법재판을 중심으로 하여 우리나라 사회에서 전개되어온 민주주의와 법치주의의 문제를 분석하고 그 미래를 전망하며 처방을 시도해보려는 것이 이 장의 목적이다. 주지하듯이 2008년은 대한민국 헌법제정 60주년이자 대한민국 건립 60주년이 되는 해이며 동시에 헌법재판소가 탄생한 지 20주년이 되는 해이기도 하다. 사실 일제가 남긴 구조적 가난과 분단 및 좌익세력의 갖가지 방해공작에도 불구하고 자유민주주의와 시장경제에 바탕을 둔 대한민국 헌법을 채택하고 그 기초 위에 대한민국을 건립하여 6.25전쟁의 살육과 폐허를 겪었으면서도 그 짧은 기간에 우리가 이만한 민주화와 경제건설을 이룩할 수 있었던 것을 되돌아보며 제헌 및 건국 60주년을 맞이하여 자축하는 마음이 생기는 것은 아주 자연스런 일일 것이다.

그러나 동시에 2008년 들어 미국쇠고기수입반대 촛불시위가 과격불법시위, 나아가 국회는 당파싸움으로 열리지도 않은 가운데,[1] 아이러니컬하게도 "대한민국은 민주공화국이다"를 전투구호로 내세우며, 들어선 지 불과 몇 개월도 안 된 새 정부 퇴진 운동으로까지 변질·전개되는 정치현상이 실은 우리나라 사회가 안고 있는 빈부의 격차와 함께 대한민국 헌법 및 대한민국을 보는 눈(이념)의 양극화 현상을 보여주는 것이라는 생각에 이르게 되었다. 이러한 가운데서도 정치인들 사이에서는 또다시 개헌론이 활발하게 전개되

1. 18대 국회가 임기 개시 82일 만인 2008년 8월 19일에야 완전히 문을 열게 되었다. **조선일보** 2008년 8월 20일자 참조.

고 있다.[2] 하루도 빠지지 않고 몇 달에 걸쳐 직접민주주의 외피를 쓰고 일어났던 일련의 광화문 촛불시위와 폭력사태 및 경찰의 소극적 대응은 법치 내지 법치주의의 화두를 유별나게 우리 사회 전면에 부각시켰다.

그것은 지난 정권기간(2003-2008)에 일어났던 대통령의 "그놈의 헌법" 발언, 대통령 개인자격의 헌법소원제기 사건 등을 포함하여 특히 2004년의 헌법재판소의 대통령탄핵사건 기각결정과 수도이전 특별법사건에 대한 위헌결정을 전후한 우리나라의 입헌주의를 위협하던 정치 상황에 이은 반법치적 정치소용돌이였기 때문에 더욱 법치주의의 화두가 부각되었던 것이다. 2004년 당시 "사법 쿠데타" 및 헌법재판소 폐지 논의와 함께 국회의 탄핵결정을 "의회 쿠데타"라고 부른 반의회주의적 정서도 표출되었는데, 2008년의 광화문 과격폭력시위는, 대통령의 지지도가 20%대로 땅에 떨어지고 인터넷으로 국민이 직접 나서게 된 "전자민주주의"와 "대한민국은 민주공화국"의 전투구호가 개원 후 원 구성의 실패로 열리지 않은 국회, 그리고 심지어 과격시위에 여러 국회의원이 직접 나서기까지 하는, 그리고 이 책이 나오는 이 시점(2011년 말 2012년 초)에서도 지속되고 있는, 의회주의·대의민주주의 실패를 배경으로 하고 있어서, 특히 우리로 하여금 진지하게 우리나라의 민주주의와 입헌주의 및 법치주의의 과거, 현재, 미래를 살피게 만들었다.

---

2. 이를 선도하기나 하듯이 말도 안 되거나 미약하기 짝이 없는 논거를 들어 이것저것 헌법 전반에 걸친 개헌을 주장하는 교수들의 글을 볼 수 있다. 박명림, "87년 헌정체제 개혁과 한국 민주주의," **창작과 비평**, 2005년 겨울호, 34-51면 참조. 이 글에서도 후술하는 민주주의 대 법치주의 충돌의 화두를 접할 수 있다. 35면 및 37면 등.

이러한 정치적 혼란 상황 한가운데에 헌법재판소가 서 있다. 그 단적인 증거가 거의 폭발적이라고 할 수 있을 만큼의 헌법재판소에 제기되는 헌법소송사건의 증가율에 있다고 생각된다. 헌법소송제기 사건수가 연 1000건을 훌쩍 넘어선 지 벌써 여러 해 되었다.[3] 이것은 사회과학적으로 민사소송·행정소송 사건수의 일본의 몇 배에 이르는 증가율,[4] 일본의 수백 배에 이르는 형사고소·고발사건수의 증가와 궤를 같이하는 것이라고 판단된다. 우리나라 사회 내의 이념적, 경제적, 지역적 갈등을 포함하는 여러 갈등·대립·분쟁이 정치과정·사회과정에서 타결·통합 등 걸러지지 못하고 그것들이 그대로 헌법재판소를 위시한 사법부에 투영된 결과다. 이에 대하여 두 가지 반응이 가능한데, 그 하나는 "사법부가 최후의 보루로서 정치적·사회적 갈등을 풀어준다, 사법부까지 없었다면 어찌할 뻔했는가?" 하는 긍정적 반응이고, 다른 하나는 "사법부의 결정이란 언제나 승자와 패자가 있기 마련이어서 패자의 반사법적 반응과 함께 사법부의 결정으로는 갈등이 해소되지 않는다. 더구나 그것은 선출되지 않은 소수 판사에 의한 정치가 아닌가?" 등 사법부에 대한 불신 등으로 나타나게 마련인 부정적 반응이 그것이다. 헌법재판소는 그 성격상 과격한 정치적 갈등의 경우에도 그 중간에 설 수밖에 없

---

3. 2008년 정초부터 6월 말까지의 반년간에 헌법재판소에 제기된 사건이 1,568건이나 된다. 헌법재판소가 설립되어 활동을 시작한 1988년 9월 1일부터 2008년 6월 30일까지의 누계가 16,357건에 이르니까 아주 단순한 계산으로도 연평균 800건 이상씩이 제기되어왔음을 알 수 있다. **헌법재판소공보** 제141호(2008년 7월 20일 발간), 17-18면 참조.

4. Dohyun Kim and Sanghie Han, "Civil Litigation in Korea," and Ichiro Ozaki, "Civil Litigation in Postwar Japan," in Dai-Kwon Choi and Kahei Rokumoto, eds., *Judicial System Transformation in the Globalizing World: Korea and Japan* (Seoul: Seoul National University Press, 2007), 각각 69-103면 및 105-136면 참조.

는 위치에 서게 되는 일이 많다.

이러한 위치에 서는 헌법재판소의 경우에 헌법재판소에 대한 국민의 신뢰는 정치적 파도를 이기는 자산이 될 것이다. 헌법재판소에 대한 신뢰와 지지는 국민이 가지는 법치주의에 대한 신념 및 지지와 함께 하는 것인데, 그것은 여론 영합적인 결정이나 민감한 사안에 끼어들지 않고 열기가 사라질 때까지 기다리는 결정의 지연이나 각하결정 등의 실적에 의하여 얻어지는 것이 아님은 물론이다. 그러면 어떻게 하는 것이 헌법재판소가 그 신뢰 및 지지도를 증대시키는 것이냐의 지혜가 헌법재판의 핵심적 과제가 된다고 생각된다. 사실 2008년에 겪은 정치적 혼란 속에서도 정치인들 사이에서는 개헌논의가 활발하다. 지난 20년간 헌법재판소가 활발한 결정 등 업적을 통하여 쌓아온 헌법재판소에 대한 상당한 신뢰 및 지지도를 증대시켜왔음에도 불구하고 대법원을 중심으로 하는 사법부형 위헌법률심사제도의 도입이라는 명분의 반헌법재판소제도의 정서를 결집하여, 비록 개헌논의가 주로 정부형태의 변경을 중심으로 한다고 하더라도, 뜨거운 개헌논의의 혼란 속에 헌법재판소제도 폐지 내지 권한 축소의 계획을 포함시켜 이를 실현시키려고 하지 않으리라는 보장은 없다.

이 장은 우리나라의 민주주의와 법치주의에 대한 사회과학적 분석을 통하여 우리나라 헌법재판제도의 존재의의를 밝히는 것을 목적으로 한다. 사실 미국, 독일, 프랑스, 일본의 위헌법률심사제도 등을 중심으로 하는 비교법제도론적 위헌법률심사제도에 대한 논의는 우리나라에서 이미 끝났다고 할 수 있다. 웬만한 헌법교과서에도 다 다루고 있는 사항이기 때문에 그러한 논의를 또 한다는 것은 무의미하다고 생각한다. 참으로 의미있는 비교법 내지 비교법제도 논의는 그 제도를 가지고 운영하고 있는 그 나라의 정치·경제·사회·문화의 문맥에서 살펴본 비교연구라고 믿는다. 이 글에서 행하려고 하는 접근방법이 그러한 것이어서 우리나라의 정치·경제·사회·문화의 문맥에서 우리나라의 헌법재판소제도를 논의하려고 한다. 다 잘 알고 있다시피 영국은 위헌법률심사제도 없이도 선진적인 민주주의·법치주의를 운영하고 있고, 프랑스는 공포되기 이전 단계의 법률안위헌심사제도의 운영을 통하여 선진민주주의·법치주의를 운영해오고 있다가 2008년의 헌법개정에서 사후적위헌법률심사제도를 도입하였기 때문에 사후적위헌법률심사제도 운영의 점에서는 이를테면 우리나라가 프랑스보다 선진국인 셈이다.

미국이나 독일은 그 나름으로의 각기 다른 전통과 역사와 사회체제, 그리고 법제도 및 위헌법률심사제도를 가지고 선진적인 민주정치·법치주의를 시행하고 있다. 일본은 소위 일반법원형 위헌법률심사제도를 운영하고 있지만, 우리와 비교한다면 위헌법률심사제도가 없다고 할 수 있으리만큼 극단적 사법소극주의를 보여주고 있다. 일본의 사법소극주의는 일반법원형이냐 헌법재판소형이냐의 제도적 차이와 함께 전원일치적인 일본 사회의 특질에서 나오고 있다. 그러한 만큼 우리나라의 헌법재판제도의 논의는 우리나라 사회의 정치·경제·사회·문화의 문맥에서 행해져야 적실성이 담보된다는 것이 이 장에서의 주장이기도 하다. 또 다른 한편에서는 “선진화”가 근래에 우리나라 사회의 거대 화두가 되고 있는 것이 사실이다. 법치주의가 확립되어야 우리나라가 선진국이 될 수 있다는 주장이 그것이다. 이 선진화의 문제 또한 우리나라 민주주의 및 법치주의의 틀과 함께 논의될 수밖에 없는 문제다. 우리나라 헌법재판제도의 논의는 소위 선진화 논의와도 밀접하게 결부될 수밖에 없다.

법에 대한 사회과학적 접근방법[5]은 법을 통해서 사회를 보며 사회를 통하여 법을 보는 입장에 서서 법에 접근한다. 법은 사회 속에서 작동하는 실체이기 때문에 사회가 법에 영향을 미치며 역으로 법이 사회에 영향을 미친다. 결국 법을 운영하는 것은 기계가 아니라 사람이며 사람으로 구성된 사회 속에서 작용하는 것이기 때문에 법이나 법제도에 대한 실효성, 합리성 내지 정당성의 문제도 그것이 작용하는 사회를 배경으로 하여 발견할 수밖에 없는 위치에 있다. 이러한 입장에 설 때, 관행이나 관습법은 물론이고 법의 연원(sources of law)은, 법철학적 입장이야 어떠하든, 사회과학적으로는 궁극적으로 사회일 수밖에 없다는 것이 된다.[6] 법의 연원의 중심으로 인식되고 있는 국가도 궁극적으로는 법에 대한 사회적 인식, 필요, 수요를 수용하여 법(입법 등)으로 공식화하는 것이기 때문이다. 그러한 까닭에 법에 대한 이러한 사회과학적 접근방법은 법 주변 즉 정치 · 경제 · 사회 · 문화적 맥락을 떠나 법만을 하나의 체계로 인식하고 분석하여 법을 발견해내는 전통적 법학인 해석법학적 법 접근방법과 다를 수밖에 없다.

아무튼 아래에서 우리나라 사회에서 전개되고 있는 민주주의와

5. 崔大權, "法社會學的 法學方法論," **東亞法學**, 제33권, 1－24면(2003) 참조.
6. 김도현, **법사회학적 관점으로 보는 법이란 무엇인가**(서울: 동국대학교출판부, 2007) 참조.

법치주의 및 헌법재판제도의 문제를 관찰하고 분석하여 무엇이 문제인가, 무엇을 말할 수 있는지를 논의하여보고자 한다.

2. 법치와 법치주의의 문제

지금 우리나라에서는, 특히 최근의 과격불법시위·농성 등과 관련하여, 더욱이 선진국으로 진입하기 위한 불가결한 조치로서, 법치주의의 확립의 문제가 초미의 화두로 부각되고 있다.[7] 그러나 법치 내지 법치주의의 용어 사용에 있어서 상당한 개념상의 혼란이 있는 것으로 보인다. 우선 법치와 법치주의가 동일한 개념을 표시하는 용어인지 아닌지를 밝히는 작업부터 시작해야 한다고 생각한다. 최근의 용어사용례를 보면 이 둘을 혼용하고 있음이 관찰되기 때문이다. 동시에 법치주의와 법치국가의 개념이 동일한지 다른지의 문제도 밝히고 넘어가야 한다. 언론을 포함한 일반적 용법으로는 법치주의가 널리 쓰이나 헌법교과서들은 법치국가가 더 많이 쓰이는 것으로 보이기 때문이다.[8] 동시에 법치주의와 입헌주의의 관계도 분명히 정의하고 나아가야 할 필요성이 있다.

---

7. 최대권, "민주, 법치 및 선진화의 과제," 2008년 6월 17일에 열린 韓國公法學會 및 한국법제연구원 주최의 학술대회에서 발표한 논문, **민주, 법치국가의 발전과 사회통합**, 57-72면 및 이를 대폭으로 손본 위 3장 참조.
8. 權寧星, **憲法學原論**, 개정판(서울: 法文社, 2006), 146면 이하; 許營, **憲法理論과 憲法**, 신정6판(서울: 博英社, 2001), 253 이하; 鄭宗燮, **憲法學原論**, 3판(서울: 博英社, 2008), 143면 이하 등. 그러나 법치주의를 쓰고 있는 것들도 있다. 金哲洙, **憲法學概論**, 18전정신판(서울: 博英社, 2006), 191면 이하; 許營, **韓國憲法論**, 전정4판(서울: 博英社, 2008), 144면 이하 등.

1) 법치주의의 문제

우선 우리의 시각에서 비교법적 관찰에 기초하여 법치주의(the rule of law)의 개념을 정의해보고자 한다. 즉 법치주의는 다음과 같은 요소로 이루어져 있다고 판단된다.[9] 첫째로 법치주의에서 말하는 법은 무엇보다도 자연법, 정의 등을 포함하는 이성에 기초한 법, 특히 기본적 인권에 기초한 법을 의미한다. 이러한 요소는 위헌법률심사제도를 가지고 있는 나라의 경우에 상위법(higher law)[10] 사상으로 나타난다. 둘째로 법치주의에서 말하는 법이란 일반인이 아니라 국가권력담당자를 향하고 있다. 그리하여 법치주의 국가의 법은 법을 집행하는 국가기관(행정 및 사법)뿐만 아니라 (다음 셋째로 거론하는) 법을 제정하는 국가기관 즉 입법기관(국회)도 구속한다. 전자의 경우가 독일식 개념인 법치행정 내지 형식적 법치국가의 문제가 되는 것이며, 이 후자의 요소가 (헌)법적으로 위헌법률심사제도의 문제가 되는 것임은 물론이다. 셋째로 국회가 제정하는 법(입법)은 모든 것을 구속한다. 이 요소를 프랑스의 경우에는 루소식의 일반의사(the general will)의 반영으로 보며, 영국의 경우에는 의회주권(parliamentary sovereignty)의 원리로 표현된다. 넷째로 무엇이 법이냐의 판단은 정치적 권력으로부터 독립된 사법기관이 수행한다(사법권의 독립).

---

9. 崔大權, **憲法學講義**, 증보판(서울: 博英社, 2001), 321－326면, 특히 322면; Brian Z. Tamanaha, *On the Rule of Law: History, Politics, Theory* (Cambridge: Cambridge University Press, 2004), 특히 제7장 91면 이하; A. V. Dicey, *An Introduction to the Study of the Law of the Constitution*, 10th ed. (London: MacMillan, 1959), 183면 이하.
10. Edward Corwin, *The "Higher Law" Background of American Constitutional Law*, (Ithaca: Cornell University Press, 1955); Tim Koopmanns, *Courts and Political Institutions: A Comparative View* (Cambridge: Cambridge University Press, 2003), 특히 239－245면 등 참조.

법의 지배의 원리(the rule of law)로도 알려진 법치주의를 이렇게 정의할 때, 우리나라의 시각에서나 비교법적 시각에서 영미식 법치주의와 독일식 실질적 법치국가의 원리는, 발생사적으로 볼 때의 차이에도 불구하고, 오늘날 동일한 것에 이르는 것이며 우리의 목적을 위하여 이를 차별화하여 취급할 이유(실익)는 없다고 생각된다.[11] 2차 대전 종결 이래 증가하기 시작하여 특히 최근에 이르러 가속화하기 시작한 전 지구적인 차원의 밀접한 인적, 물적, 문화적 및 경제적 교류와 협력이 헌법 등 공법 차원에서도 전 세계적인 동질화 경향(conversion trend)을 촉진하여왔다는 사실도 이러한 생각을 지지하게 만든다. 아무튼 이러한 시각, 비교법적 사실 및 생각들이 우리로 하여금 우리나라 헌법의 바탕이 되고 있는 우리나라 법치주의의 본질적 내용이 무엇일까의 문제를 제기케 하고 방금 위에 내놓은 요소들을 중심으로 하여 법치주의를 정의케 한 것이다.

다만 위에서 언급한 전 세계적 동질화의 경향에도 불구하고 비교법적으로 볼 때 법치주의는 나라마다 여러 가지 차별화된 모습을 띠고 있음을 관찰할 수 있다. 이를테면 영국에는 의회가 제정한 입법이 모든 것을 구속하는 최고의 위치에 있기 때문에(parliamentary sovereignty), 위 첫째 요소, 예컨대 기본적 인권에 어긋나는 입법을 제정하였다고 하는 경우에 이를 위헌이라고 하여 무효화하는 장치 즉 위헌법률심사제도가 없다.[12] 다만 EU의 회원국으로서 그 입법이

---

11. 독일의 "법치국가"뿐만 아니라 "정당국가," "문화국가"의 예에서 보듯이 법치국가란 공공의 이익의 문제를 국가의 문제로 파악하는 독일(및 프랑스)의 지적 전통이 법치주의의 문제를 파악함에 표출된 것이라고 말할 수 있다는 점을 주의할 필요가 있다. Kenneth H. F. Dyson, *The State Tradition in Western Europe* (Oxford: Martin Robertson, 1980) 참조. 그리고 崔大權, **憲法學講義**, 323-325면 참조.

유럽인권헌장에 어긋난다고 하는 경우에 그것도 의회입법으로 전환된 모습의 인권침해에 대한 한정된 사법심사제도가 있다고 할 수 있다. 그러한 만큼 영국의 경우에는 입법이 위 첫째 요소에 어긋나느냐의 판단은 의회 스스로 하는 것이며 그러한 판단에 대한 신뢰가 그들의 의회주권원리의 바탕이 되고 있다고 할 수 있다.

그러나 우리나라를 위시하여 위헌법률심사제도를 가지고 있는 나라의 경우에는 위 첫째와 셋째 요소가 충돌한다고 하는 경우에 그 여부에 대한 판단을 일차적으로는 의회가 행하지만 최종적으로는 사법기관이 행하는 체제를 가지는 것이 된다. 결국 이것은 그 나라의 의회주의(parliamentarism)의 전통과 과거의 정치적 체험에 바탕을 둔 헌법적 결단의 문제가 된다고 판단된다. 강한 의회주의의 전통에 사법에 대한 불신이 프랑스로 하여금 아직 공표가 되지 않은 단계의 입법에 대하여 헌법위원회에서 위헌 여부를 판단하는 제도를 채택케 하였다고 말할 수 있었다.[13] 사법이 동조한 나치의 입법을 통한 독재의 경험을 가지고 있는 독일의 경우에는 헌법재판소제도를 채택하고 있다.[14] 미국의 경우에는 영국의 의회주의 및 사법

---

12. Koopmanns, *Courts and Political Institutions*, 15−34면 등 참조.

13. Alec Stone, *The Birth of Judicial Politics in France: The Constitutional Council in Comparative Perspective* (New York: Oxford University Press, 1992); Koopmanns, *Courts and Political Institutions*, 69−76면, 129−149면 등 참조.

14. Donald P. Kommers, *Judicial Politics in West Germany: A Study of the Federal Constitutional Court* (Beverly Hills: Sage, 1976); Christian Starck, "The Legitimacy of Constitutional Adjudication and Democracy" 및 Rainer Grote, "Rule of Law, Rechtsstaat and »Etat de droit«," 각각 Christian Starck, ed., *Constitutionalism, Universalism and Democracy: A Comparative Analysis* (Baden-Baden: Nomos Verlagsgesellschaft, 1999), 13−23면, 269−306면 등 참조.

전통을 물려받은 위에 성문헌법으로 표현된 상위법 사상이 입법에 대한 사법심사의 제도로 나아가게 만들었다고 판단된다.[15] 우리나라의 헌법재판소제도는 약한 의회주의의 전통 내지 의회에 대한 신뢰의 결여 및 과거의 사법소극주의로 일관한 사법에 대한 신뢰의 결여, 위헌법률제도의 세계적 확산 추세, 그리고 기본권 보장 등 헌법적 가치의 수호에 대한 열망이 만들어낸 산물(헌법적 결단)이라 말할 수 있다고 생각한다.[16] 우리나라 헌법재판소제도의 의의 내지 정당성의 문제는 뒤에 좀 더 심층적으로 탐구하려고 한다. 아무튼 헌법재판소제도는 우리나라에서는 헌법재판소제도를 선택한 헌법적 결단에 의해서뿐만 아니라 지난 20년간의 헌법재판소를 중심으로 하는 민주주의의 실적과 체험에 의해서도 우리나라 법치주의 및 입헌주의의 불가분의 요소가 되고 있다.

그러면 법치주의는 개념상 입헌주의(constitutionalism)와 어떠한 관계를 가지는 것인가의 문제를 다루고 넘어가지 않을 수 없다. 그러나 헌법이, 단지 장식적 헌법의 경우가 아닌 한, 법치주의를 입헌주의의 불가분의 요소 내지 그 전제로 하는 만큼, 이 양자는 거의 동의어라고 하더라도 과언이 아닌 관계를 가지고 있다.[17] 아마도 "권

---

15. Koopmanns, *Courts and Political Institutions*, 35–62면 등 참조.

16. 지난 20년간의 기본권의 신장, 헌법 수호의 실적을 통하여 헌법재판소가 확실하게 우리나라 사회에 정착하게 되고 성공적인 모델로서 각인되어 이제는 일본을 위시한 수많은 외국의 부러움의 대상이 되고 있는 데 비추어, 1987년의 헌법개정 당시 헌법재판소 도입에 관한 깊은 이론적 성찰과 토론에 바탕을 둔 것이 아니고 국회의 논의 과정에서 거의 우연히 주고받는 식으로 채택된 것이라는 간략한 사실 이상의 채택사를 발견할 수 없는 것은 당황스럽기까지 하다. **憲法裁判所法 制定 略史**(서울: 헌법재판소, 2006), 3–4면; 憲法裁判의 活性化 方案에 관한 국제학술세미나에서 행한 金尙哲 변호사의 발언, 서울대학교 **法學**, 29권 3·4호, 50–52면(1988) 등 참조.

리의 보장이 확보되지 아니하고 권력의 분립이 규정되지 아니한 사회는 헌법을 가진 것이라 할 수 없다"는 1789년의 프랑스 인권선언 제16조의 규정이 입헌주의 개념을 가장 잘 정의하고 있지 않나 생각한다. 입헌주의는 대헌장(성문헌법)의 선포 및 수호를 통하여 권력통제를 이루려는 원리·원칙을 의미하기 때문이다. 그런데 법치주의 또한 기본권 보장·권력분립 등의 요소를 포섭하는, 결국은 권력통제를 내용 내지 목표로 하는 원리·원칙을 뜻한다. 우리나라 헌법은 명문규정으로 법치주의를 언급하고 있지는 않지만 헌법의 불가분의 내용으로 하고 있다. 그리고 헌법재판소제도는 우리나라 입헌주의의 중요한 요소이자 우리나라 법치주의의 중요 내용도 되고 있다.

방금 위에서 거론한 법치주의의 요소들은 자연법, 정의의 원칙 등 법 자체의 실질적 내용을 구비하였는가의 문제를 따진다는 의미에서 실질적 법치주의라 한다면, 한편 법치주의는 법의 실질적 내용을 따지지 아니하고 법의 형식적 내용(법의 속성)만을 문제 삼는다는 의미에서 형식적 법원칙 내지 특징을 지니고 있다.[18] 법률의 일반적 적용가능성(generality), 장래로 향한 미래효의 원칙 또는 소급효금지의 원칙, 명확성(clarity), 공개의 원칙, 안정성(stability) 등의 형식적 원칙들이 그것이다. 가령 복지국가에서 요구되는 소위 처분적 법률이 일반적·추상적 법률의 입법원칙과 충돌하는 것이 아니냐의 이론 문제를 일으키는 것도 법치주의에서 요구되는 이러한 형

17. 우리나라의 입헌주의에 관하여, 崔大權, **憲法學: 法社會學的 接近**(서울: 박영사, 1989), 47－105면, 특히 102면 이하 참조.

18. Tamanaha, *On the Rule of Law: History, Politics, Theory*, 108－126면; Lon L. Fuller, *The Morality of Law*, rev. ed. (New Haven: Yale University Press, 1969), 39면 등 참조.

식적 법원칙에 어긋나는 것이 아니냐의 문제를 제기하기 때문이다. 입법으로 표출되는 조령모개(朝令暮改)가 법치주의에서 요구되는 법의 안정성의 원칙에 어긋나는 것임은 물론이다. 2차 대전 이전의 독일의 형식적 법치국가 개념은 이에 상응하는 형식적 원리·원칙들로 구성되어 있었다고 할 수 있다. 그러한 의미에서 실질적 법치주의와 형식적 법치주의는 각기 발전단계를 달리하는 개념들이라 할 수 있다.

아무튼 이러한 법치주의에서의 법의 형식적 특징들은, 후술하는 바와 같이, 민주주의와 시장경제의 필수적인 전제요건이 되는 법제도의 예측가능성(predictability) 및 법적 안정성(legal stability)의 기초가 된다. 법제도가 예측가능성 및 안정성을 주지 않고는 투자도 계약 및 재산권의 보호도 이루어지지 않기 때문이다.[19] 그리고 이러한 예측가능성 및 법적 안정성을 통하여 형식적 법치주의는 개인적 자

19. Max Weber는 이러한 요소들을 갖춘 법질서를 형식적 합리성을 갖춘 법질서라고 하면서 자본주의의 성장과 결부시키고 있다. Alan Hunt, *The Sociological Movement in Law* (London: MacMillan, 1978), 93면 이하 참조. 그리고 David M. Trubek, "Toward a Social Theory of Law: An Essay on the Study of Law and Development," *Yale Law Journal*, vol. 82, no. 1, 1−52면(1972); David M. Trubek and Marc Galanter, "Scholars in Self-Estrangement: Some Reflections on the Crisis in Law and Development Studies in the United States," *Wisconsin Law Review*, 1974, 1062−1102면; David M. Trubek, "Law and Development," *International Encyclopedia of the Social and Behavioral Sciences* (Oxford: Pergaman, 2001), 8443−8446면; David M. Trubek and Alvaro Santos, eds., *The New Law and Economic Development: A Critical Appraisal* (Cambridge: Cambridge University Press, 2006) 참조. 흥미롭게도 형식적 법치주의를 "thin" 법치주의라 하고 실질적 법치주의를 "thick" 법치주의라고 하면서, "thin" 법치주의가 경제성장의 전제요건이라고도 하고 "thick" 법치주의가 그러하다고도 한다. "Economics and the Rule of Law: Order in the Jungle," www.economist.com/displaystory.cfm?story_id=10849115 참조.

유의 결과(자유주의)를 가져오는 것도 사실이다.[20] 다만 법치주의의 이 같은 형식적 원칙 내지 특징만으로 법치주의는 결코 완결적이라고 말할 수 없다. 이러한 형식적 원칙 내지 특징만으로는 법의 실질적 내용을 문제로 삼지 않기 때문이다. 즉 이러한 형식적 원칙 내지 특징을 갖추었다고 하더라도 법의 실체적 내용이 정의의 원칙이나, 자연법, 이성의 법에 어긋나거나 기본적 인권에 반하는 경우에는 독재에 봉사하는 법이 될 수 있기 때문이다. 말할 것도 없이 법치주의의 이러한 형식적 및 실체적 내용이 위헌법률심사제도의 기초를 형성한다.

2) 법치와 준법의 문제

어떠한 정치체제든 법이 통치의 중요 장치가 된다는 의미에서라면 법치가 아닌 나라는 없을 것이다. 근대국가라면 독재국가라도 법치에 의존하지 않을 수 없는데 그것은 법치가 통치비용을 줄여주기 때문이다.[21] 자의(恣意)가 지배하면 법치는 후퇴하게 된다. 법의 논리를 벗어나는 법의 운영이 자의가 된다. 이를테면 법의 속성에서 나오는 원리(예컨대 위의 일반적 적용가능성, 명확성, 불소급의 원칙, 안정성)에서 벗어나는 법의 적용 등 법 운영(예컨대 정치논리나 경제논리 또는 인정에 따른 법의 운영)을 자의라고 정의할 수 있다. 법치는 인치(人治)와 대비시켜 논의하는 것이 보통이다. 인치도 법

20. F. A. Hayek, *The Road to Serfdom*, 50th ed. (Chicago: University of Chicago Press, 1944), 80면 이하.

21. 근대국가는 관료기구를 지닐 수밖에 없고 관료기구는 법치를 불가결의 요소로 하는 만큼 이같이 말할 수 있다고 생각한다. Max Weber, "Bureaucracy," in H. H. Gerth and C. Wright Mills, trans. and eds., *From Max Weber: Essays in Sociology* (New York: Oxford University Press, 1958), 196–244면 참조.

독자의 논리에서 보면 일종의 자의다. 그리고 한·중·일 동아시아 국가에서는 전통적으로 법치보다 인치의 요소가 강하다고 논의되어왔다. 원래 공산주의국가에서는 공산당의 결정이 법에 우선한다. 공산당 일당이 지배하고 있는 공산주의 중국이 개혁·개방을 통하여 시장경제의 모델에 따른 경제성장을 이루어가면서 근래에 법치(법의 형식적 속성)를 강화해나가는 것을 보면 인치를 줄이고 법치를 강화해 가는 중국에서의 인치와 법치의 변화하는 상호관계를 들여다볼 수 있어 교육적이다. 우리나라가 자랑해 마지않는 이만한 경제발전과 민주화를 성취할 수 있었던 것도 인치의 배제와 형식적 및 실질적 법치주의에 이른 법치의 비중 증대를 바탕으로 하고 있음도 사실이다. 그럼에도 불구하고 잔존하고 있는 인치의 요소가 우리나라 법치주의의 실현에 어려움을 주는 현상을 관찰할 수 있다. 그리하여 인치적 요소(예컨대 연고주의)의 작용을 억제하고 법치주의를 좀 더 확고하게 다지는 일이 과제의 하나라고 할 수 있다.

법치와 준법은 같은 것의 두 측면이라 판단된다. 법치는, 판사를 포함하여, 법집행 등 법의 운영을 담당하는 사람 측과 법의 적용을 받는 사람(시민) 측의 준법(정신)이 전제되지 않으면, 이루어질 수 없는 관계에 있다. 법은, 법의 이행을 담보하는 제재장치를 마련하기 마련이지만, 상당한 정도의 준법이 따라주지 않으면 법치는 이루어지기 힘들거나 비용증가로 대단히 비효율적인 것이 된다. 말할 필요도 없이 준법은 법치주의의 전제조건이다. 형식적 규정으로는 우리나라 헌법은 위의 형식적 및 실질적 법치주의의 원리·원칙들을 기본 내용으로 하고 있다. 문제는 이러한 헌법적 원리·원칙들을 얼마나 충실하게 따르고 있느냐 하는 준법 또는 법치의 문제가 우리나라를 선진민주주의와 선진시장경제로부터 차별짓게 만든다고 생각한다. 서양의 문헌은 한결같이 법치주의와 시장경제의 성장 및 자유민주주의를 결부시키고 있다.[22] 그러나 법치주의를 논의하면서 준법의 문제를 특히 언급하는 문헌은 본 일이 없다. 그것은 준법이 이론적으로 법치주의의 당연한 전제이자 이미 그들 나라의 법문화의 일부, 즉 현실이기 때문이다.

우리와 비교하면 서양, 특히 미국이나 독일 같은 나라는 법의 노예라고 할만큼 준법문화가 강력하다. 이러한 준법문화가 있었으니까 법의 내용이 독재이면 나치와 같은 독재의 나라가 되고 2차 대전 후 법의 내용이 민주주의로 바뀌면서 하루아침에도 민주국가가 될 수 있는 것이 아니겠는가? 지난 시기의 우리의 독재는 나치와 같은 법을 통한 독재라기보다 인치의 요소가 강한 독재였다고 생각된다. 왜냐하면 다당제도·선거와 같은 자유민주주의 및 시장경제의 헌법의 기본 틀은 거기에 두어 유지하면서 이와 괴리되는 독재정치 및 정부주도의 경제개발을 실행하였다고 할 수 있기 때문이다. 이러한 점이 지난날의 우리의 권위주의를 아직도 일당독재체제를 유지하고 있는 중국의 권위주의와 구별되게 만든다고 생각한다. 중국은 공산주의의 전체주의 독재와 국가통제경제(command economy)의 체제로 시작하여 1970년대 후반의 개혁개방정책의 채택으로 시장경제체제를 갖추었지만 아직도 공산당 일당에 의한 권위주의는 변하

---

22. Trubek and Santos, eds., *The New Law and Economic Development*; Robert J. Barro, *Determinants of Economic Growth: A Cross-Country Empirical Study* (Cambridge: MIT Press, 1997) 등 참조. 그리고 전게 "Economics and the Rule of Law: Order in the Jungle," www.economist.com/displaystory.cfm?story_id=10849115 대조.

지 않고 있으며 성장하는 시장경제의 필요에 의하여 법치의 요소를 증대시키고 있을 뿐이기 때문이다.

특히 근래에 화두가 되고 있는 우리나라 법치주의의 문제가 실은 우리나라의 준법문화에 있다는 주장이 이 글의 주장의 하나이다. 법치주의는 기본적으로 권력통제(헌법)의 문제인데 준법 내지 법치의 문제는 기본적인 법질서 확보의 문제인 것이다. 지난 2004년의 탄핵 및 수도이전특별법 위헌결정을 둘러싼 반사법부·반법치주의적 사태와 2008년 봄 내내 전개되었던 촛불과격불법시위 등은 새삼 우리나라에서는 법치주의 이전에 사회 전반에 걸쳐 기본적인 법질서의 확립, 이를 뒷받침하는 준법문화가 문제라는 사실을 확인해주었다. 사실 준법이 뒷받침이 되어주지 않으면 법치주의는 사상누각 같이 될 수 있으며, 더구나 법치주의에 바탕을 두고 있는 민주질서와 시장경제질서도 바로 서기 어려울 것이라는 점은 분명하다. 그러나 민주주의 및 시장경제를 위하여 법치주의가 필요불가결하다는 인지(認知, cognitive)적 차원의 인식에도 불구하고 그 실현(즉 준법)을 어렵게 만드는 사회문화적 요인이 우리 사회에 실제로 존재한다. 준법을 해하는 이러한 사회문화적 요인으로, 유교문화적 전통, 인맥을 중심으로 하는 연고주의, 법경시(輕視) 사상 내지 태도, 이와 함께 가는 법편의주의(便宜主義) 및 법수단관(手段觀)을 들 수 있다고 생각한다. 사회에 편재(遍在)해 있는 이러한 사회문화적 요인을 검토해보자.

① 우리나라 법문화의 정서적(feeling) 차원 및 평가적(evaluative) 차원의 법인식에는, 근래에 인심이 사나워졌다는 표현이 타당하리

만큼 많이 변하기는 하였어도, 아직도 사람의 도리를 중시하고 법을 바람직하지 않은 것으로 바라보는 정서가 남아있다. 이러한 정서는 우리가 좋은 친구나 이웃에 대하여 흔히 쓰는 "법 없이 살 사람"이라는 표현에도 녹아있다. 이러한 정서는 이념적으로는 유교문화에 뿌리를 두고 있다고 판단된다. 논어(論語)에 나타나는 공자(孔子)의 말씀에 "법령에 의하여 지도하고 형벌에 의하여 규제하면 백성들은 형벌만 면할 수 있는 것이라면 무슨 짓을 하든 부끄러워하지 않는다. 이에 비해, 도덕에 의해 지도하고 예에 의해 규제하는 경우에는, 도덕적인 수치심을 갖고 더 나아가 바른 사람이 된다."는 구절이 그 대표적인 표현이라 생각된다. 아무튼 유교적 가치관에 바탕을 두어 도리를 중시하고 법을 멀리하고 싶어하는 법정서는 다음에 거론하는 연고주의와도 상호작용적으로 관련되어 법을 가볍게 보는 태도에 영향을 미친다고 생각한다.

② 우리나라의 연고주의[23]가 법 제정 · 집행 · 적용의 곳곳에 복병처럼 여러 모습으로 나타나 보편주의가 지배해야 할 법 원칙 · 규칙을 왜곡하는 중요한 요인으로 작용[24]하고 있다는 사실은, 심지어 객

23. 崔大權, "韓 · 中 · 日의 社會構造와 그 變化," **法社會學**(서울대학교출판부, 1983), 91-146면(제3장) 참조. 그리고 연고주의에 관한 사회심리학적 연구로 이훈구, **연고주의**(서울: 法文社, 2003); 최대권, "스폰서문화와 법치주의," **월간법제**, 2010년 6월호, 2-5면 참조.

24. 우리나라 사회에서 연고주의가 작용하여 법의 집행이 왜곡되는 현상을 방지하기 위하여 재량의 여지를 남기지 아니하고 법의 집행을 획일화하는 경향을 가져오게 한다. 융통성 없는 법의 획일화는 구체적 타당성이나 형평에 맞는 법집행을 가져올 수 없게 만들어 법의 본래의 취지 즉 (그 자체가) 정의에 어긋나게 하는 일이 많다. 법의 획일적 적용의 예는 행정부처 관하의 일선 행정관료들에게 내리는 법집행 관련의 예규, 고시, 훈시 등에 표현되는 일이 많다. 이러한 예규, 고시, 훈시 등이 법규적 성격을 지니느냐 어떠냐에 상관없이 이에 어긋나는 경우에는 담당공무원에 대한 징계

관적이어야 할 국가대표선수 선발에도 자주 나타나 논란을 일으키고 있다는 사실은, 누구나 잘 안다. 측근이나 같은 학교 출신, 고향 사람을 봐주거나 특혜를 주고 혹은 예외를 인정하는 경우가 그것이다. 그리고 이러한 연고주의가 "의리"와 같은 유교적 정서에 힘입고 있다는 사실도 잘 알고 있다. 문제는 이러한 연고주의가 법치 내지 준법문화의 암으로 작용한다는 데 있다. 나아가 그것이 법치주의의 실현에 부정적으로 작용할 수 있다는 데 있다. 연고주의는 쉽사리 공무원 및 정치인에 대한 뇌물이나 불법정치자금수수와 연계되어 작용하기도 한다. 뇌물수수나 불법정치자금의 흐름이 연고에 따라 흐르는 일이 많기 때문이다. 더구나 기능적으로 이해할 때 법의 운영에 부정적으로 미치는 영향력 행사의 모습은 연고주의와 뇌물수수(부정부패)가 동일하다는 사실을 관찰할 수 있다. 소위 부패지수[25]와 법치주의지수가 반비례 관계에 있다는 사실도 누구나 잘 알고 있다. 우리나라의 부패지수가 선진국만큼 낮지 않다는 사실이 문제임은 물론이다.

③ 우리나라 법문화의 평가적 및 행태적(behavioral) 차원의 법인식에는 법경시사상, 법편의주의 및 법도구관[26]이 여러 모습과 강도

나 좌천 등으로 단속하기 때문에 그로부터 조금도 벗어나지 못하게 만든다. 이러한 획일주의에서 벗어나는 법집행에는 위험이 따르기 때문에 뇌물의 단가를 높이는 결과도 가져온다. 이러한 법의 획일화의 현상에 관하여, Dai-Kwon Choi, "Informal Ways versus the Formal Law in Korea," *Seoul Law Journal* (서울대학교 **法學**), 36권 3·4호, 51-61면(1995) 참조.

25. 국제투명성기구(Transparency International)에서 내놓은 2007년의 부패인지지수가 180개 국가 가운데 우리나라가 43번째라고 한다. www.transparency.org/policy_research/surveys_indices/cpi/2007; **2007년도 청렴백서**(서울: 국민권익위원회, 2008), 500-509면.

로 포함되어 있음을 규지(窺知)해낼 수 있다. 법을 반드시 지켜야 하는 규범(must), 지키지 않는 경우에 양심의 가책을 받는 그러한 규범이 아니고, 지키는 것이 자기에게 유리하냐 지키지 않는 것이 유리하냐, 안 지켰다가 발각되는 경우에 그래도 괜찮겠느냐, 불이익이 따르겠느냐 등의 계산에 따라 따르기도 하고 혹은 따르지 않기도 하는 규범(should 또는 could)으로 취급하는 경향을 드러내고 있다. 법의식 조사에 곧잘 등장하는 "법을 지키면 나만 손해"라는 인식도 그 한 표현이다.[27] 법과 원칙의 견지 내지 준법을 당리당략이나 이념 내지 이익단체나 집단의 목적달성을 위한 수단이나 도구로 사용하고 자기의 시각에서 필요하다고 판단되는 경우에는, 즉 명분만 주어지면, 편법이나 불법, 탈법, 회피나 위법을 서슴지 않는 모습도 그 대표적인 예의 하나이다. 자기에게 유리하다고 판단하는 경우에는 법(예컨대 고소·고발, 소송 등)을 적극적으로 활용하기도 한다. 정치국면을 전환하기 위하여 때만 되면 나오는 개헌론도 그러한 태도의 하나다. 북한과 함께 우리나라의 UN 가입이 논의되던 시절에 안 되면 UN 헌장을 고쳐서라도 그렇게 해야 한다고 발언한 저명 정치인도 있었다. "법이 사람을 위하여 있는 것이지 법을 위하여 사람이

---

26. 황승흠, **분쟁에서의 법의 동원: '87년 이후의 노동분쟁을 중심으로**, 1996년 서울대학교 법학박사 학위논문 참조.

27. 예컨대 **'94 國民法意識調查硏究**(서울: 한국법제연구원, 1994), 108면 참조. 이에 의하면 우리 사회에서 법이 지켜지지 않고 있다는 사람이 78.9%이고, 법이 지켜지지 아니하는 원인 5개 항목 가운데 "법대로 살면 손해를 보니까"로 답한 사람이 11.5%이고 "법 이외의 다른 방법이 편리하므로"는 24.9%다. 이세정·이상윤, **2008 국민법의식조사연구**(서울: 한국법제연구원, 2008), 193면에 따르면, 62.8%가 우리 사회에서 법이 잘 지켜지지 않고 있다고 답했고 34.3%가 법대로 살면 손해를 보기 때문이라고 답했다고 한다.

있는 것이 아니라"는 표현도 곧잘 활용된다. 위의 장에서 이미 언급한 바와 같이, 어느 정책과 관련하여 제기하는 법적 논의를 두고 "법만능주의의 발로"라고 대응하는 태도를 만나는 일도 드물지 않다.

필경 이러한 법경시사상, 법편의주의, 법도구관은 조선시대의 가렴주구, 일제의 착취와 탄압, 그리고 우리의 독재체제하의 체험에서 생성되고 강화되었으리라 판단된다. 조선시대의 법치는 법 개념으로서의 기본권, 권력분립, 사법권의 독립은 없었다는 의미에서 우리가 정의한 법치주의는 없었다. 그리고 오늘날의 법치주의의 운영과 밀접하게 관련된 존재인 법률전문직도 학문으로서의 법학도 없었다. 그러나 강력한 유교적 정치이념과 규범이 존재하여 이를테면 유교적 입헌주의가 존재하여 권력통제의 기능을 수행하였다고 말할 수 있다.[28] 그리고 학문이란 유학을 의미하였다. 다만 조선조 후기에 이르러 관리들의 가렴주구는 심했다고 생각된다. 그러나 일제통치하의 법치는, 유교적 통제규범에 의한 뒷받침도 없는, 그 자체가 철저히 식민지 통치 및 착취를 위한 도구주의의 산물이었다. 우리의 권위주의는 자유민주주의 및 시장경제의 틀을 규정한 헌법규범의 존재에도 불구하고 권위주의 및 산업화를 위한 도구주의적 법운영을 시행하였다고 할 수 있다. 이러한 억압적 법치체제하의 개인이 살아남는 전략에서 법경시사상, 법편의주의, 법도구관이 조성되었다고 생각된다.

아무튼 법을 바람직하지 않은 것으로 보는 이러한 태도, 법경시

---

28. 崔大權, "우리나라 公法史의 한 理解," **法社會學**, 54-90면, 특히 89면.

사상, 법편의주의, 법도구관으로 구성된 우리나라의 법문화는 당위적으로나 기능적으로 헌법이 기초하고 있는 법치주의(입헌주의)와 양립할 수 없음은 분명하다. 우선 헌법적 법체제(법치주의)는 더 이상 타율적인 것이 아니고 우리 모두(공동체)의 것이기 때문이다. 그리고 우리나라는 군주나 외국지배자나 독재자의 것이 아니고 우리 모두가 평등하게 참여하여 구성된 민주공화국이기 때문이다. 우리나라의 법체제(법치주의)에 대하여 좀 부족한 것이 있더라도 이를 잘 다듬고 아껴 잘 운영하려는 태도와 지혜가 필요하다. 헌법수호의 책무를 지는 대통령의 입에서 나온 "그 놈의 헌법"이라는 말은 최악의 (헌)법경시사상의 노출일 것이다. 일부 현역 국회의원이 국회를 뒤로 하고 촛불과격불법시위에 참여하는 태도와 행위 또한 우리나라 입헌주의와 정면으로 충돌한다. 산업화, 도시화 및 민주화에 따르는 급속한 사회변화에 의하여 생성된 전국적 규모의 각종 이익단체, 이념단체, 정당 등 정치조직, 사회단체의 등장이 각 단체의 이념이나 이익을 위하여 사회분열적으로, 현존하는 법을 멀리하려는 태도, 법경시사상, 법편의주의 및 법도구주의를 조장·활용해온 것이 사실이다. 그러나 동시에 좀 더 이성적으로 바라보면 사회분열적인 알력, 대립, 분쟁을 해결할 공통분모적 규범체계는 법규범 이외에 달리 없다는 사실의 인식에 도달하게 된다. 예컨대 유교나 기독교 윤리를 상정할 수는 있겠지만 현실적으로 그것이 가능하다고는 전혀 생각되지 않기 때문이다. 그러므로 세계무대에서 공동체로서 살아남아 우리의 화두인 선진국이 되기 위하여도 법에 대한 긍정적인 사고와 법존중사상과 태도가 확립되어야 한다고 믿는다. 이를 위하여 헌법의 통합(integration)기능과 이전 장에서 거론한 바 있는 국회의 통합기능이 요구된다고 단언할 수 있다.

3) 법치와 정부의 태도

이곳에서는 지난번 촛불과격불법 때나 경찰서장이 폭행당하는 불법시위 때의 언론의 정부에 대한 질책 즉 "정부는 왜 과감하게 법질서를 지키지 못하느냐"는 주장을 반복하려는 것이 아니고 위에서 거론한, 우리나라 법문화의 인지적 측면의 법의식과 정서적·평가적 측면 및 행태적 측면의 법의식 사이의 괴리 현상이 정부의 행태에는 어떻게 나타나고 있는가 하는 문제를 다루려고 한다. 물론 위의 과격불법시위 때 인지의 측면에서 그것이 불법이고 정부는 그 불법을 저지하고 질서를 회복해야 할 책임이 있다는 것을 모르지 않았다고 판단된다. 그러나 정부는 여러 가지 정치적 고려 때문에 소위 "강경진압"에 나서지 않았다. 이러한 사정은 2011년의 FTA 반대시위 때에도 크게 다르지 않았다. 그러므로 법치가 의도적으로 이루어지지 않은 경우(그 자체가 불법, 예컨대 직무유기이다)라고 말할 수 있다. 이러한 정부의 행태도 일종의 법문화에서의 인지와 정서·평가 및 행태의 심각한 괴리현상이라고 할 수 있으며, 그것이 법치의 확립에 부정적 영향을 미친다는 점은 의심의 여지가 없다. 아래에서는 법치와 관련된 정부의 행태가 일종의 무지(無知) 내지 몰지각에서 인지와 행동의 괴리 현상을 표출하는 경우를 거론해보자.

지난 1990년대 중반에 국가보안법에 대한 폐지공방이 한창이던 무렵 어느 단체의 제소에 따라 UN인권위원회가 그 폐지를 권고하는 결의안을 우리나라 정부에 보냈는데, 당시 법무부가 발표한 정부의 대응논리가 언론에 보도되었다. 요지는 "아직도 휴전체제하이고 남북대결의 상황에 비추어 폐기는 시기상조"라는 취지의 상황논리였다. 그리고 거기 어디에도 당시 이미 나와 있던 헌법재판소의

(한정)합헌결정에 의하여 국가보안법이 합헌임이 확인되었음을 근거로 하여 정부가 그 태도를 헌법적으로 대내·대외적으로 정당화하고 합리화하는 말은 한마디도 없었다. 그 이후에도 정부의 대내외적인 국가보안법에 대한 입장 표명은 한결같이 상황논리였으며 헌법적 정당성을 전개한 논의를 본 적은 별로 없었다. 체제가 바뀌는 혁명적 상황이 아닌 한, 평시적 상황에서 헌법에 바탕을 둔 정당성 이상의 정당성과 합리성의 근거가 따로 어디에 또 있는가? 그리고 헌법재판소의 결정이 바로 헌법이 아닌가? 왜 정부는 헌법재판소의 (한정)합헌결정에 근거하여 국가보안법의 정당성을 대내외적으로 당당히 주장하지 못하는지 이해하지 못하는 것이다. 이러한 예는 국가보안법에 관한 사항에 한정되지 않는다. 2008년의 촛불과 격불법시위 때나 2011년의 FTA 반대시위 때 관찰한 집회 및 시위에 관한 법률도 마찬가지다. 이 법률은 처음 제정된 이래 여러 번의 헌법재판소의 위헌 여부 심판[29]과 이에 따른 법개정 과정 등을 거쳐 정비된 것이다. 이곳에서 지적하고 싶은 것은 그 어떠한 정책이나 태도나 입장이나 법집행이라도 이를 당당하게 법적으로, 특히 헌법적으로 정당화하(려)는 정부의 그 필요성 인식 및 그 실행 능력 내지 관행의 부재(不在)다. 헌법에 근거하여 성립된 정부이고 헌법적 정당성을 가지는 정부라면 헌법적 근거에 바탕을 두어 당당하게 자기의 대내외적인 정책, 입장이나 태도나 법집행을 정당화할 수 있

29. 헌법재판소 1994.4.28.결정(91헌바14); 헌법재판소 1992.1.28.결정(89헌가8); 헌법재판소 2003.10.30.결정(2000헌바67등); 2005.11.24.결정(2004헌가17) 등. 그리고 헌법재판소 2009.9.24일자 헌법불합치결정(2008헌가25)과 후속 입법의 부재로 야간 집회 자체는 불법이 아니게 되었다. 이 헌법불합치결정을 비판적으로 분석한 최대권, "헌법불합치결정 유형에 관한 몇 가지 생각—집시법 헌법불합치결정을 중심으로," 서울대학교 **法學**, 50권 4호, 141—168면(2009) 참조.

어야 하지 않는가? 역으로 헌법적으로 정당화될 수 없는 것은 내놓거나 추진하지 말아야 하는 것이 아닌가?

이 문제는 우리나라 법률가 양성교육의 문제점도 아울러 드러냈다고 판단된다. 특히 정부의 입장을 법적으로 뒷받침하는 법무부를 비롯하여 청와대 등 정부 곳곳에 법률가들이 법률보좌관 등의 이름으로 포진하고 있는데, 이들 법률가들에게 정부의 입장이나 정책을 (가령 유전자공학에 관한 과학적 합리성 이외에도) 법적으로도 정당화할 수 있으며 하여야 한다는 인식이나 능력이 결여되어 있다는 것을 의미하기 때문이다. 그것은 시험합격을 위한 지식교육 이외에는 비교법연구도 이들 정부 법률가들에게 제대로 되어 있지 않음을 의미한다. 예컨대 미국이나 독일의 경우에 연방대법원이나 헌법재판소의 결정 등은 그들 나라에서 거의 신격화하고 있으며 그 자체로 헌법으로 취급하고 있다. 그리고 그들 나라에서는 정부정책을 (헌)법적으로 정당화·합리화하는 관행이 확립되어 있다. 지난 베트남전 및 주이란대사관인질사건 때 미국 정부가 산더미같이 내놓은 법적 정당성 연구를 보고 이에 압도당한 적이 있다. 정부에 소속된 법률가라면 정부의 입장을 상황논리만이 아니라 오히려 법적으로도 정당화할 줄 알아야 하는 것이 상식이 아닐까 생각한다. 헌법재판소 판례집에 수록되어 있는 결정마다 이에 실려 있는 법무부의 그것을 포함한 정부의 의견을 살펴보면 법학과 학부생 수준의 의견이라고 생각된다. 정부의 입장을 헌법재판소를 상대하여 "당당하게" 헌법적으로 정당화하고 설득하려는 것이라면 그보다는 깊이나 폭에서 한 단계 고양된 심층적인 헌법학적 연구의 결과를 정부의 의견으로 내놓아야 한다고 믿는다.

3. 민주주의의 문제

1) 정치의 사법화

지난 2004년의 헌법재판소에 의한 탄핵심판 및 수도이전특별법 위헌결정을 계기로 시위군중이나 시민단체의 구호 등에서뿐만 아니라 학자와 지식인 사이의 지적(知的) 논의에서도 민주주의와 법치주의의 충돌 문제가 우리나라 사회의 중요한 화두로 대두되었다.[30] 그리고 이 화두가 우리나라 민주주의의 본질 및 헌법재판소의 역할에 대하여 진지하게 다시 한 번 성찰해보는 계기를 마련해줌으로써 우리나라의 민주주의를 한 단계 고양·심화시키는 촉진제가 되었다는 점에서 긍정적으로 기능했다고 생각한다. 도대체 우리나라의 민주주의는 어떠한 민주주의이냐, 어디에 와있느냐의 문제부터 다루

30. 민주주의와 법치주의를 주제로 서울대학교 법학연구소가 2008년 5월 30일에 개최한 학술대회에서의 발표 후 서울대학교 **法學**지에 실린, 강정인, "민주화 이후 한국정치에서 자유민주주의와 법치주의의 충돌," 서울대학교 **法學**, 49권 3호, 40-74면(2008) 참조. 그리고 이 논문의 52면에 인용된 두 정치학자 최장집, "민주주의와 헌정주의: 미국과 한국," 로버트 달 저, 박상훈·박수형 옮김, **미국 헌법과 민주주의**(서울: 후마니타스, 2004), Robert A. Dahl, *How Democratic Is the American Constitution?* (New Haven: Yale University Press, 2001)의 한국어판 서문, 9-64면; 박명림, "헌법, 헌법주의, 그리고 한국 민주주의," **한국정치학보**, 제39집 1호, 253-276면 참조. 이들 논문을 읽어보면 미국저명정치학자의 견해를 노예적으로 따르고 있으며 유럽에서나 한국에서의 헌법생활과 관련된 정치적 여건 등 여러 사정에 대해 무지함을 나타내고 있음을 알 수 있다. 동시에 헌법재판에 관하여 정치학 등 인접학문을 하는 학자와 헌법학자 사이에 이렇게 소통의 단절이 클 수 있을까, 헌법재판소제도 등 위헌법률심사제도에 관한 논의가 헌법학자나 헌법실문가들만의 잔치로 일관하고 있는 것이 아닌가, 이러한 현상이 이 제도의 운명이나 발전을 위하여 긍정적일 수 있을까 하는 우려를 자아내게 한다. 이 두 정치학자 이외에도 민주주의 대 법치주의의 충돌의 화두를 넘어 위헌법률심사제도에 대한 이해가 되어 있지 아니한 정치학자를 만나기는 어렵지 않다. 예컨대 박찬표, "법치 민주주의 대 정치적 민주주의," 최장집·박찬표·박상훈, **어떤 민주주의인가-한국 민주주의를 보는 하나의 시각**(서울: 후마니타스, 2007), 197-229면, 특히 225면 등.

어보자. 그리고 우리나라 민주주의에서 차지하는 헌법재판소의 위치나 역할과 관련한 국민의 의식 속에서도 미묘하지만 인지적 차원과 정서적·평가적·행태적 차원 사이에 존재하는 괴리 현상을 우리가 목격하는 것이 아닐까 하는 우려섞인 생각을 하지 않을 수 없다.

우리나라에서 민주주의와 법치주의의 충돌의 문제를 생각함에 있어서 필자가 가진 다음과 같은 두 가지 체험이 보여주는 바가 문제를 풀어가는 생각의 씨앗을 제공해주지 않을까 믿는다. 그 하나는 중고교 사회 교과서 집필의 체험이다. 사회 교과서의 "법생활"과 "정치생활"의 게재순서와 관련하여 필자와 다른 집필자(주로 정치학자) 사이에서 논쟁이 일어났었다. 필자는 이것이 중고교생을 상대로 하는 사회 교과서이고 그리고 우리나라 헌법제정권력자가 (자유)민주주의 기본질서의 틀을 헌법에 마련하고 그 틀 위에서 (자유)민주주의가 전개될 것을 헌법으로 결단한 만큼 헌법을 중심으로 하는 법생활이 먼저 나오고 헌법의 틀 위에서 전개되어야 할 민주주의 원리 등을 설명하는 정치생활은 그 뒤에 나오는 것이 순서라고 주장하였다. 그러나 정치학자들의 생각은 민주주의의 원리를 설명하는 정치생활이 먼저 나오고 (헌)법생활은 그 뒤에 나와야 한다는 것이었다. 열띤 정당화 주장에도 불구하고 필자의 입장을 지지하는 집필자는 아무도 없어서 필자의 입장은 관철되지 못하고 사회 교과서에 민주주의의 논의가 (헌)법논의보다 앞에 나오게 되었다.[31] 우리나라에서 정치가 법치에 앞서는 현상이 2004년의 탄핵심판 및 수

31. 1984년 발행된 중학교 **사회 1** 및 1986년 발행의 중학교 **사회 3**, 그리고 1996년에 발행된 고등학교 **정치** 참조.

도이전위헌결정을 둘러싼 정치공방에서도, 2008년의 촛불과격불법 시위 현장에서도, 그리고 민주주의와 법치주의의 충돌의 화두에도 묻어나고 있는 것이 아닌가 생각한다.

다른 하나는 필자가 시행한 한국의 사법적극주의와 일본의 사법소극주의의 비교연구의 결과[32]이다. 헌법재판소 20년 역사의 우리와 비교하면 일본은 위헌법률심사제도가 없다고 해도 무방하리만큼 극단적 사법소극주의를 보이고 있다. 일본의 사법심사 60년을 통틀어 7, 8건의 위헌판결이 있었을 뿐이다. 그렇다면 일본이 사법적극주의를 보여주고 있는 한국과 비교하여 일본이 앞선 민주주의를 운영하고 있다는 것을 의미하는 것인가? 그리고 재일교포를 포함하는 소수자 보호가 사법부에 의하여 여간해서 이루어지지 않는 일본의 민주주의가 원래의 뜻(다수의 지배)에 맞는 민주주의이고 그래서 한국의 민주주의보다 앞선다는 말인가 아니면 한국의 (선출되지 않은 소수의 재판관이 법률에 대한 위헌결정을 하는) 민주주의는 민주주의도 아니란 말인가 하는 의문이 떠오른다. 그리고 일본의 민주주의를 미국이나 독일의 그것과 비교하면 어떻게 되느냐 하는 질문도 떠오른다. 그렇다면 우리는 결국 어떠한 민주주의를 이야기하는 것이냐의 문제에 이르게 된다고 생각한다. 왜냐하면 우리나라 민주정치의 현실(정치 · 경제 · 사회 · 문화적인 여러 가지 여건)을 전제로 하고 만약 우리나라에 헌법재판제도가 없다면 우리나라의 민주주의는 어떻게 전개될 것이라고 상상할 수 있을까 하는 문제에도

32. 崔大權, "比較 社會·文化的 文脈에서 본 司法積極主義와 司法消極主義: 하나의 探索," 서울대학교 **法學**, 46권 1호, 19−39면(2005). 이 연구 당시에는 겨우 5, 6건의 위헌결정 판결이 있었으나 2005년 및 2008년에 각 한 건씩 위헌판결이 있었다.

이르게 되기 때문이다.

첫째로 ① 민주주의와 법치주의 충돌의 화두는 무엇보다도 미국이라는 정치무대에서 가장 적실성을 가지는 화두임을 주의할 필요가 있다.[33] 미국의 위헌법률심사제도를 확립한 Marbury v. Madison 판결[34]도 어디까지나 미국의 연방대법원이 선고한 선판례(judicial precedent)이지 헌법의 명문으로는 단 한마디도 위헌법률심사제도를 언급한 조항은 없다. 그러한 만큼 선출된 국민의 대표로 구성된 의회의 입법을 선출도 되지 아니한 소수의 법관이 헌법에 어긋난다는 이유로 무효화시킬 수 있다는 것은 이론상 다수결이라는 민주주의의 원리에 비추어볼 때 그 정당성에 대하여 의문을 제기할 수 있는 여지는 있다.[35] 그러나 미국의 위헌법률심사의 선례는 다수의 독재로도 변질될 수도 있는 다수결의 민주주의가 아니고 다수의 지배와 소수의 보호를 내용으로 하는 자유민주주의를 담보하는 제도로서 확립되어[36] 미국에서 그것이 폐기될 가능성은 전혀 없는 제도가 되어 오늘에 이르게 되었다. 더구나 입법에 대한 사법심사의 이 미국의 발명품은 유럽대륙의 국가들에게는 물론 수많은 후발 민주주의

---

33. 崔大權, **憲法學講義**, 407-409면.

34. 5 U.S. 137(1803). 이 선판례에 의하여 형성된 미국의 위헌법률심사제도(judicial review of legislation institution)야말로 미국의 관습헌법이라 할 수 있다.

35. Robert A. Dahl, *Pluralist Democracy in the United States: Conflict and Consent* (Chicago: Rand McNally, 1967), 150-170면; Robert A. Dahl, *How Democratic Is the American Constitution?*, 54-55면, 152-154면; Alexander M Bickel, *The Least Dangerous Branch: The Supreme Court at the Bar of Politics* (Indianapolis/New York: Bobbs-Merrill, 1962) 등 참조.

36. 정치적으로 해결하지 못해 오던 공립학교에서의 흑백인통합의 문제를 사법적으로 해결한 Brown v. Board of Education(347 U.S. 483(1954); 349 U.S. 294(1955)) 판결을 비롯한 일련의 사법부판결례는 그 대표적인 예다.

국가들에게 자유민주주의의 견제와 균형을 완성해주는 제도로서의 영감(inspiration)을 주어왔던 것이다.

그럼에도 불구하고 정치적으로 파장이 큰 위헌판결이 내려질 때마다 민주주의와 법치주의 충돌의 화두가 대두되곤 하여왔다. 사실 이 화두 자체도 미국발(發)이라 할 수 있다.[37] 정치의 사법화나 사법의 정치화, 법관정치 등 특히 탄핵심판이나 수도이전법위헌결정과 관련하여 나왔던 비판들은 미국의 경우에는 사법심사의 역사만큼이나 오랫동안 수도 없이 나왔으며 아직도 나오고 있는 비판들이다. 미국에서는 사법소극주의를 옹호하는 논거로 법치주의가 민주주의와 충돌한다는 데 두는 일이 많다.[38] 그러나 한국은 미국과는 달리 헌법의 명문규정으로 헌법재판소에 관한 조항을 두고 있다.[39] 우리나라의 헌법은 단순히 다수지배의 민주주의만이 아니고 헌법재판(법치주의)을 중요 내용으로 하는 견제와 균형의 자유주의와 민주주의를 명문으로 선택하고 결단한 것이다. 그러한 만큼 민주주의와 법치주의 충돌의 화두는 상대적으로 적실성이 떨어지는 화두라 할 수 있다. 그리고 헌법재판소제도는 그만큼은 정당성을 가지는 제도인 것이다.

---

37. Koopmanns, *Courts and Political Institutions*, 57－62면, 특히 104－108면 참조. 유럽에는 미국의 민주주의 대 법치주의 충돌 논의에 해당하는 논의가 없다고 말하고 있다.

38. Jesse H. Choper, *Judicial Review and the National Political Process: A Functional Reconsideration of the Role of the Supreme Court* (Chicago: University of Chicago Press, 1980) 참조. Choper는 입법에 대한 사법심사가 정치과정의 다수결의 원칙에 어긋나기 때문에 다수결과정에 참여하지 못하는 소수자 보호를 위한 경우 이외에는 위헌판결은 자제해야 한다는 논지를 펴고 있다.

39. 崔大權, **憲法學講義**, 407－409면.

둘째로 ② 민주주의와 법치주의의 화두는 여러 나라 민주주의의 발전단계의 시각에서 바라보아야 할 문제점을 안고 있다. 즉 우리나라의 민주주의가 어느 발전단계에 있는가 또는 도대체 어떠한 민주주의인가를 따져볼 필요가 있다. 민주주의를 분류하자면, 오직 분명한 독재가 아니라는 의미에서 민주주의로 분류할 수 있는 민주주의로부터 정치뿐만 아니라 시민의식[40]을 포함하여 사회 자체가 민주적인 앞선 민주주의에 이르기까지 여러 발전단계의 민주주의가 있는데, 이 양자의 중간단계에 헌법의 규정에 따라 선거가 정기적으로 치러지고 있으며 복수정당이 있고 대의정부가 있는 헌법 중심의 입헌민주주의가 있다.[41] 관찰하건대, 우리나라의 민주주의는 아직 선진민주주의의 단계에 이르지 못하고 겨우 입헌민주주의의 단계에 와 있다고 생각한다. 이제 준법의식이 그 중심인 시민의식(civic virtue), 공동체의식, 소통, 양보, 통합 등 민주주의의 정신적 바탕의 형성 필요성이 개진되고 있기는 하나, 아직도 전개되는 개헌 논의를 포함하여 법치 및 법치주의가 나라 전체의 중심적 화두가 되고 있다는 것이 그 증거다. 그렇다면 지금 시행·운영하고 있는 입헌민주주의로부터 입헌주의(법치주의)를 배제하고도 현실적으로 우리나라에 민주주의가 가능하리라고 도저히 생각되지 않는 것이다.

셋째로 ③ 들어야 할 점은 시민의 자유와 권리 보호에서의 국회

---

40. 근래에 대두되고 있는 공화주의가 특히 민주주의에서 필수적으로 요청되는 시민의식 또는 시민적 덕성(civic virtue)에 관한 담론을 주도하고 있다. 그리고 준법은 시민의식의 중심적 요소로 취급하고 있다. Maurizio Viroli, *Republicanism*, trans. by Antony Shugaar (New York: Hill and Wang, 2002) 등 참조.
41. Giovanni Sartori, "Democracy" in *International Encyclopedia of the Social Sciences* (1968), 특히 117－118면 참조.

의 역할에 대하여 가지는 국민의 신뢰의 문제다. 이미 지적한 바와 같이 영국은 입법에 대한 사법심사제도가 없음에도 불구하고 모범적인 민주주의를 이끌어왔다. 영국 시민의 자유와 권리의 쟁취는 의회의 국왕과의 투쟁과정에서 이루어졌으며 이 과정에서 민주주의가 형성되었다는 역사적 사실은 다 안다. 이러한 과정에서 형성된 시민의 의회에 대한 신뢰가 존재한다. 그리고 의회에 대한 통제는 선거를 통하여 시민이 행한다. 이러한 의회주의의 업적이나 신뢰가 우리나라에는 아직 형성되어 있지 않다. 그것은 국회가 국회의 기능(국민대표, 국정통제, 입법)을 제대로 수행하는 실적으로 보여주지 못해왔기 때문이다. 존재하는 것은 국회에 대한 불신이다. 그리고 국회에 대한 이 불신에는 우리나라 정당정치가 기여한 바가 많다. 우리나라의 민주화는 국회가 아니라 시민운동에 의하여 쟁취되었다고 말할 수 있다(4.19, 권위주의 시대의 민주화운동, 6.10항쟁 등). 그리하여 계류된 소송사건과 관계없이 헌법재판을 시민이 직접 청구할 수 있는 헌법소원제도는 이러한 시민운동의 전통에 어울리는 또는 상응하는 제도라고도 말할 수 있다. 그리고 촛불과격불법시위는 이러한 시민운동의 전통이 역기능적(즉 대의민주주의를 부정하는 방향으로)으로 발현된 것이라고 생각된다.

그것은 또한 국회의 대의기능이 제대로 작동되었다면 국회에서 걸러졌어야 할 쟁점들을 시민들이 들고나온 것이다. 국회의 존재이유의 가장 큰 하나는 국민의 다양한 의사가 국회에 반영되고 그것이 하나의 국민의 의사로 수렴·통합되게 하는 데 있다. 그러나 국회는 사회의 분열을 통합하는 기능을 수행하기보다는 여야의 대립으로 그것을 조장·확산하는 일도 많았다. 국회의원이 직접 데모에 가담하는 경우가 그러한 예다. 사실 매년 헌법재판소에 제기되는 사건들 가운데 상당수는 실은 정치과정에서 타결될 수 있었고 또는 타결되었어야 할 사건들이라고 단언할 수 있다.[42] 따지고 보면 탄핵사건도 수도이전법사건도 정치과정에서 원만하게 해결되었어야 할 사건이라 말할 수 있다. 아무튼 우리나라 사회에서는 국민의 자유와 권리의 보호를 위한 역할의 기대와 신뢰를 입법기관인 국회에 두기보다는 또는 국회와 함께 헌법재판소에 두고 있다고 말할 수 있다. 이것이 민주화에 따른 헌법개정 때(1987) 헌법재판소제도가 채택·도입되었던 이유였다고 생각되는 것이다.

넷째로 ④ 우리나라의 헌법재판소제도(법치주의)의 채택·도입은 정치에 대한 사법화의 세계적 추세[43]에 부합하는 것이라는 점을 주의할 필요가 있다. 서유럽의 여러 나라에서뿐만 아니라 옛 소련 사회주의권의 붕괴와 함께 민주주의로 돌아선 동구권 국가들 및 중앙아시아 국가들, 그리고 동남아시아 국가들이 헌법재판소제도를 앞다투어 도입하고 있기 때문에 정치의 사법화는 이제 세계적 추세를 형성하고 있다고 말할 수 있다. 그리고 우리나라의 헌법재판소제도

42. 국민대표기관·국가입법기관으로서의 국회의 무능과 국회 등 정치권에 대한 국민의 신뢰상실이 정치 사법화의 중요 요인이라는 사실은 이강국 헌법재판소소장의 신문 인터뷰 및 언론사설에서도 확인해볼 수 있다. **조선일보** 2010.9.1일자 A37면의 인터뷰 기사 "從北的 진보와 탐욕적 보수, 국민에게 불안감 줄 정도로 度 넘어" 및 동일자의 사설 "'정치의 사법화' 경고, 가볍게 흘려들을 일 아니다" 참조.

43. Koopman, *Courts and Political Institutions*, 252－284면; Carlo Guarnieri and Patrizia Pederzoli with C. A. Thomas (English Editor), *The Power of Judges: A Comparative Study of Courts and Democracy* (Oxford: Oxford University Press, 2002); Pierre Rosanvallon, *Counter-Democracy: Politics in an Age of Distrust*, trans. by Arthur Goldhammer (Cambridge: Cambridge University Press, 2008) 등 참조.

도입 및 성공적 운영은 이러한 세계적 추세의 한 커다란 축을 형성하고 있다. 신생 민주국가 및 새롭게 헌법재판소제도를 도입한 여러 나라에서 우리나라의 헌법재판소제도의 모범사례적 운영을 배우러 오고 있는 실정인 것이다. 이제 우리에게는 정치의 사법화의 문제와 관련하여 정치에 대한 사법의 관여가 어디까지 정당화되느냐 현명하냐의 문제가 우리나라 헌법재판의 앞으로의 과제일 뿐이라고 말할 수 있다.

2) 헌법재판소제도 대 일반법원형 위헌법률심사제도

우리나라의 위헌법률심사제도는, 자주 인용되듯 아홉 차례의 헌법개정에도 불구하고, 그리고 헌법의 자유주의적 조항과 제도가 제대로 작동하지 못한 군사독재라 불리는 권위주의 시대를 거쳤음에도 불구하고, 한번도 헌법에서 폐기되었던 일이 없다. 그러한 의미에서 위헌법률심사제도의 형태는 여러 번 바뀌었어도, 그리고 시기에 따라 활발하게 작동하였느냐 잠자고 있었느냐의 변화는 있었어도, 법률에 대한 사법심사제도는 헌법과 함께 60주년의 역사를 가진다고 말할 수 있다. 그리하여 헌법재판소제도의 채택에 이르게 된 것은 60년에 걸친 위헌법률심사제도의 여러 형태(헌법위원회제도, 일반법원형, 헌법재판소형 등)의 실험의 결과로부터 나온 최선의 선택이었다고 할 수 있다. 그럼에도 불구하고, 그리고 미시적 차원에서는 문제가 있을 수 있어도 거시적인 차원에서는 아주 성공적인 운영의 실적이 20년 이상이나 축적되어왔음에도 불구하고, 아직도 위헌법률심사제도의 일반법원형으로의 복귀를 노리는 움직임이 사법계에 전혀 없다고 말할 수 없다. 이러한 움직임과 정치적으로 민감한 헌법사건의 위헌결정에 의하여 촉발되는 반헌법재판소적 정서 및 헌법재판소제도가 위의 민주주의에 배치된다는 정치이론들에 편승하여 개헌논의가 정부형태의 변경을 중심으로 한다 하더라도 개헌논의가 한번 불붙으면 헌법재판소의 운명이 결정되는 일반법원형으로의 복귀를 꾀하는 개헌논의도 아울러 탄력을 받을 수도 있는 가능성이 전혀 없다고 할 수 없다. 그러한 만큼, 일반법원형에 대한 관계에서 헌법재판소형이 어떻게 정당화될 수 있을 것인가의 문제를 한번 다루어볼 필요가 있다.

첫째로 ① 들어야 헌법재판소제도의 정당성 논거는 대륙법계의 전통 속에서 차지하는 판사의 역할에서 찾아야 한다. 영미법의 나라는 전통적으로 법이 판사들의 창조적인 손에 의하여 형성된 판례법의 나라다. 이에 비해 대륙법계 나라의 법은 법전법 등 의회가 제정한 입법이고, 판사는 계층적(hierarchical) 관료체계 내의 직업판사로 임명되며, 일반의사로 통하는 입법에 대하여 법을 충실히 해석하고 집행하는 역할을 수행하는 데 익숙하다. 그러므로 입법의 위헌 여부를 따지는 역할은 대륙법계 판사의 전통적인 모습(image)에 어울리지 않는다. 이러한 판사의 모습에는 프랑스의 사법부에 대한 전통적 불신의 모습도 결부되어 있다. 그러므로 독일 나치의 경험과 같은 입법의 다양한 월권이나 남용 및 이에 대한 사법부의 침묵의 경험을 통하여 사회에 입법에 대한 사법심사의 필요성이 등장하면서 일반 사법부가 아니라 독립한 별개의 헌법재판소를 창설하여 이에 위헌법률심사의 역할을 맡기는 것이 대륙법 전통의 나라에서는 오히려 자연스러웠다고 말할 수 있다.[44] 헌법재판소에 대한 대륙

44. Mauro Cappelletti, *Judicial Review in the Contemporary World* (Indianapolis/

법계 나라의 전통에 바탕을 둔 이러한 정당성의 논의는 역시 대륙법계에 속하는 우리에게도 타당하다고 할 수 있음은 물론이다.

둘째의 ② 정당성의 논거는 위헌법률심사를 담당하는 재판기관의 구조, 심사절차, 시각(perspective) 및 전문성 여부 등에서 찾을 수 있다고 생각한다. 일반법원형의 위헌법률심사제도의 경우에는 구체적인 민·형사사건 및 행정사건의 재판 과정에서 사건의 당사자가 헌법 문제를 제기하여야 법원이 입법의 위헌 여부를 심사하는 구조를 가지고 있다. 그러기 때문에 위헌여부심사는 사건 해결의 부수과정의 하나로 행할 뿐이다. 그리하여 법원은 굳이 입법의 위헌여부심사에 집착하지 아니하고, 경우에 따라 위헌 여부 판단을 행하지 아니하고, 민·형사법 또는 행정법적 근거만 가지고 원고나 피고를 위한 판결로 그 사건의 재판을 끝낼 수 있다. 그러나 헌법재판소제도의 경우에는 헌법재판소는 구체적 사건성에 구애되지 아니하고 오로지 문제로 제기된 입법 내지 입법조항의 위헌 여부 심사만을 전문적으로 행한다. 그러므로 일반법원형의 경우에는 헌법 쟁점을 다루더라도 사건의 해결이라는 이를테면 미시적 시각의 사건 처리를 행하는 데 비해, 헌법재판소형의 경우에는 거시적 시각에서 법률 또는 법조항 자체의 위헌 여부를 판단한다. 그러므로 입법에 대한 사법적 통제라고 하는 차원에서 헌법재판소제도가 일반법원형의 경우보다 단연 낫다고 판단된다.

Kansas City/New York: Bobbs-Merrill, 1971), 특히 53면 이하; John Henry Merryman, *The Civil Law Tradition: An Introduction to the Legal Systems of Western Europe and Latin America*, 2nd ed. (Stanford: Stanford University Press, 1985), 특히 34면 이하.

셋째로 ③ 위헌 여부 심판의 실적에서도 헌법재판소제도가 일반법원형제도보다 낫다고 말할 수 있다. 일본의 극단적 사법소극주의는 일반법원형이라는 제도에서 연유되는 바도 크다고 생각된다. 그리고 우리의 헌법재판소의 사법적극주의는 (헌법소원제도를 품고 있는) 헌법재판소제도의 성격에서도 연유되는 것이라고 생각하는 것이다. 그러므로 만약 우리의 제도가 일반법원형이라고 가정한다면 입법에 대한 사법적 통제의 실적은 훨씬 미치지 못했을 것이라고 짐작된다. 과거 우리나라의 위헌법률심사제도가 일반법원형이었을 때를 비롯하여 일반 법원의 위헌법률심사 등 정치에 대한 사법적 통제가 일반적으로 소극적이었고 그리하여 사법에 대한 국민의 불신이 상당했던 것도 유사하게 설명할 수 있으리라 생각한다. 그리고 일반법원형의 원형으로 우리에게 알려진 미국의 연방대법원은, 실은 일반 민·형사사건 등의 최종심이 아니고, 실질적으로는 헌법심사에 전념하는, 이를테면 실질적인 의미의 헌법재판소[45]임을 아울러 주의할 필요가 있다. 요컨대 위에서 거론한 우리나라 국회의 국민의 자유와 권리 보호의 능력·의지·실적 등에 대한 국민의 신뢰의 부재와 입법에 대한 사법적 통제의 필요성(사회적 수요) 및 일반법원의 실적에 대한 국민의 신뢰의 부재를 감안할 때 헌법재판소제도의 도입이 썩 잘된 선택이었다고 판단하는 것이다.

---

45. 崔大權, "憲法裁判所의 政治學: 그 構造와 機能을 중심으로," 서울대학교 **法學**, 34권 1호, 115−117면(1993). 그리고 Koopmanns, *Courts and Political Institutions* (2003), 36면.

4. 우리나라 헌법재판제도의 과제

우리나라 헌법은 민주주의(다수결의 원리)와의 충돌에도 불구하고 헌법재판소제도의 도입을 결단하였다. 그것은 국민의 자유와 권리 보호의, 그리고 이를 내용으로 하는 헌법수호의 기능을 국회 및 대통령(정치)에 맡기는 데 그치지 아니하고 최종적으로 헌법재판소에 맡기는 것을 의미한다(정치의 사법화). 나아가 그것은 헌법재판소에 대한 국민의 신뢰를 바탕으로 한다. 그리고 헌법재판소에 대한 국민의 신뢰는, 정치적 기관(국회 및 대통령)의 결정(입법 등 포함)이 정치적 격정이나 선거에서의 승리와 같은 당리당략적 이해와 고려 등에 좌우되는 결정인 데 비해, 그 결정이 정치적 신임이나 지지를 고려하는 것이 아니고 냉철하게 헌법과 이성에 기초(reasoned)를 둔 합리적·중립적 결정인 데에 자리잡고 있다. 이와 관련하여 "헌법재판소나 사법부의 지지기반이 선거에 있어서의 승리라든지 의회에 있어서의 과반수에 의한 지지와 같은 민주적 정당성에 있지 아니함을 우선 지적하지 않을 수 없다. 이 점이 바로 헌법재판소나 사법부 독립의 지지기반은 궁극적으로는 이를 받아들이는 국민에게 있는 것이지만, 정치과정에 뛰어든 정치적 이념이나 이해에 얽히고 들뜬 국민이 아니고 냉철하게 합리적 주장에 귀 기울여주고, 경우에 따라 참아주는 이성적 국민임을 주의할 필요가 있다. 즉 열띤 민주적 다수가 아니고 이성적인 합리적 국민이 그 지지세력인 것이다."[46]

이같이 헌법재판소의 결정은 이성적이고 합리적인 국민을 그 지

46. 崔大權, **事例中心 憲法學**, 증보판(서울: 博英社, 2001), 283-284면.

지세력으로 하여 행해지는 만큼, 그 결정은 헌법에 충실하게 기초해야 한다. 그 결정은 합리성을 지니는 것이어야 한다. 그 결정은 이성에 기초를 둔 담론으로 설득력을 갖는 합리적 결정이어야 한다. 그러한 만큼 헌법재판소의 정치적 중립·사법권의 독립이 결정적으로 중요하다 등의 명제 내지 문제가 헌법재판소의 결정과정에서 대단히 중요할 수밖에 없다.

1) 헌법해석의 문제

헌법의 해석을 일의적으로 정의하자면 그것은 헌법규범의 객관적 의미를 밝히는 일이라 할 수 있다. 그리고 헌법의 해석에서도 다른 법해석의 경우에서와 마찬가지로 해석의 합리성, 정당성, 법적 안정성 등의 요청이 존재한다. 다만 헌법해석의 경우에는 비교적 일의적·구체적으로 규정된 민·형사법이나 행정법규의 해석의 경우에서와는 달리 문리해석의 원리와 같은 기계적 삼단논법적 해석의 여지가 상대적으로 없다. 그것은 교과서적으로는 다 잘 알고 있듯이 헌법은 주로 추상적·다의적·개방적 조항으로 이루어져 있기 때문이다.[47] 그러한 까닭에 헌법해석의 문제는 결국 우리나라의 정

---

47. 일의적인 단순한 기계적 삼단논법적 해석의 예를 보여주는 것이 사죄광고 위헌결정(1991.4.1. 89헌마160) 예라고 생각한다. 다른 많은 헌법적 쟁점을 제외하고 "양심"만을 보더라도 양심을 그렇게 일의적으로 이해하기에는 양심에 관한 대단히 풍부한 철학적·문화적 전통과 통찰이 개재되어 있는 개념인데, 이 결정에서는 단순하게 이해한 양심에 기계적 삼단논법적으로 사항을 적용하여 결론을 내리고 있다. 자기 잘못에 대한 사죄의 강제는 혹시 자기 결정권에 대한 침해일 수는 있어도 결코 양심의 문제는 아니기 때문이다. 崔大權, **事例中心 憲法學**, 297−325면; Dai-Kwon Choi, "Freedom of Conscience and the Court-Ordered Apology for Defamatory Remarks," *Cardozo Journal of International and Comparative Law*, vol. 8, no. 2, 205−224면 (2000).

치·경제·사회·문화적 문맥에서 헌법을 발견하는 문제라고 확신한다.[48] 그러므로 헌법이란 무엇이냐, 헌법은 무엇을 추구하는 것이냐 하는 근본적인 질문이 항상 우리의 헌법을 발견하는 과정을 지배해야 한다고 믿는다. 말할 것도 없이 그것은 헌법을 발견하는 문제이기 때문이다. 그러한 까닭에 헌법의 해석에서는 우리나라의 역사적 경험이라든지 전통, 국민이 가지는 정의감, 가치관, 헌법의식 등이 헌법의 합리적 발견의 과정에서 대단히 중요한 자료들로 작용한다. 그리고 각 나라의 정치·경제·사회·문화의 문맥에서 그리고 비교적으로 이해한 외국의 학설·판례·입법례들이 우리의 헌법 발견의 작업에 영감을 줄 것임에 틀림없다.[49]

위에서 헌법의 해석에 기계적인 삼단논법적 해석의 여지가 별로 없다는 이야기이지 삼단논법적 사유의 여지가 없다는 것을 의미하는 것은 아니다. 기계적인 삼단논법적 해석이 되어서는 안 되는 이유는, 삼단논법의 대전제에 해당하는 헌법조항의 의미가 다의적·추상적·개방적이고 따라서 비교적 일의적·확정적인 것이 아니기 때문이며, 또 하나의 이유는 소전제에 해당하는 사항이 비교적 한정적인 사항(소송물)이 아닌 경우가 많기 때문이다. 후자의 이유에

48. 崔大權, “헌법의 해석,” 崔大權·韓尙熙·金文顯, **憲法解釋에 관한 研究**(서울: 헌법재판소, 1994), 11－87면; 崔大權, **憲法學講義**, 109－129면; 崔大權, **事例中心 憲法學**, 9－14면, 105－153면.

49. 입헌주의가 앞서기 때문에 그 의존도가 높은 외국의 학설·판례·입법례 등은 그 나라의 정치·경제·사회·문화적 문맥에서 비교적으로 이해한 것이 우리의 헌법적 사유과정에서 영감을 주기 때문에 또는 가이드가 되기 때문에 의미가 있는 것이지 우리나라 헌법의 연원(淵源, the source of law)을 구성하는 것이 결코 아니기 때문에 이를 우리의 법원(法源)이나 되는듯이 행하는 맹목적인 단순 비교·인용은 잘못이라고 생각한다.

관하여 부연하면, 소전제에 해당하는 사항이 살인죄 적용에 있어서의 살인이라는 구체적 사실이 아니고 일군의 사실들과 법률 등 법규범들로 형성된 법규범적 사항이기 때문에 발견된 헌법규범에 적용되어야 할 사항 즉 소전제를 구체화하여 확정하는 문제가 있다는 점이다. 소위 자치단체장선거연기에 대한 헌법소원사건[50]에서의 "연기"라는 지방자치법위반행위나 소위 "폭력적 사실행위"[51]는 헌법소송의 소송물 즉 소전제가 될 수 없으며, 따라서 헌법해석의 문제가 생기지 않는다.[52] 그리고 소위 사죄광고의 명령은 양심의 자유가 아니라 개인의 자기 결정권의 침해 여부를 문제 삼아야 할 사항이라는 점에서 대전제를 설정하는 문제도 논리적으로 소전제(헌법소송의 소송물)가 확정된 후에 그에 따라 결정하게 된다는 점을 주의할 필요가 있다. 결국 이러한 점들이 헌법해석의 문제를 단순한 기계적 삼단논법적인 방법으로 접근하여 문제를 간단히 해결할 수 없도록 헌법해석을 어렵고 복잡(complicated)하게 만드는 점들이다.

헌법해석의 문제가 결국 우리나라의 정치·경제·사회·문화의 문맥에서 헌법을 발견해내는 작업이라는 명제를 가장 극적으로 보여주는 실례가 헌법재판소의 수도이전특별법의 위헌결정[53]이라고 생각한다. 역사와 전통[54]의 문제를 포함하여 우리나라의 정치·경

50. 헌법재판소 1994.8.31. 결정(92헌마126) 참조. 그리고 崔大權, **事例中心 憲法學**, 374-396면 참조.

51. 헌법재판소 1993.7.29. 결정(89헌마31) 참조.

52. 崔大權, **事例中心 憲法學**, 174-177면.

53. 헌법재판소 2004.10.21. 결정(2004헌마554·566).

54. 우리나라 전통의 헌법적 의미에 관한 헌법학 논문으로 崔大權, "헌법의 連續性과 變化에 관한 談論: 傳統과 社會的 弊習을 중심으로," 서울대학교 **法學**, 44권 1호,

제·사회·문화적 문맥에서 헌법 즉 관습헌법으로 존재하는 헌법을 발견해낼 수 있었기 때문이다. 이 결정에 대하여 성문헌법의 나라에서 관습헌법이 어떻게 가능하냐의 나이브한 반론이 있었으나 이러한 반론은 헌법 및 헌법해석의 본질을 잘못 이해한 결과일 뿐이라고 생각한다. 왜냐하면 이러한 반론은 성문헌법으로 규정한 것이 헌법을 완결적으로 즉 헌법의 전부를 규정한 것이냐, 다시 말하면, 헌법의 전부를 명문의 조항에 전부 가두어버린 것이냐의 질문에 대하여 그렇다고 설명할 수밖에 없을 것이기 때문이다.

그러나 헌법의 명문조항들이 헌법의 전부를 거기에 마치 가두어 놓은듯이 생각하는 그러한 견해는 헌법이나 헌법의 발전을 조금이라도 이성적·현실적으로 사유를 행하여 보면 그러한 견해가 잘못이라는 점을 금방 알 수 있다고 생각한다. 우선 헌법의 성문조항들이 헌법의 전부를 완결적으로 규정해낼 수 있다는 생각부터가 나이브하다. 이러한 사실은 예컨대 영국에는 성문헌법이 없음에도 불구하고 자유민주주의 헌법을 견지하고 있으며 성문헌법의 명문규정이 없음에도 세계적 모범이 된 위헌법률심사제도를 발전시킨 미국 헌법의 발전을 보면 알 수 있다. 사실 성문헌법이 헌법의 전부를 규정하는 것도 또 전부를 규정해낼 수 있는 것도 아니며, 헌법적 결단에 따라서는 헌법사항이라도 성문헌법으로 규정하지 않을 수도 있고, 또 헌법사항이 아닌 것도 성문헌법으로 규정할 수도 있고 그렇지 않을 수도 있다.[55] 헌법은 꾸준히 성장·발전하는 것인데,[56] 제정

86－106면(2003).

55. 헌법사항이 아닌데 헌법에 들어간 예로 마취하지 않은 가축은 도살할 수 없도록 한 스위스헌법 조항(제25조2)을 들었었으나, 새로 개정된 스위스헌법(1999)에서는 이

당시 어떤 것은 성문헌법화해야 한다는 생각을 미처 못했을 수도 있고, 또 다른 어떤 것은 너무나 당연하기 때문에 성문헌법화해야 할 이유가 없다고 생각한 경우도 있을 수 있으며, 경우에 따라서는 성문헌법화하는 것이 유리할지 불리할지의 헌법정책적 고려에서 그렇게도 또는 그렇지 않게도 할 수도 있는 것이다. 성문헌법이 헌법의 전부를 가두어둘 수 있을 듯이 이야기하는, 관습헌법에 대하여 비판적인, 위의 견해는 헌법의 변천 현상을 전혀 설명할 수 없을 것이다.[57] 그러한 견해는 헌법의 성문조항이 사용하는 언어의 의미 자체가 시대에 따라 바뀐다는 사실 자체도 인정하기 어려울 것이다.

그러한 만큼 무엇이 헌법(헌법사항)이냐의 문제가 대단히 중요하게 된다. 대체로 헌법사항은, 실체적으로는 국가의 3대 구성요소인 영토, 국민, 주권에 관련된 사항 등, 요컨대 국가의 정체성(正體性)에 관련된 사항을 중심으로, 그리고 절차적으로 그 사항의 변경은 헌법개정이나 국민투표와 같은 일반 입법절차보다 가중된 절차에 의하여 결단해야지 의회의 단순 과반수의 투표로 결정할 사항이 아니라고 판단되는 사항이라고 정의할 수 있으리라 생각된다. 이러한 요건에 맞는 사항이라면 설사 헌법의 명문규정이 없더라도, 즉 불문헌법의 모습으로도 헌법사항이라고 할 만한 사항이 있을 수 있다. 영토, 국민, 주권에 직접 관련된 사항을 포함하여 자유민주적 기본질서 및 나라의 국어, 수도, 국기 등에 관한 사항들이 헌법사항에 속한다고 생각되는 것이다.[58] 수많은 나라에서 이러한 사항에 관해

조항이 사라져버렸다. 새 헌법 제80조 참조.

56. 崔大權, "憲法의 法的 性格," **憲法學: 法社會學的 接近**, 1－46면 참조.

57. 崔大權, "憲法의 법적 성격," 특히 44－46면 참조.

명문의 헌법규정으로 두고 있는 것도 이러한 법리 존재의 방증이 될 것이다. 그리고 우리나라의 수도의 법적 지위에 관한 관습헌법을 찾아내어 이를 근거로 하여 내린 헌법재판소의 수도이전특별법에 관한 위헌결정은 이러한 법리를 분명하게 확인한 것에 지나지 않는다고 판단된다.

우리나라 부장판사 수십 명에게 민사재판에서 관습법에 근거하여 판결을 내려본 경험의 유무에 관하여 질문을 해본 결과 그러한 경험이 있다는 답변을 한 번도 들어보지 못하였다. 민법에 있는 명문의 규정(제1조)에도 불구하고 다툼의 여지가 없는 성문의 근거나 판례의 근거에 의거하여 판결을 내렸지 관습법을 다루어본 적이 전혀 없는 실무관행이 필경 관습헌법에 대하여서도 비판적인 견해를 가지게 만든 배경이 되었을 것이라고 추리한다. 관습법에 의거하는 경우에 따르기 쉬운 다툼의 여지를 남길 위험이 관습법에 의거해 볼 수도 있다는 생각 자체를 하지 않게 만들었을 것이다. 그리고 절차상 소송대리인인 변호사가 의뢰인을 위하여 그에게 유리한 관습법의 존재를 적극적으로 찾아서 그 존재를 판사에게 거증해야 할 부담을 질 수밖에 없는데 그 부담이나 위험을 지고 그 부담이나 위험을 감수하겠다는 생각이 들지 않았을 것이고 그것이 관습법에 관심도 없는 소송관행으로 형성되었을 것이다. 또 실제로 사회과학적으로 관찰할 때 오늘날 우리가 목격하는 바와 같은 급속한 사회변

58. 최대권, "'수도이전 특별법' 위헌이다," 2004년 6월 22일자 **문화일보** 게재; 최대권, "신행정수도 이전 특별조치법은 위헌이다!" **시민과 변호사**, 2004년 8월호, 15-23면. 예컨대 국어가 헌법사항일 수 있는 것은 한국어를 쓰는 사람들을 한국국민, 일본어를 쓰는 사람들을 일본국민이라고 할 수 있기 때문이다.

화가 입법의 홍수 속에서 관습법의 성장을 어렵게 만들고 있는 것이 한편으로는 사실이다. 그러나 분야에 따라서는 그리고 여러 법단계에서 관습법이 존재하거나 생겨날 수 있음은 물론이다. 예컨대 헌법 차원의 관습법도 있을 수 있고, 법률 차원의 관습법이나 지역에 따른 관습조례의 존재 가능성도 생각할 수 있다. 그러한 만큼 우리나라 서울의 수도로서의 법적 지위에 관한 관습(헌)법이 존재함을 발견해낼 수 있었다고 하여 조금도 이상할 것이 없다. 다만 그 개념이 낯설었을 뿐이지 그것이 관습(헌)법의 존재를 부인할 근거가 되는 것은 아닐 것이다.

우리나라 헌법재판소 재판관들의 출신배경 다양화의 요청도 헌법해석 문제의 차원에서 다루는 것이 옳다고 생각한다. 헌법의 해석이란 우리나라의 정치·경제·사회·문화적 문맥에서 헌법을 발견하는 일인 만큼 헌법재판소의 결정과정에는 우리나라 사회의 여러 부분의 생각과 가치들이 반영되고 어우러져 결정으로 표출되어야 할 것이기 때문이다. 헌법재판소의 역사 20년 동안 법관 출신 변호사를 포함하면 전체 재판관들의 거의 전부가 법관, 특히 판사 출신 재판관들로 이루어져왔다. 그러므로 헌법재판소의 결정에는 압도적으로 법관 내지 판사들의 실무 및 인생 체험, 헌법에 관한 생각, 그리고 사회나 역사나 전통에 관한 가치관들만이 투영되어왔다고 할 수 있다. 물론 젊은 연구관들로부터의 입력이 있다고 하더라도 그 중심은 역시 법관 출신들의 생각이나 가치관이 지배적일 수밖에 없을 것이다. 이러한 상황은 역사나 전통의 인식, 변화하는 사회 및 시대와의 조화라는 차원 등에서 균형잡힌 결정에 이르게 하는 데 반드시 긍정적인 요인일 수 없다고 말할 수 있을 것이다. 미국의 연방대법원의 대법관, 독일의 헌법재판소 재판관, 일본의 최고재판소 판사들의 구성에서처럼 우리의 헌법재판소의 경우에도 판사 출신 재판관의 비중을 줄이고 법학교수를 비롯한 다양한 경력의 법전문가, 그리고 외교관 출신까지도 영입해야 한다는 주장 등이 설득력을 갖는 것은 이러한 이유에서이다.

2) 합리성의 문제

헌법재판은 이성적인 합리적 국민을 그 지지기반으로 하는 만큼 그 결정이 합리성을 띤 것이어야 국민에게 설득력을 가지는 것임은 물론이다. 합리성에는 가치합리성과 목적합리성이 있다. 인간의 존엄과 가치, 인류애, 세계평화와 같은 의문의 여지가 없이 우리 모두가 지지하는 가치나 그 실현에 가장 적합한 것이 합리적이라고 말할 수 있는 경우가 전자의 합리성에 관한 이야기다. 이를테면 삼단논법적 사유는 대전제로 하는 가치에 가장 적합한 결론 즉 합리적 결론의 도출을 담보하는 장치라고 할 수 있다. 목적합리성은 (적법하고 도덕적으로 정당한) 목표의 실현에 가장 적합한 (역시 적법하고 도덕적으로 정당한) 수단 선택의 문제다. 어느 목표의 실현을 위하여 선택한 수단의 비용이 지나치게 든다고 하는 경우에도 합리적이라 할 수 없다. 이처럼 비용-효과 분석도 목적합리성을 담보하기 위한 장치라 할 수 있다. 사실 헌법재판소의 결정뿐만 아니라 법적 결정(입법 및 판결 포함)은 어떠한 경우에도 합리적이어야 한다. 합리적이지 아니한 결정은 자의(恣意)의 행사일 뿐이라고 단언할 수 있다. 가치실현의 최적의 수단이 비용이 너무 많이 드는 경우에는 가치합리성와 목적합리성이 서로 충돌하는 상황도 상정할 수 있는데, 이 같은 경우에는 고민스런 선택의 문제가 제기되리라 생각된다.

어떠한 희생 하에서도 지켜야 할 가치냐 그 실현을 거의 불가능하게 만드는 비용 때문에 눈물 머금고 포기할 수밖에 없는 가치냐 하는 문제가 그것이다.

이곳에서 제기하고자 하는 것은 결정이나 판결에서의 과학적 합리성의 문제다.[59] 과학적 합리성은 목적합리성의 한 가지라 생각된다. 자연과학의 경우에는 의문의 여지가 없다. 비록 과학적 분석을 통하여 사회현상을 분석함을 목표로 하지만 사회과학의 경우에는 과학적으로 검증이 아직 안 된 결론이나 주장도 있을 수 있는 까닭에 이러한 경우까지 포함하여 과학적이라 말하기 힘든 경우가 있을 수 있다. 그러나 검증이 이루어진 사회과학적 진리나 주장도 있을 수 있고, 무엇보다도 그것이 과학적·논리적 사유를 내용으로 하는 만큼 어느 판결이나 결정을 사회과학적 진리나 주장에 바탕을 두는 것은 그 판결이나 결정의 합리성을 증대시키며 나아가 설득력을 높이게 한다고 단언할 수 있다. 특히 경제법에 관련된 판결이나 결정의 경우에는 과학적 접근은 그 판결이나 결정의 합리성을, 나아가 그 법적 정당성을 담보해준다고 믿는다. 예컨대 "불공정 행위" 판정의 경우에 정평있는 연구결과에 기초를 두어 내린 결론은 단순한 추측이나 주먹구구의 주장에 바탕을 두어 행하는 결론과 비교하여 단연 합리적이고 나아가 그 법적 정당성까지 지지해줄 것이라 믿는다. 헌법적 판단의 경우에 자주 등장하는 "과잉침해"나 "비례의 원

59. 법적 결정(입법 및 판결·결정)의 논거로서의 합리성의 문제에 관하여, 崔大權, "法的決定과 社會科學: 課外禁止措置違憲決定을 중심으로," 서울대학교 **法學**, 41권 3호, 41-73면(2000); 崔大權, "憲法學方法論의 문제: 그 合理性 摸索을 위한 談論," 서울대학교 **法學**, 43권 1호, 42-80면(2002) 참조.

칙에 반한다"의 경우에도 무엇이 과잉침해냐 또는 어떻게 비례의 원칙에 반한다는 것이냐의 질문(즉 자의가 아니냐의 의문)을 항상 동반하게 되는데, 그것을 흔히 목격하는 바와 같은 건강한 상식인의 "감"이나 표준이 아니고 (사회)과학적 지식이나 결론을 동원하여 그 기초 위에서 판정을 행한다면 그 합리성, 그리고 법적 정당성을 그만큼 증대시킨다고 생각한다. 즉 과학적 지식이나 결론은 법적 판단에서의 자의를 배제케 만든다고 생각한다.

위의 수도이전특별법 위헌결정의 경우에 관습헌법의 논거 이외에 (사회)과학적 논거에도 근거[60]했다면 더 좋았을 것이며 그렇게 했다면 과학적 합리성의 문제를 헌법적 정당성 판단의 중요 변수로 만드는 선례가 되었을 것이라고 생각한다. 과학적 합리성이 곧 법적 정당성이라고 말할 수는 없어도 과학적 합리성이 결여된 법적 정당성은 있을 수 없다고 생각하는 것이다. 수도이전은 충청도지역의 표를 겨냥한 정치적 목적 실현을 위하여서는 혹시 최적의 합리적 수단의 선택일 수 있다. 그러나 이러한 선택이 나라 전체의 시각에서 보았을 때 전통과 역사를 비롯한 정치 · 경제 · 사회 · 문화의 어떠한 점에서 과학적 합리성을 지닌 선택이라 할 수 있을지 의문이다. 문제의 특별법은 "지역균형발전"의 실현을 위한 수단으로 수도이전의 방법을 선택하고 있다. 지역균형발전의 실현을 위한 여러 방안이 다양하게 있을 수 있는데(예컨대 지방 국립대의 집중 발전 등) 이러한 다양한 방안 가운데 수도이전의 방안이 최적의 방안인지 의

60. 최대권, "'수도이전 특별법' 위헌이다" 및 최대권, "신행정수도 이전 특별조치법은 위헌이다!" 참조.

문이고, 수도이전에 드는 비용에 비추어 수도이전으로 얻는 지역균형발전의 효과가 얼마나 클지도 의문이었다. 수도이전에 드는 비용을 지역균형발전을 위한 다른 방안들에 투입하는 경우의 지방균형발전의 효과와 수도이전에 의한 지역균형발전의 효과 사이에 비교연구도 필요하다. 짐작건대(즉 educated guess) 다른 방안에 그 비용을 투입하였을 때의 지역균형발전의 효과가 수도이전하였을 때의 지역균형발전의 효과보다 훨씬 크리라. 더구나 세계 경쟁체제 속의, 그리고 통일을 염두에 두어야 하는, 우리나라 전체의 발전이라는 큰 목표에 비추어 우리나라 발전의 이 시점에서 행하는 수도이전의 선택이 다른 많은 선택지 가운데 얼마나 합리적인지 판단하기 대단히 어렵다. 순전히 (사회)과학적 합리성의 논거에만 기초하여서도 위 수도이전특별법의 헌법적 정당성을 부인하기에 충분했다고 믿는다.

위헌결정을 받은 위 수도이전특별법의 대체입법이라 판단되는 후속입법(신행정수도후속대책을위한연기·공주지역행정복합도시건설을위한특별법, 소위 행복도시법)에 대한 헌법소원사건에 대한 각하결정[61]은 헌법재판이 이성적인 합리적 국민을 지지기반으로 한다는 위의 명제에 비추어 대단히 불합리한, 실망스러운 결정이라 판단된다. 이 후속입법 즉 소위 행복도시법은 위의 수도이전특별법의 이전대상으로부터 몇 개의 국가기관을 제외하는 것 이외에는 입법목적을 비롯하여 수도이전특별법의 조항을 그대로 간직한 채 비본질적인 조항을 여러 개 더 첨가해 만든 실질적으로 동일한 입법으로

61. 헌법재판소 2005.11.24, 결정(2005헌마579·763).

서 위헌으로 판정된 수도이전특별법의 대체입법이 아니냐, 그리하여 탈법행위금지의 법리 및 (이전 위헌결정의) 기속력에 정면으로 위배되는 것이 아니냐, 그리고 비정상적인 입법절차에 의하여 통과시켰다는 점에서 입법상의 적법절차에 어긋나는 것이 아니냐, 나아가 과학적 합리성을 여전히 결하고 있는 입법이 아니냐의 쟁점이 개재되어 있었다.[62] 그러나 헌법재판소는 이러한 쟁점들에 관하여 단 한마디의 판단도 없이 행복도시건설을 수도이전이라 할 수 없다는 말 한마디로 각하결정을 내렸다. 특히 이 특별입법에 내재되어 있는 심각한 불합리성(즉 자의)은 새 정부가 들어선 이후 허허 벌판에 엄청난 토지보상금 등이 이미 뿌려진 그곳을 어느 목적으로 활용할 것인가(예컨대 대학을 옮길 것인가, 연구소를 옮길 것인가 등)를 이사람 저사람이 논의하다가 법대로 이전키로 결정된 후 정부기구의 분할로 정부기능의 약화를 가져오는 것이 아니냐, 이전 부처 공무원들이 가족을 동반치 않아 야간에는 불이 꺼지는 죽은 도시가 되는 것이 아니냐 등의 예측이 난무하고 있는 것을 보면 알 수 있다. 반대의견을 개진한 두 재판관이 오히려 헌법적 쟁점들을 다루고 있다. 헌법재판소의 이 결정은 "정치적 이념이나 이해에 얽히고 들뜬 국민"을 의식한 것으로 보이는 결정이어서, 다음에 다루려는 헌법재판소의 정치적 중립성 및 사법권 독립의 문제를 불러일으키기에 족한 결정이라 생각된다.

62. 崔大權, "신행정수도후속대책특별법의 위헌성 여부에 관한 연구," 서울대학교 ***法學***, 46권 3호, 201–226면(2005).

3) 헌법재판소의 정치적 중립성 및 사법권의 독립

엄밀히 분석하면, 사법권독립의 본질은 판사 또는 재판관의 오로지 〈법〉에의 종속과 법 발견에서의 독립(타 부처나 정당, 시민단체, 청구인 등 외부 세력이나 압력으로부터의 독립)에 있으며, 정치적 중립성이나 권력분립은 사법부에만 특유한 요청은 아니다.[63] 정치적 중립성이나 공정성 및 권력분립의 이론은 당위적으로 이야기하면 사법부에만 적용되는 요청이 아니며 행정부나 입법부에도 타당한 요청 내지 원리이기 때문이다. 그리고 사법권독립의 문제에서 일반 법원 및 판사와 헌법재판소 및 헌법재판관 사이에 질적 또는 본질적 차이는 없다. 다만 정도의 차이를 가지고 정치적 중립성의 문제가 헌법재판소의 결정과정과 관련하여 더 심각하게 제기되고 또 논의될 뿐이다. 그것은 헌법재판소가 정치적으로 민감한 헌법사건들을 다루는데다가 (6명의) 재판관들이 대통령 및 국회(실질적으로 당내 정당들)에 의하여 선출되다 보니까 정치적 중립성의 문제가 더 자주 그리고 더 심각하게 제기되고 논의되게 마련이기 때문이다.

사실 우리나라 사회의 전통적인 인맥의 영향력(연고주의) 및 신세진 사람(자기를 뽑아주고 밀어준 사람)에게 신세를 갚으려는 의리 내지 정서가 실제로 헌법재판에 얼마나 그 영향력을 미치는지 짐작이나 추측은 할 수 있어도 실증적 자료를 가지고 증명해내기는 어렵다. 그러나 그러한 짐작이나 추측이 정치적 중립성 논란의 근거로 작용한다. 그리고 이러한 가운데 정치적 중립성을 위한 처방은 상식적이다. 하나는, 다수의 재판관의 임기가 동시에 끝나 동시에 다

---

63. 崔大權, "司法權의 獨立," **法과 社會**(서울대학교출판부, 1992), 123−157면.

수의 재판관이 임명되는 현상이 속히 지양되어야 한다는 것이다.[64] 다른 하나는, 임명권자가 누구든 인맥이나 의리로부터 초연해서 오직 소신에 따라 헌법에 근거하여 헌법재판을 할 수 있는 사람을 처음부터 임명해야 하고, 재판관은 임명된 다음에는 오직 소신에 따라 오로지 헌법에 충실하게 헌법재판에 임해야 한다. 그리고 일단 이렇게 소신에 따라 오로지 헌법에 근거하여 헌법재판소의 결정에 임했으면, 정치적 중립성의 요구에 반해 임명권자의 뜻에 맞추어 헌법재판소의 어느 결정에 찬성표나 반대표를 던졌다, 혹은 더 나아가 사법적극주의다 사법소극주의다 하는 사후적인 평가로부터도 초연할 수 있어야 한다. 더 말할 것도 없이 그것은 재판관으로서의 소신의 문제일 뿐이다.

다만 이 소신은 우리 사회의 정치·경제·사회·문화의 문맥에서 헌법을 발견할 때 내가 표방·지지하는 헌법의 원리·원칙이나 규칙이 종축으로는 세계사 속 우리나라의 역사적 발전과정선상에서 그리고 횡축으로는 세계 속 우리나라 사회의 전후좌우의 어디에 서있는 것인지의 성찰 위에서 그럼에도 불구하고 가질 수밖에 없다고 믿기 때문에 가지는 소신이어야 하리라 믿는다. 그리고 그 소신은 우리나라 대한민국이라는 공동체의 발전방향의 헌법적 원리·원칙 내지 규칙을 세우는 것이라는 신념에 기초한 것이어야 하리라 믿는다. 그러므로 그것은 무거운 책임감을 가지고 행하는 신중한 성찰 위에 도달한 것이어야 하리라 믿는다. 그것은 내가 한 결정에 따라 그야말로 대한민국의 운명이 그리고 발전방향이 결정되고 혹은 이

64. "헌재 재판관 9명 중 8명, 李대통령 임기내 교체," **동아일보** 2008년 9월 1일자 기사.

에 결정적 영향을 미치는 것이기 때문이다.

소신에 따라 오로지 헌법에 근거하여 헌법재판을 행하는 것이지만, 여야당 간의, 이념 간의, 지역 간의, 경제적 이해관계에 따른 대립·갈등·분쟁이 존재하기 마련이고 현실 세계에서 헌법재판소의 결정이 이러한 대립·갈등·분쟁구도하의 시각에 따라 다양한 빛깔로 비치는 것도 어느 의미에서 당연하다. 그리고 대통령이나 국회의 정파는 자기들의 이념이나 가치관을 지니는 법관을 재판관으로 임명하여 그러한 이념이나 가치관이 반영되는 결정들을 얻어내려 하고 있고 또 그리 하기도 한다. 그러한 과정 등에서 정치적 중립성의 논란에 휘말릴 수 있음은 물론이다. 정치적 중립성 논란은 사법의 정치화의 한 단면이라 할 수 있다. 사법의 정치화는 오로지 이러한 의미이지 헌법재판소가 혹은 재판관이 그야말로 정치를 하여야 한다는 의미가 아님은 물론이다. 특히 "정치"라는 개념은 우리나라 사회에서는 아무런 원리·원칙 없이 오직 이해관계에 따라 움직이는, 권모술수와 거의 동일시되는 나쁜 이미지를 지니고 있다. 그러므로 헌법재판소 또는 헌법재판관을 가지고 노는 것도, 그리고 헌법재판소 또는 재판관이 정치적으로 노는 것도 터부시되어야 함은 물론이다.

이러한 문제들과 관련하여 여론과 헌법재판의 관계문제도 한번 살펴보아야 한다고 생각한다. 당위적으로 이야기하면 호의적인 여론이든 악의적인 여론이든 헌법재판은 여론으로부터 초연해야 한다. 이론적으로야 일시적인 또는 정치적 격정적인 여론과 헌법의 기초를 형성하는 헌법의식의 표출은 구별되며 또 구별할 수 있어야 한다. 이러한 구별 또한 성찰을 요하는 사항이다. 그러나 그 분별이 그렇게 쉽지는 않다는 것을 알고 있다. 그리하여 여론을 너무 의식한 것이 아니냐고 할 수 있는 결정들이 자주 보이는 것도 사실이다. 위에서 언급한 행복도시법 위헌확인 사건에 대한 각하결정[65]이라든지, 근래의 아프가니스탄 여행금지와 관련된 여권의 사용제한 등에 관한 고시위헌확인 사건의 기각결정 등이 그렇게 비친다.[66] 까딱하면 나타나는 반헌법재판소적인 작은 물결의 여론이 비교적 안정적인 헌법의식으로 전환되지 않을까 하는 문제에 전적으로 무관심할 수만은 없다고 생각한다. 이러한 문제에 대한 최선의 처방은 최선을 다한, 소신에 찬 합리적 결정들을 꾸준히 행함으로써 이제까지 쌓아온 이성적이고 합리적인 국민의 지지기반을 더욱 넓히고 다지는 일이라고 생각한다. 즉 장기적으로 원론에 충실한 방안이 최선

65. 아마도 수도이전특별법의 위헌결정에 이어 좌파정권·좌파중심의 격렬한 반헌법재판소적인 여론을 무릅쓰고 또 다시 행복도시법에 대하여서도 위헌결정을 내리기는 쉽지 않았을 것이다.

66. 헌법재판소 2008.6.26. 결정(2007헌마1366). 이 사건에서 중심이 되는 것은 주거이전의 자유 및 부수적인 종교의 자유와 평등권이기보다는 개인의 행동의 자유 내지 자기 결정권이라고 생각된다. 위험한 것이라도 개인이 충분히 그 위험을 알고도 그 위험을 무릅쓰고 모험을 택하는 경우에 그것을 국가가 금할 권한이 있느냐의 문제가 된다고 생각되기 때문이다. 물론 국민을 보호해야 할 책무에 비추어 국가는 그 위험을 국민에게 충분히 알리고 자제할 것을 권고하는 등의 여러 조치 등은 취해야 한다고 생각된다. 그러나 굳이 모험을 하겠다는 국민을 못하게 막을 권한이 있느냐 하는 점에서는 의문이 있기 때문이다. 그것은 국가가 사리분별을 잘 못하거나 경솔히 움직이는 청소년에 대한 부모의 보호자로서의 권리와 같은 친권적 보호주의(paternalism)에 서지 않는 한 성인인 개인의 자유에 대한 지나친 간섭일 수 있겠다는 생각이 들게 만든다. 만약 국가가 친권적 보호주의에 서기로 한다면 국민의 에베레스트산 등반이나 극지탐험, 번지 점프, 흡연과 같이 위험이 크다는 것이 분명히 알려져 있는 경우에도 금해야 할 것이다. 이 결정은 다분히 위험하다는 아프가니스탄에 굳이 들어가 국가를 외교적 어려움에 빠지게 하는 등 문제를 일으킨 기독교선교활동을 한 피납자들을 비판적으로 다루었던 여론을 의식하고 행한 결정이라고 보여지는 것이다.

의 방안이 된다고 생각한다.

5. 맺는말

위에서 살펴본 바와 같이, 미시적 차원의 문제점들은 있으나, 거시적으로 볼 때 헌법재판소의 활발한 헌법수호활동에 힘입어 기본권의 신장을 비롯한 법치주의 및 자유민주주의의 신장을 확인할 수 있다.

그러나 우리나라에서 법치의 문제와 법치주의의 문제를 엄밀히 차별화해서 쓰지 아니하여서 그렇지, 될듯 될듯싶은 우리나라 선진화의 발목을 진정으로 잡는 것은 법치주의(실질적 법치주의) 그 자체가 아니라 법치(형식적 법치주의) 곧 준법의 문제라는 점을 지적할 수 있다고 생각한다. 지금까지의 우리의 법치 곧 준법의 문제를 한 단계 고양시킬 필요가 있다는 것이 우리의 생각이다. 괄목할 만한 진보에도 불구하고 곳곳에서 관례나 관행과 같이 일어나고 있는 갖가지 불법, 탈법, 위법, 회피 및 부정과 부패 등이 지양되어야 한다. 선진화는 법치주의, 자유민주주의 및 시장경제 각각에서의 선진화로 이루어진다고 단순화해서 이야기할 수 있다고 생각한다. 게임룰이 분명하고 공평하지 아니하면 민주주의의 게임이나 시장에서의 게임이 되지 아니하기 때문이다. 그리고 법치=준법의 문제는 이 각각의 선진화를 가로막는 장애물이라고 판단된다. 준법의무는 명문규정을 두지 아니하여서 그렇지 조세의무, 국방의무와 함께 국민의 3대의무라는 사실은 누구나 알고 있다. 준법의무는 실은 민주시민에게 요구되는 자질 내지 시민의식(civic virtue)의 문제이기도 하다. 준법의무는 공직을 담당하고 있는 시민에게나 세금을 내며 병역을 담당하는 일반 시민에게나 누구에게나 모두 타당한 의무인 것이다. 다만 그 영향력의 측면에서 볼 때 공직을 담당하는 공직자들의 준법의무 이행이 일반 시민의 그것보다 더욱 더 강조되어야 함은 물론이다.[67]

---

67. 특히 국회의원이나 대통령과 같은 국민의 대표인 공직자들이 보여주는 반준법의 예(행적)들보다 국민의 준법문화에 더 나쁜 영향을 미치는 행적이나 실적은 없을 것이다. 선거 때마다 선거법, 정치자금에 관한 법률 등 국민들이 빤히 쳐다보고 있는 법률 위반으로 언론에 보도되거나 수사를 받고 혹은 재판을 받아 공무원의 신분을 박탈당하기도 하는 국회의원들의 예가 그러하다. 더구나 국회의원들이나 대통령은 자신이 법을 만드는 사람들이 아닌가? 자신이 만든 법을 스스로 지키지 아니하는 것을 의미하기 때문이다. 국회의원들이 국회에 등원치 아니하고 거리의 과격불법시위에 동참하고 있는 것이나 과격불법시위 등을 단속하지 아니하는 것들은 도저히 이해할 수 없다. 이러한 것들을 보면서 준법의식을 북돋우는 국민은 한 사람도 없을 것이다. 아마도 역으로 불법을 조장하는 효과를 가져올 것이다. 예컨대 **동아일보**의 2008년 9월 10일 이진녕의 칼럼 "국회법 희롱하는 국회" 등 참조.

6

결론:
법치주의와 민주주의

1. 법치주의 정의의 문제

이상의 여러 장에 걸친 논의 결과 이제 법치주의의 문제는 결국 그것이 무엇이냐가 아니라 우리가 이것을 어떻게 이해해야 할 것인가의 문제라는 데 이르게 되었다. 솔직히 법치주의가 무엇이냐의 문제에 관해서 법률학사전이나 표준적인 헌법학 교과서를 참조하면 그 정의(定義)가 소상하게 나와 있고, 법치주의를 집중적으로 다룬 저술이면 서구에서의 그 발달사까지도 자세히 알 수 있다. 그리고 법과 민주주의 및 시장경제의 발전을 연관시키고 있는 저술을 보면 단순히 법이 아니라 법치주의와 민주주의 및 시장경제의 발전을 연계시켜 법치주의를 그 기능을 중심으로 논의하고 있다는 사실도 살필 수 있다. 그 기능을 중심으로 하는 이 같은 법치주의의 이해가 의미가 없는 것은 아니다. 그런데 우리나라의 민주화와 시장경제의 발전을 뒤돌아보면 사전적으로 이해한 법치주의를 가지고 어떻게 설명해낼 수 있을지 쉽지 않다는 것을 곧바로 알 수 있다. 적어도 우리나라의 경험을 중심으로 살펴보면 그것은 법치주의를 민주화 및 시장경제발전의 독립변수로 파악해야 할지 종속변수로 파악해야 할지 혼란스러워진다는 사실에 직면하게 되는 까닭이다. 그리고 우리나라뿐만 아니라 민주주의나 경제발전을 열망하고 있는 지구상의 수많은 나라의 법치주의의 현실을 관찰하여도 서구 중심의 접근이나 이해가 반드시 적절한지에 관한 의문을 가지도록 만들기에 충분해 보인다. 중국도 그러한 예의 하나가 되리라 믿는다. 그리하여 반드시 법치주의의 문제가 아니라 또는 그 이전에 나라마다 그 나라가 처한 상황에 따라 법 자체의 문제가 각기 다르며 그렇게 문제가 다른 법을 이해해야 하리라는 생각에 이르게 되었다.

결국 법치주의를 어떻게 이해해야 할 것인가의 문제에 접근하려면 각 나라가 처한 법의 문제를 살펴야 하고, 그러기 위해서는 법치주의는 다음에서와 같이 각 나라가 처한 네 가지 각기 다른 국면(phase) 내지 발전단계(developmental stage)에 주목해야 한다는 생각에 이르게 되었다. 즉 법치주의는 네 가지 국면 내지 발전단계가 있다고 판단된다. 단순히 우리나라가 산업화 단계에 들어선 1960년대, 1970년대 및 1980년대에 우리가 접했던 법 내지 법치주의의 문제가 민주화 단계에 들어선 1987년 이후에 우리가 안고 있는 법 내지 법치주의의 문제와 다르다는 것을 이해할 수 있다. 법치주의에 이 같이 네 가지 국면 내지 발전단계가 있다고 파악하는 접근방법은 몇 가지 장점이 존재한다고 생각한다.

첫째는 그것이 현실적이라고 할까 각 나라가 처한 실상을 파악하는 데 알맞다는 점이다. 이러한 점은 우리나라 법치주의의 역사를 되돌아봐도 분명해진다. 법치주의를 논하기 이전에 그 나라의 법의 현실이 어떠한지를 파악하는 작업이 지적으로(intellectually) 무엇보다도 우선되어야 한다고 생각된다.

그 나라의 법의 현실을 파악한 결과 이곳에서 상정한 바와 같이 각 나라가 처한 법치주의의 국면 내지 발전단계가 다른 만큼 이러한 방법은 둘째로는 각 나라가 처한 법치주의의 중요 화두가 되는 문제점에 대한 처방도 달리하여 접근하여야 한다는 점을 인식하는 데 유리하다는 장점이 있다고 생각한다. 사실 법치주의는 성격상 법의 현실 파악을 위한 준거라기보다는 목표지향적인 당위적 함의를 구성요소로 하는 개념이라는 생각이 든다. 각 나라의 법 현실이

다르면 그들 나라의 법치주의의 화두도 달라야 함은 당연하다. 예컨대 법질서가 확립되지 않아 치안 자체가 문제가 되고 관료들의 부정부패가 광범위하게 지배하는 나라에 대하여 헌법재판을 논의하는 것은 무의미하다.

셋째로, 지금 우리나라는 과거 원조를 받던 나라에서 원조를 주는 나라가 되었다. 그리고 우리나라는 정부 차원에서나 민간 차원에서 제3세계 국가에 대하여 단순히 경제 원조를 힘닿는 대로 공여하는 데 그치지 아니하고 우리나라가 짧은 기간에 이룩한 괄목한 경제발전과 민주화의 경험과 노하우를 그들 나라에 전수하는 데 대단한 사명감과 정열 및 자부심을 가지고 임하고 있다. 잡은 물고기를 그냥 주는 것이 아니라 물고기 잡는 방법을 가르쳐야 한다는 생각으로 원조에 임하는 나라는 우리나라 이외에 그리 많지 않을 것이라고 생각한다. 그리고 이것이 우리나라 헌법 전문에서 선언한 바 "세계평화와 인류공영에 이바지"하는 길임을 인식하는 방식이다. 우리가 이룩한 바에는 경제발전과 민주화만 있는 것이 아니고 경제발전과 민주화와의 밀접한 관련 속에서 성취한 법치주의의 발전도 포함되고 있음은 물론이다.[1] 그러한 만큼 우리가 제3세계 국가에게 제공하는

1. 박광동, **법제교류지원사업의 이념과 과제**(서울: 한국법제연구원, 2008) 참조. 우리나라가 원조를 받던 나라에서 원조를 주는 나라로 탈바꿈하면서 특히 제3세계국가를 원조하는 프로그램의 일환으로 법제교류지원사업을 추진하려고 기획·추진하려 하고 있음은 대견하고 반갑다. 그러나 서양 및 일본 중심의 선진국 학자와 국제원조기구들이 제시하는 법제교류지원 모델이나 이론 및 실행을 참고의 대상으로는 삼아야하겠지만 반드시 우리의 원조제공 노력의 지침이 되어야 하는지에 관하여는 유보의 생각을 가지고 있다. 선진국과는 달리 우리는 지난 30년 40년간의 짧은 기간에 경제발전과 민주화를 이룩한 아주 최근의 경험들을 가지고 있고 이들 경험에는 경제발전 및 민주화와 함께한 법운영/법치주의의 체험, 아직도 생생하게

국가발전의 노하우에는 법치주의 발전의 노하우를 포함시켜야 함은 물론이다. 그리고 우리의 법치주의 발전의 노하우에는 우리나라가 지나온 법치주의 발전의 각 단계의 노하우가 포함되는 것임은 당연하다. 그러한 만큼 우리나라가 제공할 수 있는 원조 프로그램에는 그 나라가 처한 법치주의 단계 내지 국면에 알맞은 법치주의에 관한 처방 프로그램이 포함될 수 있을 것임은 물론이다. 이 같은 법치주의 원조 프로그램을 위해서도 위의 법치주의의 각기 다른 국면 내지 단계적 이해가 의미있게 다가올 수 있다고 믿는다.

2. 법치주의의 국면/발전단계[2]

그러면 법치주의의 네 가지 국면 내지 발전단계를 살펴보자. 첫

기억하는 권위주의를 포함하는 시행착오의 체험을 가지고 있다. 이러한 생생한 최근의 체험이 100년 전, 200년 전의 선진국의 체험보다 제3세계 국가들에게는 더 가슴에 와닿는 체험일 수 있을 것이라는 생각이 든다. 그리하여 우리의 법운영/법치주의의 체험을 준거로 하는 모델, 이론 및 실행준거로 만든다면 세계 여러 나라에 이론적으로나 실제로도 통용될 수 있는 유용한 모델, 이론 및 실행준거의 하나가 될 수 있지 않겠는가 하는 생각을 가지고 있다.

2. 이곳에서 택한 법치주의의 국면/발전단계의 접근방식과는 달리 나라마다 서로 다른 법치주의의 모습을 보고 순전히 얼마나 많은 내용 내지 요소를 포섭하여 법치주의를 정의하느냐의 문제에 집착하여, 대체로 우리의 실질적 법치주의에 상응하는 법치주의를 "두꺼운(thick)" 법치주의로, 형식적 법치주의에 해당하는 것을 "얇은(thin)" 법치주의로 정의하고, 나아가 이 모두를 배척하면서 경제발전에 초점을 두어 재산권 및 계약의 보호를 중심으로 하여 그 안정성과 예측가능성을 중심으로 하는 "더 얇은(thinner)" 법치주의를 정의하면서 접근하는 학자도 있다. Michael J. Trebilcock and Ronald J. Daniels, *Rule of Law Reform and Development: Charting the Fragile Path of Progress* (Cheltenham/Northamton: Edward Elgar, 2008), 16－29면. "두꺼운" 및 "얇은" 정의만으로 중국의 법치주의를 접근한 Randall Peerenboom, *China's Long March toward Rule of Law* (Cambridge: Cambridge University Press, 2002), 2면 이하 및 65면 이하. 그러나 이 "두꺼운" 및 "얇은" 접근방식은 법치주의가 정치체제의 발전단계와의 밀접한 연관 속에서 발전한다는 사실인식을 결여한 관념적 접근방식이라 생각된다. 우리의 접근방식이 훨씬 현실적인 접근방식이라 믿는다.

째로 ① 가장 먼저 상정할 수 있는 국면 내지 발전단계는 약탈, 방화, 강간, 살육이 도처에서 일어나고 있는 법치부재(lawless)의 국면 내지 단계라고 생각한다. 홉스[3]가 상정한, 가히 만인 대 만인의 투쟁의 국면 내지 단계라고 할 만하다. 홉스는 생명의 안전을 보장받는 주권국가의 생성을 설명하기 위한 가설(계약설의 전제)로서 누구도 개인의 생명의 안전을 보장받을 수 없는 만인 대 만인의 투쟁의 국면 내지 발전단계를 상정하였지만 우리가 체험하거나 목격하고 있는 세계 여러 나라를 둘러보면 그것이 단순한 가설만이 아니고 과거에도 그리고 지금도 현실로 만인 대 만인의 투쟁의 상태에 있는 나라를 볼 수 있다. 무정부 상태에 있는 현재의 소말리아라든지 불과 얼마 전 백만 명 이상이 학살을 당했던 당시의 르완다나 내전 중에 있는 콩고 같은 나라의 사정이 실제로 그렇다. 또한 합법정부가 있다고 하지만 미군 등 연합군이나 UN군에 의해 연명할 뿐 많은 지역이 탈레반 등 반군이나 종파나 부족장들에게 지배되고 있는 이라크나 아프가니스탄 같은 지역이 그러하다고 생각된다. 위의 장에서는 법치부재의 국면/단계를 특히 설정하지 않았지만, 이 결론 장에서는 법치주의에 관한 논의를 더욱 풍부하게 만들기 위해서 이를 설정·도입하였다. 그러나 엄밀히 말하면 법치부재는 법치주의 자체의 국면/단계는 아닐 것이다.

아무튼 원시사회나 파푸아뉴기니나 아마존 정글에 사는 미개부족사회는 많은 인류학자들이 증언하는 바와 같이 결코 무질서의 사

---

3. Thomas Hobbes, *Leviathan: Or the Matter, Forme and Power of a Commonwealth Ecclesiasticall and Civil*, ed., Michael Oakeshott (New York: Collier Books, 1962) 참조.

회가 아니고 그 나름으로 대단히 질서잡힌 사회다. 법치부재의 국면 내지 발전단계는, 오히려 오늘날 나라에 따라 정권이 폭력적으로 바뀌는 혁명과정에서 혹은 패전이나 대규모의 자연재해 직후에 혹은 중앙정부가 전복되었거나 기능을 수행하지 못하는 무정부의 상태에서 겪는 일시적이고 잠정적인 경우도 있지만, 국가생활의 경험이 일천한 아프리카의 많은 나라의 경우같이 그 기능을 제대로 수행하는 국가가 확고히 형성(nation-building)될 때까지 상당히 오랫동안 지속되는 장기적인 경우도 많다고 생각된다. 사실 법질서를 담보하는 정부가 부재하거나 실질적인 무정부나 마찬가지의 상태에 빠져 있어서 정부가 기능을 수행하지 못하니까 생명의 안전을 종파나 부족이나 지역실력자에게 의존하게 되는 경우도 있고, 바로 그 때문에 역으로 종파 지도자나 부족장이나 지역실력자의 지배는 존재하여도 전국 차원의 법질서의 지배는 위협을 받게 되는 경우도 있다. 이 후자의 경우에 그 대신 종파 간이나 부족 간, 지역실력자 간의 헤게모니 쟁취를 위한 내전과 무법의 상태가 지배하게 되는 경우도 많게 된다. 이들 부족장이나 종파 내지 지역실력자의 자의가 지배하여도 이를 제어하는 장치나 제도가 없는 상태가 조성되는 것이다.

또 합법정부가 존재하여도, 그리고 그 정부가 민족의 해방이나 사회주의 혹은 민주주의를 표방하느냐 어떠냐의 문제와 상관없이, 그 권력자와 관료들의 부정부패[4]와 매관매직 및 권력자와 관료의

---

4. 부정부패에 관한 연구로 John T. Noonan, Jr., *Bribes* (Berkeley: University of California Press, 1984); Robert Williams, ed., *Explaining Corruption* (Cheltenham, UK: Edward Elgar Publishing, 2000) 등. 그리고 우리나라에서의 연구로 한나라당

횡포가 전국 도처에서 횡행하고 이들 현상과 함께 족벌주의(nepotism)와 정실주의(cronyism)가 지배하는 나라[5]도 이 지구상에는 실제로 존재한다. 그리고 그러한 나라에서는 정부가 제대로 그 기능을 수행하지 못하고 법치는 실질적으로 부재한 것이나 마찬가지의 상태에 있음을 발견하게 된다. 이러한 경우에는 법이 없는 것이 아니라 작용하는 법이 없는 것이다. 그리하여 그러한 상태에 있는 나라는 기능적으로 또는 실질적으로 법치가 없는 나라로 분류될 수 있다고 생각한다. 그러므로 법치부재의 국면이나 발전단계에는 기능적으로 또는 실질적으로 법치부재인 경우를 포함시켜야 한다고 생각한다. 왜냐하면 부정부패 때문이든 인맥이나 족벌주의나 정실주의 때문이든 이에 연유되는 법치부재의 상태에서도 아래에서 거론하는 법치나 법치주의가 약속하는 이상이나 목표(예컨대 법적 안정성, 민주질서, 경제발전)의 실현은 어려워질 것이라는 점에서 아예 법치부재의 상태나 단계와 마찬가지일 것이기 때문이다.[6]

국책자문위원회·한국부패학회가 2011.3.18일 주최한 **반부패 청렴사회 구현 방안 정책 토론회**에서 발표된 오필환, "한국부패의 현황과 문제점"(5–36면); 전수일, "부패방지제도의 문제점과 개선방안"(39–55면); 김형성, "부패방지법의 문제점과 개선방안"(59–79면) 등 참조.

5. Nepotism은 권력자가 나라의 권력이나 이권을 아들이나 형제 등 친족들에게 나누어주어 행사케 하는 경우이고 cronyism은 자기 손발인 "돌만이"들에게 나누어주어 행사케 하는 경우라 할 수 있다. 두 경우 다 부정부패의 한 양태라 할 수 있다. Cronyism에 관한 한 연구로 David C. Kang, *Crony Capitalism: Corruption and Development in South Korea and the Philippines* (Cambridge: Cambridge University Press, 2002) 참조. 필리핀에서는 경제이익과 정치의 불균형이 경제성장을 저해하기에 충분한 부패에 이르렀는데 한국경제성장에서는 경제이익과 권력이 균형을 이루어 부패가 통제 불능의 상태에는 결코 이르지 않았다고 하고 있다.
6. 예컨대 Paolo Mauro, "Corruption and Growth," *Quarterly Journal of Economics*, vol. 110, no. 3, 681–712면(1995)은 흥미롭게도 부정부패가 경제성장을 저해한다는 결론을 도출하고 있다.

표. 법치주의의 국면/발전단계

국면/단계	법의 특징	정치 형태	경제 형태	주요 법 형태
법치 부재	· 만연한 살상, 강간, 방화, 폭력, 약탈 · 이에 상당하는 것들: 만연한 부정부패, 인맥, 관시 등 -족벌주의, 정실주의, 편파주의	· 만인 대 만인의 투쟁 · 종파, 부족, 군벌 간의 전쟁	약탈경제	무법
법치	· 수단으로서의 법 (통치/경제발전) · 억압적 · 인권부재 · 사법권독립부재	· 독재정권 -전체주의 -권위주의 · 국가가 사회통제	· 중앙계획경제 · 국가주도의 시장경제개발 → 시장경제의 발전	· 형법 · 행정법 · 규제법 · 형식적 법치주의 성장의 징후
형식적 법치 주의	· 법의 독자성 · 법의 형식적 특징: 법의 일반성 소급효 금지, 명확성, 안정성·사법권독립 · 예측가능성, 안정성 · 개인적 자유 · 계약/재산권 보호	· 민주주의 · 다수의 독재(법은 다수 독재의 수단의 기능도 수행한다)	· 시장경제	· 민법(계약법, 구제법, 재산법, 불법행위법 등) · 법치행정+행정에 대한 사법심사
실질적 법치 주의	· 인간의 존엄과 가치, 상위법, 정의 등 · 인권보호 · 계약+재산권 보호	· 자유민주주의 · 사회가 국가통제	· 시장경제	· 민법(계약법, 구제법, 재산법, 불법행위법 등) · 헌법: 인권보호, 입법에 대한 사법심사 (헌법재판)

아무튼 법치부재의 상태는 무정부 상태 내지 만인 대 만인의 투쟁과정에서 승리한 종파나 부족이나 지역실력자에 의한 권력집중 혹은 근대화나 사회주의 등 혁명을 표방하고 나서는 군부독재로 이어지는 경향이 많다. 독재체제의 등장은 독재의 성격이 어떠하든 그 독재를 뒷받침하는 수단으로서의 법치의 국면 내지 발전단계를

동반한다. 독재체제에는 그 성격상 군주정이나 총통제를 포함하는 권위주의체제와 공산주의나 사회주의를 포함하는 전체주의체제가 존재한다. 그리고 법은 철저히 그 독재체제를 담보하는 장치의 하나가 된다. 법은 독재를 위한 수단으로서의 법으로 존재하며 기능하는 것이다.

그리하여 ② 법치주의의 둘째 국면 내지 발전단계로 법치(rule by law)[7]의 국면 내지 발전단계를 설정할 수 있게 된다. 이러한 법치의 국면 내지 단계에서는 국가가 사회를 지도·통제하며 법은 억압적(repressive)인 성격을 지니게 되고 개인의 기본권은 존중되지 않으며 삼권분립, 특히 사법권의 독립은 제약받는다.[8] 그리고 법은 독재 내지 독재정부가 표방하는 이념(근대화, 사회주의 등)을 실현하기 위한 수단(instrument)으로서의 기능을 수행한다. 사법부도 독재에 봉사하는 지위에 서게 된다. 과거의 공산주의 정권의 경우는 물론 오늘날에도 남아있는 공산주의 정권의 경우에 법이 공산화를 달성하고 수호하기 위한 수단으로서의 법이라는 점은 가장 대표적인 예가 된다.[9] 또 과거 우리나라 유신시대의 일련의 긴급조치들도 당시의 권

---

7. Brian Z. Tamanaha, *On the Rule of Law: History, Politics, Theory* (Cambridge: Cambridge University Press, 2004), 92−93면; Tom Ginsburg and Tamir Moustafa, eds., *Rule by Law: Politics of Courts in Authoritarian Regimes* (Cambridge: Cambridge University Press, 2008) 참조.
8. Philippe Nonet and Philip Selznick, *Law and Society in Transition: Toward Responsive Law* (New York: Harper and Row, 1978), 29−72면; Roberto Mangabeira Unger, *Law in Modern Society* (New York: Free Press, 1976), 50−52면 등.
9. Harold J. Berman, *Law and Revolution: The Formation of Western Legal Tradition* (Cambridge: Harvard University Press, 1983), 32−40면; Wayne R. LaFave, ed., *Law in the Soviet Society* (Urbana: University of Illinois Press, 1965) 등. 그리고 북한에서 출판된 방계문, 조몽우, 김종일, 한락규, 서창섭, 김재교, **공화국 법은 사회주의 건**

위주의체제를 수호하기 위한 수단으로서의 법이라 할 수 있다. 1960년대, 70년대에 정부주도의 경제개발정책을 지원하기 위하여 제정·시행되었던 외자도입법, 외국환관리법, 무역거래법, 수출진흥법, 자본시장육성에 관한 법률 등 일련의 입법들도 수단으로서의 법이라 할 수 있다.

이처럼 법치의 국면 내지 발전단계의 법은 그 성격이 주로 전국을 장악한 중앙집권적 권력자 및 그를 지원하는 관료집단이 그 집행을 담당하는 규제(행정)법(regulatory law)을 중심으로 한다. 권력자가 법치에 관심을 가지는 이유의 하나는 무엇보다도 법치를 통하여 정권의 정당성을 제고(즉 법치주의를 표방)하려는 것이며, 다른 하나는 법치를 통하여 그때그때마다의 즉흥적 훈령이나 지시가 아니고 관료들에 의한 권력행사의 근거, 기준, 절차 등의 법규정의 마련에 의하여 정부의 안정과 능률을 제고하려는 것이다. 또 하나의 이유는 법을 시행하는 관료들의 자의행사나 법시행과 관련되는 부정부패를 방지하려는 것이다.[10]

설의 강력한 무기(평양: 사회과학원출판사, 1964); 주재묵 편, **조선민주주의인민공화국 사회주의헌법은 사회주의건설을 힘있게 다그칠 수 있게 하는 위력한 무기**(평양: 과학, 백과사전출판사, 1978) 등.

10. Ginsburg and Moustafa, eds., *Rule by Law*에 수록되어 있는 Anthony W. Pereira, "Of Judges and Generals: Security Courts under Authoritarian Regimes in Argentina, Brazil, and Chile"; Tom Ginsburg, "Administrative Law and Judicial Control of Agents in Authoritarian Regimes"; Tamil Moustafa, "Law and Resistance in Authoritarian States: The Judicialization of Politics in Egypt"; Robert Barros, "Courts Out of Context: Authoritarian Sources of Judicial Failure in Chile (1973−1990) and Argentina (1976−1983)" 등 참조.

이러한 이유 때문에 법치를 보장하는 장치에도 관심을 가지게 된다. 이러한 법치를 보장하는 장치로는 위로부터의 통제장치와 외부로부터의 감시장치를 들 수 있다. 위로부터의 통제장치로는 감사원과 같은 통제장치, 상급기관에 의한 통제나 감사 등의 장치를 들 수 있다. 외부로부터의 감시 내지 통제 장치라 할 수 있는 것이 행정쟁송제도, 고소·고발제도들이다. 후자의 경우에는 법치의 대상이자 이해관계자인 국민으로 하여금 관료들의 법집행을 감시케 하는 장치가 되는 것이다. 그리고 사법부는 이러한 법치를 최종적·사법적으로 담보하는 위치에 서게 되는 것이다.

독재정권이 법치에 이해관계를 가지는 이유로 정권의 정당성 제고와 함께 관료들의 권력행사의 근거, 기준, 절차 등의 법규정을 통한 정부의 능률제고 및 법집행 관료들의 자의 배제 및 부정부패 방지 등의 이유를 위에서 들었거니와, 개념상 독재와 법적 합리성은 반드시 서로 충돌하는 것이 아니라 상호 보완적인 관계에 설 수도 있다는 점을 주의할 필요가 있다. 독재야말로 능률적인 독재를 위하여 법적 합리성에 관심을 가진다. 왜냐하면 법치에 의한 능률의 제고 및 부패의 근절이야말로 독재정권의 정당성 제고에 긍정적으로 작용할 것임에 틀림없을 것이기 때문이다. 역으로 법집행과 관련된 관료들의 자의적 권력행사나 부정부패가 정권의 정당성을 깎아내리는 데 크게 기여하게 된다. 정권이 독재정권이냐 민주정권이냐의 문제에 반드시 집착하지 않고 법의 합리성은 근대 국가의 중요한 징표로 간주되고 있다.[11] 그 법이 합리적이지 않은, 그러한 의

11. Max Weber, "Bureaucracy," Gerth and Mills, ed., *From Max Weber: Essays in*

미에서 전근대적인 독재정권도 있을 수 있다(예컨대 북한). 나아가 독재정권의 정치적 정당성 제고에 합리적 법치만으로 충분하지 않기 때문에 경제발전과 같은 정부의 업적을 통한 정당성 제고에 크게 관심을 가지게 된다. 지난 1960년대, 70년대 및 80년대 한국의 권위주의 독재정권이 이를 극적으로 보여주고 있다.

이같이 독재정권이 합리적인 법치의 제고에 나아가면 나아갈수록 그 법치는 다음에 보려는 셋째 국면 내지 발전단계인 형식적 법치주의에 근접하여 형식적 법치주의의 특징들이 증가하게 되는 경향을 보인다. 법의 일반적 적용가능성, 소급효금지의 원칙, 예측가능성, 안정성 등의 특징이 증가하게 되는 것이다. 사실 정치·경제·사회·문화 전체가 국가에 의하여 통제되는 전체주의 독재의 경우에서와는 달리, 권위주의 독재의 경우에는 독재자(집단)의 정치권력에 대한 독점을 특징으로 하며, 정치권력에 대한 도전이 없는 한 경제·사회·문화 영역의 자율성(예컨대 시장경제, 종교의 자유 등)이 허용 내지 존중되는 까닭에, 그러한 자율성이 허용되는 영역에서의 형식적 법치주의, 그러한 의미에서 부분적인 형식적 법치주의도 실제로 가능하다.[12] 더구나 권위주의 독재정권이 그 정당성의 제고에 결정

Sociology (New York: Oxford University Press, 1958), 196－244면 참조.

12. 주 10) 및 Robert Barros, "Dictatorship and the Rule of Law: Rules and Military Power in Pinochet's Chile," in Hosé María Maravall and Adam Przeworski, eds., *Democracy and the Rule of Law* (Cambridge: Cambridge University Press, 2003), 188－219면 등 참조. 그리고 독재 가운데 전체주의·권위주의의 분류와 관련하여 Karl Loewenstein, *Political Power and the Governmental Process* (Chicago: University of Chicago Press, 1965), 53－69면; *Encyclopedia of Government and Politics*, 1권에 실린 Leslie Holmes, "Communist and Post-Communist Systems" (215－228면); James Malloy, "Contemporary Authoritarian Regimes" (129－246면); Talukder Maniruzzaman, "Military

적인 영향을 미치는 시장경제에 바탕을 둔 경제발전을 이끌고 있는 경우에는 투자의 증진을 위해서 특히 그러하다. 과거 우리나라의 권위주의 정권 하 경제발전 시대의 법치주의가 그러했다고 판단된다. 그리고 오늘날의 중국의 법치가 어느 정도 그러하다고 할 수 있을 것이다.[13]

나아가 자유민주주의 국가라고 하더라도 그 국가가 직면한 위급한 상황에 직면하여 그 위기 상황을 극복하기 위해 헌법이 허용하는 긴급조치나 계엄령 선포의 조치를 취하는 경우(위기정부[14]의 경우)에는 평상시에는 허용되지 아니하는 독재적 조치(예컨대 신체의 자유나 언론자유의 제한조치)들이 취해진다. 민주주의질서 내에서 이루어지는 이러한 독재적 조치에 대하여 의회에 의한 통제장치를 포함하여 헌법은 평시로 돌아가기 위한 여러 통제장치를 마련하고 있다(예컨대 헌법 제76조제3항 제4항, 제77조제3항, 제4항 등). 그럼에도 불구하고 위기정부가 취하는 이러한 독재적 조치들은 위기극복의 목적 달성을 위한 수단적 입법임에 틀림없다는 사실이 주목된다. 정정이 불안정한 제3세계의 민주주의(unstable democracy) 국가에서는 과거의 우리나라에서도 체험하였듯이 실제로 이러한 입헌적인 독재적 수단들이 군부나 일군의 집단에 의하여 권력을 탈취하고 독재정권을 세우는 구실로 이용되는 일이 많다. 그러한 만큼 한 국가, 한 사회가 적어도 다음에 논의하려고 하는 형식적 법치주의의 국면/

Dictatorships"(247－263면) 등 참조.

13. Peerenboom, *China's Long March toward Rule of Law* 등 참조.

14. 崔大權, **憲法學講義**, 347－352면; Clinton Rossiter, *Constitutional Dictatorship: Crisis Government in the Modern Democracies* (New York: Harbinger Book, 1963).

단계에 확실하게 진입하였느냐의 문제가 민주주의 질서나 시장경제 발전을 위하여 참으로 중요하게 된다.

아무튼 ③ 법치주의의 셋째 국면 내지 발전단계는 형식적 법치주의(formal rule of law)[15]의 그것이라고 말할 수 있다. 형식적 법치주의의 국면 내지 발전단계의 특징적 성격은 법이 독자성(autonomy of law)[16]을 지닌다는 점이다. 법이 독자성을 지닌다 함은, 법이 법을 둘러싸고 있는 주변(정치·경제·사회·문화 등)으로부터 독립한, 법 독자의 논리로 작용하는 특징을 지니게 됨을 의미한다. 그것은 마치 심장이 신체의 일부이지만 독자의 구조와 기능을 지니는 것과 마찬가지다. 그리하여 법은 제정법 조문이나 판례로부터 삼단논법식의 논리(형식적 논리)로 법원칙과 법규칙을 발견해낼 뿐 그 이외의 어떠한 (법)외부의 근거로부터 도출해내지 못한다. 그리하여 종교와 법의 구분이 불명확한 이슬람국가나 법이 공산주의 이념과 공산당으로부터 독립하지 못한 공산주의 국가(중국이나 북한)의 경우와는 달리, 형식적 법치주의 국면 내지 발전단계의 법은 특히 종교

---

15. Tamanaha, *On the Rule of Law*, 91－101면; Rainer Grote, "Rule of Law, Rechtsstaat and »Etat de droit«," Christian Starck, ed., *Constitutionalism, Universalism and Democracy: A Comparative Analysis* (Baden-Baden: Nomos Verlagsgesellschaft, 1999), 305면 등 참조. 그리고 최대권, **憲法學講義**, 증보판(서울: 박영사, 2001), 324면; 權寧星, **憲法學原論**, 개정판(서울: 법문사, 2006), 152면; 金哲洙, **憲法學概論**, 제18 全訂新版(서울: 박영사, 2006), 193면; 許營, **憲法理論과 憲法**, 신정6판(서울: 박영사, 2001), 263－264면 등.

16. Nonet and Selznick, *Law and Society in Transition*, 53－72면; Unger, *Law in Modern Society*, 52－54면; 崔大權, **法과 社會**(서울: 서울대학교출판부, 1992), 17－20면, 37－57면, 130－145면 등. 그리고 Max Weber가 말하는 서양법의 formal rationality는 실은 법의 독자성의 한 표현에 지나지 않는다. 崔大權, **法과 社會**, 38－39면.

나 이념 내지 이데올로기로부터의 독립(세속화)이 가장 두드러진 특징의 하나가 된다.

법의 독자성은 법 인식(법 발견) 차원의, 제도적 내지 구조적 차원의, 그리고 직업적 차원의 독자성과 관련되어 있다고 할 수 있다. 법 인식(법 발견)에 관한 (다른 학문으로부터) 독자적인 학문으로서의 법학은 법 독자의 이론(dogma)에 따라 법을 발견하는 능력을 길러준다. 2010년에 국회에서의 "공중부양사건"을 무죄 처리한 지방법원 판사의 판결은 좌편향 판사의 판결이냐 어떠냐의 문제보다도 더 근본적으로는 문제의 판사가 무엇보다도 법학적 훈련을 제대로 받은 판사이냐를 의심케 만들었다고 생각된다. 당시의 요건사실에 비추어 제대로 훈련을 받은 법관이라면 그러한 결론을 내릴 것이라고 상정할 수 없기 때문이다.[17] 법의 독자성은 독자적 학문으로서의 법학으로 훈련받고 법률가의 자격증을 획득한 법률전문가만이 법관이 되는 차원의 문제도 지니고 있다. 법의 독자성은 법관으로 구

---

17. 요건사실에 대한 구성요건해당성 판단의 능력을 기르는 것이 법학교육의 기초 가운데 기초라 할 수 있다. 구성요건해당성 판단의 문제는 선입견이나 가치관의 관여를 배제하는 기계적인 판단의 문제다. 그러한 까닭에 사법권 독립은 사실에 법을 적용해서 구성요건해당성을 판단하는 작업으로부터 출발한다. 어렵게 구한 소위 강기갑 의원의 공중부양사건이나 쇠고기 파동 때의 소위 PD수첩사건의 1심판결문을 읽어보면 이러한 법학 기초의 결여가 문제였지 않았나 하는 생각을 하게 만든다. 가치관의 정당화되는 관여는 정상참작 단계의 문제가 아닐까? 국회의원·의원보좌관·당직자 등이 관여된 국회의사당 내에서의 폭력사건 및 그 1심 판결이나 판사의 자질 등을 다룬 언론 기사나 사설 등으로 **조선일보** 2009.6.18일자 기사 "종아리 걷은 '해머국회' 의사당 폭력 의원들 기소"; **조선일보** 2009.6.19일자 신효섭의 칼럼 "'6.16 國恥日'(국회 수치일)"; **동아일보** 2009.6.18일자 사설 "법원, 국회폭력 엄벌해 사회폭력 근절 계기 삼아야"; **동아일보** 2009.6.17일자 사설 "'국회등원 싸움' 業삼는 야당, 한국밖에 없다"; **동아일보** 2010.1.15일자의 기사 "강기갑의원 '공무방해 무죄' 논란" 및 같은 날짜의 횡설수설/이진녕 "'강기갑 폭력' 무죄" 등 참조.

성된 법원이 법정에서의 당사자주의와 같은 독자의 구조와 절차에 따라 법을 발견하고 분쟁을 해결하는 제도적 차원의 요소도 지니고 있다. 사법권의 독립은 법의 독자성의 제도적·구조적 표현이라 할 만하다. 사법권의 독립은 형식적 법치주의의 국면 내지 발전단계를 법치(rule by law)의 국면이나 발전단계로부터 차별화하는 가장 분명한 인식지표다.

형식적 법치주의 국면 내지 발전단계에 들어선 나라의 법은 다음과 같은 "법을 법이게 만드는" 형식적 특징을 지닌다.[18] 그리하여 이러한 형식적 특징을 결여하는 법은 자의(恣意)이지 이미 법이라고 할 수 없으며, 그러한 법은 국가를 전체주의 독재에 이르게 만든다.[19] 이곳에서 "형식적" 법치주의라고 하는 것은, 후술하는 바와 같은, "상위의 법"(higher law)이나 자연법에 적합하냐 어떠냐의 문제와 같은 법의 실질적 내용은 문제 삼지 아니하고 형식적인 요소만을 문제 삼고 있기 때문이다. 법의 이러한 형식적 특징으로 법을 그 법의 적용을 받는 수범자들에게 미리 알게 하는 공지(공포), 법의 일반적 적용, 미래효(소급효금지)의 원칙, 명확성의 원칙, (조령모개의 반대인) 항구성+지속성(안정성)의 원칙, 법 간의 상호 충돌의 금지, 불가능의 요구를 금하는 원칙 등의 법의 특징적 요소를 들 수 있다. 이러한 형식적 특징 때문에 형식적 법치주의 국면이나 발전단계의 법은 예측가능성과 안정성을 지니게 된다. 법의 이러한 특징들이

18. Lon L. Fuller, *The Morality of Law*, rev. ed. (New Haven: Yale University Press, 1969), 33−94면; Tamanaha, *On the Rule of Law*, 93−99면.

19. F. A. Hayek, *The Road to Serfdom*, 50th anniversary ed. (Chicago: University of Chicago, 1944), 80−96면.

국민들로 하여금 장기적 전망과 계획, 계약 및 재산권 보장에 대한 신뢰를 가능케 한다. 이러한 법의 특징적 요소들은 사인(私人)을 한편으로는 국가의 횡포로부터, 다른 한편으로는 (힘센) 다른 사인의 횡포로부터의 보호를 내용으로 하고 있음을 알 수 있다. 그리하여 나라가 적어도 형식적 법치주의의 국면이나 발전단계에 이르러서야 비로소 개인의 자유를 이야기할 수 있고[20] 민주주의 질서를 말할 수 있으며[21] 시장경제질서를 논의할 수 있게 된다.[22]

시장경제의 성장(경제발전)과 법치주의를 연계시키는 논의는 이처럼 적어도 형식적 법치주의 국면 내지 발전단계의 법질서가 주는 예측가능성 및 법적 안정성에 주목하여서이다. 이러한 논의는 개념상 형식적 법치주의 국면 내지 발전단계에 이르지 못한 국면이나 발전단계의 독재국가에서는 시장경제의 발전은 어렵다고 볼 수밖에 없다. 그렇다면 우리나라의 과거 소위 군사독재시대에 이룩한 시장경제의 발전이나 공산당 일당독재의 중국이 성공하고 있는 시장경제의 발전은 그 설명이 어렵게 된다. 독재국가에서의 시장경제

20. Hayek, *The Road to Serfdom*, 80면 이하.

21. Tamanaha, *On the Rule of Law*, 99－101면 참조.

22. Max Weber, "Max Weber's Sociology of Law," in Alan Hunt, *The Sociological Movement in Law* (London: Macmillan, 1978), 93－133면; David M. Trubek, "Toward a Social Theory of Law: An Essay on the Study of Law and Development," *Yale Law Journal*, vol. 82, 1－50면(1972); David M. Trubek, "Scholars in Self-Estrangement: Some Reflections on the Crisis in Law and Development Studies in the United States," *Wisconsin Law Review*, 1974, 1062－1102면; David M. Trubek, "Law and Development," in N. J. Smelser and Paul B. Baltes, eds., *International Encyclopedia of the Social and Behavioral Sciences* (2001); David M. Trubek, and Alvaro Santos, *The New Law and Economic Development* (Cambridge: Cambridge University Press, 2006) 등.

의 성장을 어떻게 설명해낼 수 있을 것인가? 말할 것도 없이 법치주의를 시장경제의 발전과 결부시키지 아니하는 다양한 설명이 시도되어왔다.[23] 그러나 법치주의와, 특히 법치주의가 주는 예측가능성 및 법적 안정성과 연계시키면서 시장경제의 발전은 설명해낼 수 없을 것인가?

적어도 한 가지 설명은 독재 나름의 모습이나 성격에서 찾을 수 있으리라 생각한다. 독재정부가 확실하게 권력을 장악하여 안정성을 갖추고 그리고 형식적 법치주의에 상응하는 투자회수에 대한 예측가능성과 안정성(계약존중 및 재산권보장)을 확실하게 투자자들에게 줄 수 있다면 시장경제의 활성화에 유리한 조건이 형성될 수 있다고 생각한다. 위에서 언급한 바와 같이 독재정권은 첫째로 스스로의 권력의 정치적 정당성 제고를 위하여, 둘째는 경제성장 등의 업적을 쌓는 일(performance)이 또한 권력의 정당성의 제고와 장기집권에 유리하기 때문에, 법치주의의 외모를 갖추려고 하는 데 상당한 관심을 갖는 것이 보통이다. 이러한 상황 하에서는 형식적 법치주의의 국면이나 발전단계 자체에는 이르지 못하더라도 형식적 법치주의에 근접하는 법치의 모습을 지닐 수 있게 된다. 그 성격상 권위주의적인 독재정권은 언론의 자유 주장 등 정권의 권력에 대한 도전에 이르지 않는 한 반드시 법치주의에 적대적이지 않을 뿐더러

23. 법치주의 없이 일어난 중국의 경제성장을 설명하는 변수로 전 세계에 광범위하게 퍼져 있는 "관시"(關係)라 불리는 화상들과의 인맥망을 드는 연구들이 흥미롭다. Carol A. G. Jones, "Capitalism, Globalization and Rule of Law: An Alternative Trajectory of Legal Change in China," *Social and Legal Studies*, vol. 3, 195−221면 (1994), http://sls.sagepub.com/content/3/2/195.refs.html; S. Gordon Redding, *The Spirit of Chinese Capitalism* (Berlin: Walter de Gruyter, 1993) 등 참조.

투자유치 등의 이유를 포함하여 경제활동에 유리한 여건의 조성을 위하여 법치주의의 신장에 적극적으로 노력하는 경향을 보이기 마련이다.

애초에 교조적인 공산주의적 중앙계획경제 모델에서 출발한 중국의 시장경제에 바탕을 둔 경제성장은 이러한 설명으로 풀이될 수 있다고 믿는다. 사실 중국은 법체제가 주는 예측가능성과 안정성이 결여된 상태에서 출발하여 덩샤오핑의 개혁개방정책을 중심으로 시장경제를 일으키면서 민법(재산법)의 도입 등 시장경제에 필요한 법제도를 그때그때 갖추어 나갔다. 그러나 중국은 다원주의 정당제도, 정치적 비판의 자유 등 언론의 자유를 포함하는 정치적 자유, 사법권 독립 등 형식적 법치주의의 확립에는 이르지 못하고 있는 것이 지금의 모습이라고 할 수 있다. 우리의 1960년대, 1970년대, 1980년대의 권위주의는 법치주의 및 민주주의 시각에서 보았을 때 중국의 경우와 처음부터 달랐다고 할 수 있다. 우리나라는 아예 처음부터 시장경제 및 자유민주주의 (헌)법체제로부터 시작하였다. 다만 처음에는 그 시장 및 민주주의 내용과 실질이 그 형식(헌법질서)을 따르지 못했다고 할 수 있을 뿐이다. 유신헌법의 채택, 긴급조치 포고 등 법치의 외형을 지닌 자유민주주의로부터의 일탈이 존재하였으나 권위주의 독재의 안전에 대한 도전에 이르지 아니하는 한 기본적으로 형식적 법치주의(민법체계, 복수정당, 언론의 자유 등 자유민주주의 헌법체제)가 존재하고 있었던 것이다. 거기에 우리나라의 자본, 기술, 자원 부족 등을 커버하고 투자촉진 등 시장경제의 도약에 유리한 여건의 형성을 위하여 외자도입법(1966), 외국환관리법(1961), 무역거래법(1967), 수출진흥법(1968), 자본시장육성에 관한 법률(1968) 등의 일련의 도구적 경제입법을 채택하여 정부가 강력히 시행하여 경제도약을 이룰 수 있었다. 그리하여 우리나라 경제발전의 도약기에는 형식적 법치주의와 도구적 특별입법체제의 이중구조를 가지고 있었다고 말할 수 있다. 지금의 우리나라는 시장 및 민주주의의 내용과 실질이 그 성장에 의하여 그 형식(헌법질서)과 일치하게 되었음은 물론이다. 즉 우리나라 헌법은 레벤슈타인(Loewenstein)의 존재론적 분류[24]에 따른 명목적 헌법에서 규범적 헌법이 되었다.

아무튼 형식적 법치주의는, 국가와 사회의 구별을 전제로 하여 국민의 사적 영역은 자유이며 그 제약은 국민의 대표인 국회가 제정한 법률의 규정에 의해서만 가능하고(헌법 제37조제2항), 국회가 제정한 법률은 모든 국가권력을 지배한다는 원리(의회주의)를 내용으로 한다. 그리하여 이러한 원리는 (a) 법률우위의 원칙, 법률의 유보, 법률의 법규창조력, 행정의 합법률성(법치행정), 포괄적 입법금지의 원칙, (b) 권력분립, (c) (사법권의 독립을 전제로 하여) 행정의 사법적 통제의 원칙 등 여러 원칙으로 구현되고 있다.[25] 행정의 사법적 통제 원칙의 경우에 프랑스나 독일을 대표로 하는 유럽대륙국가에서는 사법부로부터 독립된 행정법원에 의한 행정의 통제(행정국가형)를 의미하는데 영미에서는 사법부에 의한 행정의 통제(사법국가형)를 의미한다. 다만 국민의 권리와 자유의 보호라는 행정의

---

24. Loewenstein, *Political Power and the Governmental Process*, 147면 이하.

25. 崔大權, **憲法學講義**, 324면; 權寧星, **憲法學原論**, 150-161면; 金哲洙, **憲法學概論**, 193-194면; 許營, **憲法理論과 憲法**, 263면; Grote, "Rule of Law, Rechtsstaat and »Etat de droit«," 279-281면 등.

사법적 통제라는 점에서의 실질적 차이는 별로 없다고 할 수 있다. 우리나라는 이를테면 사법국가형을 따르고 있다. 나아가 (d) 형식적 법치주의는 법률 앞의 평등을 또한 그 내용으로 한다. 사실 법률의 적용이 평등하지 않다면 그것은 자의의 행사이지 이미 법이 아니라는 의미에서 이것은 법 자체의 속성에 속하는 특징이다. 그리하여 위에서 형식적 법치주의에서의 법의 형식적 특징이라는 이름 내지 "법을 법이게 만드는 요소"의 하나로서 이미 지적한 바이다.

법치주의를 그 국면이나 발전단계에 따라 접근해야 하는 실익은 2차 대전을 전후한 독일의 법치주의의 발전에서도 뚜렷하게 찾을 수 있다고 믿는다. 법의 효력의 근원을 설명하는 이론 내지 사상으로는 기본적으로 자연법과 법실증주의가 나뉘어 있다. 간단히 설명하면 법실증주의는 법의 효력의 근원을 주권자의 명령에서 찾고 있다. 그러한 까닭에 주권자의 명령의 표현인 법률 등 실정법을 놓고 그것으로부터 법을 찾지 그 이외의 연원으로부터는 법을 찾지 아니한다. 그러한 까닭에 그 실정법이 설사 정의의 원칙에 어긋난다고 하더라도 법률에 쓰여 있는 대로 그 실정법(즉 형식)을 충실히 따라야 하는 것이 법관을 포함하는 법집행자의 임무라고 생각되었다. 그리하여 법실증주의에 따를 때 법집행자는 법의 형식적 특징만을 따지게 되어 법적용이나 집행이 대단히 형식논리적으로 된다고 말할 수 있다. 2차 대전 이전의 독일에서는 법학에서의 법실증주의의 영향력에 힘입어 형식적 법치주의가 지배하였다. 이것이 나치지배하의 반인권적인 전체주의체제가 법치주의의 이름으로 유지될 수 있었던 이유의 하나다. 그들의 철저한 형식적 법치주의는 2차 대전 이전의 독일의 전체주의 독재체제를 오히려 대단히 효율적인 독재체제로 만드는 데 기여했다고 믿는다.[26] 독일에서 법은 나치독재체제의 유력한 수단이었던 것이다.[27] 그리고 반인권적인 전체주의독재와 세계대전 참화의 경험에 대한 반성으로부터 인권과 자연법 및 헌법재판제도를 연계하는 법치주의 즉 실질적 법치주의의 국면 내지 발전단계가 2차 대전 이후의 독일에 등장하게 된다. 그리고 이 실질적 법치주의의 국면 내지 발전단계는 독일에서는 자유민주주의(독일인 스스로는 사회적 민주주의라고 부르고 있다)체제의 등장과 함께 하고 있다.

그리하여 ④ 법치주의의 넷째 국면 내지 발전단계는 실질적 법치주의(substantive rule of law)[28]의 그것이라고 생각한다. 실질적 법치주의의 국면 내지 발전단계에서는 법의 형식적 특징이나 형식적 원칙만을 문제 삼는 것이 아니고 형식적 법을 초월하는 자연법, "상위의 법,"[29] 인간의 존엄과 가치, 정의의 원칙과 같은 법의 실질적 내용까

---

26. Franz Neumann, *The Rule of Law: Political Theory and the Legal System in Modern Society* (Leamington Spa/Heidelberg/Dover: Berg, 1986), 173－298면, 특히 286면 이하 참조.

27. 그리하여 나치 독일에서도 수단으로서의 법(치)과 형식적 법치주의의 2중 구조의 존재를 관찰할 수 있다. Ernest Fraenkel, *The Dual State: A Contribution to the Theory of Dictatorship*, trans. by E. A. Shils (New York/London/Toronto: Oxford University Press, 1941); Ingo Müller, *Hitler's Justice: The Courts of the Third Reich*, trans. by Deborah Lucas Schneider (Cambridge: Harvard University Press, 1991); H. W. Koch, *In the Name of the Volk: Political Justice in Hitler's Germany* (London/New York: I. B. Tauris, 1989); Richard Lawrence Miller, *Nazi Justiz: Law of the Holocaust* (Westport: Praeger, 1995) 등.

28. Tamanaha, On the Rule of Law, 103－113면; Grote, "Rule of law, Rechtsstaat and »Etat de droit«," 284－304면; 崔大權, **憲法學講義**, 324면; 權寧星, **憲法學原論**, 152면; 金哲洙, **憲法學概論**, 193면; 許營, **憲法理論과 憲法**, 264－265면 등.

29. Edward S. Corwin, *The "Higher Law" Background of American Constitutional Law*, Great Seal Books (Ithaca: Cornell University Press, 1955); Tim Koopmans, *Courts and*

지 문제 삼는다는 특징을 지닌다. 위의 형식적 법치주의에서는 법 집행에 있어서의 평등 즉 법률 앞의 평등만을 문제 삼는데 실질적 법치주의에서는 법 자체가 평등할 것을 요구한다. 그리하여 우리나라 역사의 예를 비유로 들어보자면 과거 조선시대에 존재하였던 양반·중인·상민·천민의 계급제도는 전국 8도 전역에 (이를테면 평등하게) 적용되었다. 전국 8도 전역에 적용되었던 것은 법의 형식적 속성의 결과로서 말하자면 형식적 법치주의라 할 수 있을 것이다. 이와 비교하여 계급제도의 철폐는 나라 전체에 적용될 법 자체의 평등을 지향하는 것으로서 실질적 법치주의의 표현이라 할만하다. 아무튼 실질적 법치주의의 국면 내지 발전단계를 불러오게 만든 다음과 같은 두 가지 요인을 지적할 수 있다고 생각한다. 첫째 요인으로는 독일의 체험이나 우리나라의 남북분단체제의 체험에서 나온 전체주의체제에 대한 반성 내지 반작용을 들 수 있다. 둘째로는 산업화·도시화·세계화와 함께 진행된 부의 편재, 빈부격차, 노동자의 등장, 환경파괴 등과 같은 사회·경제적 요인을 들 수 있으리라 생각된다. 이러한 요인들은 형식적 법치주의만으로는 풀 수 없는 실질적 평등·정의의 문제들을 불러오기 때문이다.

이 넷째 국면 내지 발전단계의 법치주의에서는 법률(입법)의 위헌 여부에 관한 사법심사제도 내지 헌법소송제도를 그 중요내용으로 하고 있다.[30] 위헌법률심사제도에는 비교제도론적으로 일반법원이

Political Institutions: A Comparative View (Cambridge: Cambridge University Press, 2003), 239–245면.

30. 영국이 성문헌법이 없고 그리고 의회입법에 대한 사법심사제도가 없다는 점은 넷째 국면/단계의 법치주의를 논의함과 관련하여 주의를 요한다. 그러한 의미에서 의회입

소송사건처리과정의 일환으로 위헌법률심사의 기능을 담당하는 일반법원형과 일반법원으로부터 독립된 헌법재판소가 담당하는 헌법재판소형이 있는데, 우리나라는 대법원과 별개의 헌법재판소가 위헌법률심판기능을 수행한다. 그리고 헌법재판소형에서는 일반쟁송사건처리과정에서 제기되는 헌법쟁송과 상관없이 위헌법률심사를 행하는 추상적 규범통제의 제도와 국민의 직접 청구에 따라 위헌여부심사를 행하는 헌법소원의 제도도 있는데, 우리나라는 추상적 규범통제제도는 채택하지 아니하였고 헌법소원제도가 도입되어 성공적으로 운영되고 있다.

민주정치의 선진국인 미국에서나 민주화(1987) 이후의 우리나라에서 위헌법률심사 내지 헌법소송제도를 떠난 민주주의를 논할 수 없을 만큼의 중요한 지위를 차지하고 있음에도 불구하고 위헌법률심사 내지 헌법소송제도는 그것이 지니는 반민주성을 중심으로 민주주의 논쟁을 불러오고 있다.[31] 그 이유는 잘 알려진 대로 대통령에 의해서 임명된 9인의 재판관이 국민의 대표인 국회가 제정한 법률의 효력을 무효화할 수 있다는 것은 민주주의에 어긋난다는 것이

법에 대한 위헌법률심사제도가 넷째 국면/단계의 법치주의의 유일의 지표는 아님을 알 수 있다. 영국의 경우에는 의회주권의 원리에 의하여 설명되는, 의회를 중심으로 하여 이룩한 민주화/자유보장의 역사 및 전통과 함께 의회에 대한 국민의 신뢰가 거기에 존재함을 주의할 필요가 있다. Koopman, *Courts and Political Institutions*, 15–34면, 223–251면, 252–284면 참조.

31. 姜正仁, "민주화 이후 한국정치에서 자유민주주의와 법치주의의 충돌," 서울대학교 **法學**, 49권 3호, 40–74면(2008); 최장집, "민주주의와 헌정주의: 미국과 한국," 박상훈·박수형 옮긴 Robert A. Dahl의 *How Democratic Is the American Constitution?*의 한국어판 로버트 달, **미국 헌법과 민주주의**(서울: 후마니타스, 2004), 서문, 9–64면; 박명림, "헌법, 헌법주의, 그리고 한국 민주주의: 2004년 노무현 대통령 탄핵사태를 중심으로," **한국정치학회보**, 39집 1호, 253–276면(2005) 등.

다. 즉 위헌법률심사제도는 다수결의 원칙에 어긋난다는 것이다. 우리나라에서는 특히 2004년 당시 수도이전법위헌결정에 이어 노무현 대통령에 대한 탄핵소송이 제기·전개되고 있었을 때 헌법소송제도의 반민주성에 대한 논의가 심각하게 전개되었었다. 그리고 미국의 경우에는 중요한 헌법판결과 관련하여 노상 제기되어오고 있다.[32]

위헌법률심사제도 내지 헌법소송제도가 반민주적인 제도이냐의 문제는 민주주의를 어떻게 이해하느냐의 문제에 크게 의존한다. 민주주의를 단순히 다수의 지배로만 이해하지 아니하고 다수의 지배와 함께 소수의 보호를 핵심적 요소로 하는 자유민주주의로 이해하는 한 입법에 대한 헌법심사제도는 자유민주주의의 운명적인 제도이다.[33] 그리하여 위헌법률심사 내지 헌법심판제도는 첫째로는 다수의 독재로부터 소수자 보호의 기능을 수행하는 대단히 유력한 장치라는 점에서 정당화된다. 독일의 예에서 보는 바와 같이 형식적 법치주의는 민주주의에도 봉사할 수 있지만 위헌법률심사제도를 통한 소수자보호 장치의 결여로 인하여 독재에도 봉사할 수 있음을 주의할 필요가 있다.[34] 나아가 둘째로는 헌법심판제도가 헌법적 가

32. Robert A. Dahl, *How Democratic Is the American Constitution?*, Robert A. Dahl, *Pluralist Democracy in the United States: Conflict and Consent* (Chicago: Rand McNally, 1967), 143–170면; Albert P. Melone and George Mace, "Judicial Review: the Usurpation and Democracy Questions," in Elliot E. Slotnick, ed., *Judicial Politics: Readings from Judicature*, 2nd ed. (Chicago: American Judicature Society, 1999), 18–29면; Alexander M. Bickel, *The Least Dangerous Branch: The Supreme Court at the Bar of Politics* (Indianapolis/New York: Bobbs-Merrill, 1962), 특히 16면 이하 등.
33. Koopmans, *Courts and Political Institutions*, 104–108면; Tamanaha, *On the Rule of Law*, 104–113면; 崔大權, **憲法學講義**, 138–146면 등.

치를 수호하는 장치라는 점에서도 정당화될 수 있다고 믿는다.[35] 사실 미국의 경우에 헌법에는 법률에 대한 위헌 여부의 사법심사에 대하여는 일언반구의 언급도 없다. 그럼에도 불구하고 연방대법원이 1803년의 Marbury v. Madison 판결로 그 선례를 만든 이래 운영해온 입법에 대한 사법심사(judicial review)제도는 살아있는 미국 헌법의 불가분의 일부가 되어 있다. 그러나 우리의 경우에는 입법에 대한 헌법심판을 포함하는 헌법재판제도는 무엇보다도 성문헌법의 일부로 채택되어 있음을 주의할 필요가 있다. 그뿐만 아니라 우리나라 민주주의의 정치적 결정과정에서 보여주는 격정과 졸속에서 벗어나 헌법심판과정에서의 냉철하고 이성적인 합리적(reasoned) 심리작용에 의한 그 간의 헌법적 가치의 수호와 소수자보호의 업적을 통하여 이미 우리나라 민주주의의 살아있는 한 부분이 되었음을 확인할 수 있다.[36] 유럽에서는 이 문제가 별로 제기되지 않고 있다는 사실도 주의할 필요가 있다.[37] 사실 대의민주정치에 대한 국민의 불신 증대는, 우리나라의 경우에는 짧은 민주주의의 역사에도 불구하고, 오히려 정치 사법화의 증대를 정당화하고 있는 것이 세계적인 추세이다.[38]

---

34. 주 27) 참조.

35. Jurgen Habermas, trans. by and William Rehg, "Constitutional Democracy: A Paradoxical Union of Contradictory Principles?" *Political Theory*, vol. 29, no. 6, 766–781면(2001); Koopmans, *Courts and Political Institutions*, 223–251면; Tamanaha, *On the Rule of Law*, 104–113면 등.

36. 崔大權, **憲法學講義**, 407–409면.

37. Koopmans, *Courts and Political Institutions*, 107면, 108면.

38. Koopmans, *Courts and Political Institutions*, 252–284면; Carlo Guarnieri and Patrizia Pederzoli with C. A. Thomas (English Editor), *The Power of Judges: A Comparative Study of Courts and Democracy* (Oxford: Oxford University Press, 2002); Pierre Rosanvallon, *Counter-Democracy: Politics in an Age of Distrust*, trans.

아무튼 이러한 논의에서 보여주고 있는 바와 같이 현재 우리나라의 법치주의가 넷째 국면 내지 발전단계인 실질적 법치주의임에 의문의 여지가 없다. 그리고 위의 장에서 정의한 바 있는 법치주의가 실질적 법치주의의 그것이라는 점도 알 수 있다. 그곳에서 법치주의를 다음과 같은 네 가지 요소로 구성되어 있는 것으로 정의하였다.[39] (a) 법치주의에서 말하는 법이란 자연법, 정의 등을 포함하는 이성에 기초한 법, 특히 기본적 인권에 기초한 법을 의미한다. (b) 법치주의에서 말하는 법이란 일반인이 아니라 국가권력담당자(입법, 행정, 사법 기관)를 향하고 있다. (c) 국회가 제정하는 법(입법)은 모든 것을 구속한다. 이 요소를 프랑스에서는 루소식의 일반의사의 반영으로 보며, 영국에서는 의회주권의 원리로 표현된다. (d) 무엇이 법이냐의 판단은 정치권력으로부터 독립된 사법기관이 수행한다. 이러한 네 요소로 구성된 법치주의란 결국 위 넷째 국면 내지 발전단계의 법치주의를 말한다. 우리나라 대한민국 헌법은 이러한 법치주의를 그 기반으로 하고 있다. 헌법전이라는 대헌장을 선포하여 권력통제(권력분립·기본권보장 등)의 목표를 실현하려고 하는 입헌주의(constitutionalism)는 그러한 의미에서 법치주의와 거의 동의어라고 해도 과언이 아니다.[40] 그리고 대한민국 헌법은 이제 헌법규범과 정치현실이 일치하는 규범적 헌법(normative constitution)임을 자랑하고 있다.[41] 그러면 우리나라 법치주의는 무엇이 문제인가? 이 문

---

by Arthur Goldhammer (Cambridge: Cambridge University Press, 2008) 등 참조.

39. 崔大權, **憲法學講義**, 322면.

40. 崔大權, **憲法學: 法社會學的 接近**(서울: 박영사, 1989), 제1부 제4장("우리나라의 立憲主義와 民主主義"), 72, 102－104면 참조.

41. 崔大權, "우리나라 기본권의 위상과 현실 및 전망," **公法研究**, 38집 1호 1권, 245, 256－260면(2009).

제에 대한 탐구가 아래에서 전개하려는 논의이다.

3. 법치주의와 민주주의 및 시민의식

① 독재정권도 권력의 정당성과 안정성 및 효율성의 증진을 위하여 법치주의에 관심을 가지고 법치주의를 실행하려고 노력하며 법치주의에 상당히 의존한다는 점은 위에서 이미 살펴보았다. 다만 독재정권(전체주의 및 권위주의)에서 실행되는 법치주의는 대체로 법치(rule by law)의 경우이지만 다수의 독재의 경우에는 형식적 법치주의의 국면/발전단계에서도 가능하다는 점도 이미 언급하였다. 민주주의의 경우에는 그 민주정부가 안정적이며 능률적인 정부라면 최소한 형식적 법치주의를 필수조건으로 한다고 생각한다. 그러나 그 민주주의가 다수 지배의 원리뿐만 아니라 다수 독재로부터의 소수 보호도 불가결의 요소로 하는 자유민주주의를 지향한다면 실질적 법치주의의 국면/발전단계를 필수불가결한 요소로 함께하여야 한다고 생각된다. 그리하여 자유민주주의를 위하여 입법에 대한 사법적 통제의 장치는 대단히 중요한 기능을 수행하게 된다.

위에서 살펴본 어느 국면/단계의 법치주의든 법치주의의 이상이나 목표의 실현(예컨대 권력통제기능의 수행, 수단으로서의 법의 목적의 실현까지도)은 정치공동체 구성원의 자발적인 법준수에 상당한 정도로 의존한다.[42] 어느 정도의 자발적 법준수가 전제되지 아니하

---

42. 헌법질서를 지지하는 시민의 법적 확신 내지 사회적 승인의 필요성과 관련하여, 崔

는 한 법의 이행이나 집행을 전적으로 국가의 강제력의 동원에 의존해서는 법질서는 세워질 수 없으며, 설사 세워질 수 있다 하더라도 법의 이행/집행은, 비용(강제비용 등)이 많이 드는, 대단히 비효율적인 것으로 될 것임에 틀림없다. 심지어는 법치(rule by law) 국면/발전단계의 법질서의 경우에도 마찬가지일 것이다. 이러한 사정은 형식적 및 실질적 법치주의의 국면/발전단계의 경우에도 크게 다르지 않을 것이다. 사정이 그러하다면 형식적 법치주의나 실질적 법치주의의 성공은 크게 정치공동체구성원의 자발적인 법준수에 의존하게 된다는 결론을 내릴 수 있게 된다. 그리하여 법치주의의 성공과 자발적인 법준수의 상관관계가 이러하다면 바로 법치주의에 의하여 그 성공(안정성, 능률 등)이 담보되는 민주주의 정치질서도 시민의 자발적인 법준수에 의하여 영향을 받을 것임에 틀림없다. 준법이 선진적인 민주주의정치질서를 위하여 필수인 시민의 민주적 덕성(civic virtue)[43]의 대단히 중요한 구성요소가 된다는 사실은 결코 우연이 아니다.[44] 시민의 자발적 준법이 전제가 되지 아니하는 민주주의정치질서는 혹시 민주주의일 수는 있어도 안정된 능률적 민주주의일 수는 없게 된다.

大權, **憲法學: 法社會學的 接近**, 36면 이하; Ulrich Karpen, "Rule of Law," in Ulrich Karpen, ed., *The Constitution of the Federal Republic of Germany* (Baden-Baden: Nomos Verlagsgesellschaft, 1988), 169–186면, 특히 185면.

43. Robert D. Putnam, "Democracy," in Robert A. Dahl, Ian Shapiro, Hosé Antonio Cheibub, eds., *The Democracy Sourcebook* (Cambridge: MIT Press, 2003), 157–167면; Gabriel A. Almond and Sidney Verba, *The Civic Culture: Political Attitudes and Democracy in Five Nations* (Boston and Toronto: Little, Brown, 1965) 등.

44. Maurizio Viroli, *Republicanism* (New York: Hill and Wang, 2002), 예컨대 7–9면, 69면 이하 등; Iseult Honohan, *Civic Republicanism* (London/New York: Routledge, 2002), 예컨대 35면 이하 등; Philip Pettit, *Republicanism: A Theory of Freedom and Government*, 예컨대 174면 등 참조.

법준수 현상은 하나의 대단히 복합적인 현상이다. 법준수 현상은 문화현상이자 심리현상이며 법제도의 문제이기도 하다. 잘못 만들어진 법, 예컨대 모호한 법은 국민 쪽의 불법이나 위법, 탈법, 법회피를 가져오기 쉽고 다른 한편 이를 시행하는 공무원들의 자의나 횡포, 갈취나 부패를 조장하기도 한다.[45] 설사 법이 잘 만들어진 경우라도 법을 모르면 이를 지킬 수 없으며, 또 법을 안다 하더라도 법을 안다는 사실이 그 준수를 반드시 담보하는 것은 아니다. 왜냐하면 법의 준수는 이를 준수하는 사람(국민이나 공무원)의 인식의 차원(cognitive dimension)뿐만 아니라 정서적 차원(feeling dimension) 및 평가적 차원(evaluative dimension)의 문제를 지니고 있으며, 그리고 각 차원이 각기 서로 어긋날 수 있기 때문이다.[46] 감성적으로 법을 반드시 바람직하지 아니한 것으로 받아들이는 정서는 정서적 차원의 대표적 예가 될 것이라 생각된다. 우리나라 언론에서 자주 언급하는 소위 "정서법"은 그러한 예가 될 것이다. 법이란 사람을 위한 것이지 사람이 법에 매여서야 되겠느냐 하는 정서도 그러한 예일 것이다. 평가적 차원은 의지의 측면을 포섭하는데 예컨대 손익계산에 따라 법을 어기는 입장이 한 예가 될 것이다. 아마도 "법을 지키면 나만 손해를 본다"는 태도, 언론에서 말하는 소위 "떼법"이나 부정부패에 따르는 범법도 평가적 차원의 한 예가 되리라 생각된다. 소위 자리 또는 목을 걸고라도 법을 지킨다는 경우도 평가적 차원의 다른 하나의 예가 되리라. 그리하여 법이 거기 있는 줄 알아도 정서적 또는 평가적 요소가 뒷받침이 되지 아니하면 위법이나

---

45. 崔炳善·司空永詩, "不正腐敗와 政府規制," **한국행정연구**, 5(4), 1－25면(1996) 참조.
46. Gabriel A. Almond and G. Bingham Powell, Jr. *Comparative Politics: A Developmental Approach* (Boston: Little, Brown, 1966), 50면 이하 참조.

탈법, 불법이 선택될 수 있다. 법을 대단치 않게 느끼기 때문에 자기가 생각하는 명분 또는 정의를 위하여, "주군"[47]이나 친지를 위하여, 혹은 손익계산에 따른 자기의 정치적 또는 경제적 이익(뇌물수수의 경우 포함)을 위하여 쉽사리 위법, 탈법, 편법 내지 불법을 선택할 수 있기 때문이다.

그러한 만큼 법준수의 문제는 문화적 현상으로도 접근할 수 있다고 생각한다. "독일 병정"이라는 표현으로도 알려진 독일의 법문화는 우리의 눈에는 법의 노예라고 부를 만큼 법을 곧이곧대로 지키는 법문화를 가지고 있다. 반인권적인 나치시대의 법도 잘 지켰고 2차 대전 이후에 바뀐 자유민주주의의 법도 잘 지키고 있다. 고대 로마가 발달시킨 법문화에서 보듯이 대체로 서양에서는 일찍부터 법이나 제도를 사람에 대한 신뢰보다 중시하는 문화를 발달시켰는

---

47. "주군"이라는 용어가 언제부터 우리나라에서 일상용어가 되었는지 모르겠다. TV 역사드라마에 자주 등장하는 것을 보았고, 그것이 일본의 사무라이 문화에서 전이된 것이 아닐까 하는 생각을 하였다. 일본에서의 주군의 개념이 어떠하든 근래에 우리나라에서 쓰이는 주군의 개념에는 자기가 모시는 상전이나 어른을 위해서는 불법 등 물불을 가리지 아니한다는 뜻을 포섭하는 것으로 보이며, 국회의원 보좌관이 자기가 모시는 의원을 지칭하여 쓰는 경우를 포함하여 정치계의 상하관계를 표현하기 위해서 특히 많이 쓰이는 것으로 보인다. 상전의 적법·정당한 행동을 위해 보좌관이나 부하가 충성한다든지 성실하게 보좌하는 상황의 경우라면 그것은 너무나 당연하고 그러한 경우에 주군의 용어를 쓴다고 문제될 것은 없다. 그러나 상전의 부적절하거나 불법한 행동이나 이익을 보좌하거나 상전의 이익을 위해서 불법·부당한 행위를 감행하는 경우를 정당화하는 용어로 주군을 쓰는 경우라면 확실히 문제가 있다. 그러한 경우의 주군이라는 개념은, 즉 불법/부당한 행위를 하더라도 상전을 위하는 것이라면 이를 정당화하는 개념으로 쓰는 경우에 그것은, 법치 내지 법치주의와 양립될 수 없는 개념이라 할 수 있다. 불법/부당한 행위가 주군을 위해서는 정당화되는 그러한 경우는 결코 있을 수 없다. 그럼에도 불구하고 주군을 위해서는 불법/부당한 행위가 정당화된다는 함의를 포섭하는 개념으로 주군의 용어가 실제로 유행하는 것으로 보여 우려스럽다.

데, 유교문화에서는 전통적으로 법보다는 사람을 중시하는 경향이 있다. 유교의 가르침이라고 불법이나 부정부패를 가르치는 것은 결코 아니다. 그러나 사람과 인간관계를 중시하는 가르침이나 태도는 인맥보다 법을 비교적 가볍게 생각하는 태도와 친하게 만드는 것으로 보인다. 우리나라에서 일어나는 불공정행위나 부정부패는 인맥에 따라 이루어지는 경우가 많은데[48] 이것이 그러한 예의 하나가 되리라 생각된다. 소위 인간관계(소위 "관시")가 중시되는 중국 사회의 부정부패현상도 그러한 대표적 예가 된다고 판단된다. 사실 인맥은 문화적으로 바람직하게 평가되는 측면이 있으며 인맥이 관련되었거나 작용한다고 하여 그것이 반드시 불법이 되거나 불법으로 이어지는 것은 아니다. 그러나 인맥(학맥, 지연, 당파/계파 등)은 반드시 금전적 부정부패현상과 연계되는 것이 아니더라도 그 자체로 여러 가지 편법이나 불공정한 행위, 위법 또는 불법 현상과 연계되는 일이 많다. 위에서 언급한 족벌주의(nepotism), 정실주의(cronyism) 현상이 그러한 대표적인 예다.

그리하여 여러 나라에서 관찰되는 뿌리 깊은 인맥현상이나 부정부패현상은 문화현상으로 설명하는 것이 더 쉬우리라 생각된다. 그리고 무엇보다도 인맥도, 부정부패현상은 더구나, 불공정, 편법, 불법, 위법, 탈법, 범법 등 반(反)법적인 행위와 대단히 친하다. 이렇게 불법과 친하게 작용하는 인맥과 부정부패는 결국 법을 무력화시키며 법에 의하여 달성하려는 이상이나 목표 또는 효과를 얻을 수 없게 만든다. 법을 통하여 실현하려는 이상이나 목표나 효과로는 정

48. 최대권, "스폰서문화와 법치주의," **월간법제**, 2010년 6월호, 2−5면.

의의 실현으로부터 제도, 공정사회질서, 경제개발, 복지행정에 이르기까지 이루 다 거론할 수 없을 만큼 다양한, 수없이 많은 이상, 목표나 효과를 들 수 있다. 그러므로 통제되지 아니한 인맥작용이나 부정부패의 만연은 그 정부가 민주정부이든 독재정부이든 그 결과하는 바는 그 법치주의를 위에서 거론한 무법의 국면/발전단계나 다름없게 만든다. 그러한 만큼 불법과 친한 그 나라의 인맥작용이나 부정부패의 정도를 상당한 정도로 통제할 수 있는 능력을 갖추지 못하면 제대로 기능하는 안정된 민주주의를 건설할 수 없으며 산업화·경제발전 정책의 실현도 어렵게 되리라는 점은 분명하다. 심지어 만연한, 불법과 친한 인맥현상과 부정부패는 능률적인 효과적 독재의 실현도 어렵게 만든다고 믿는다. 그리하여 자의와 결합된 인맥과 부정부패는 "미친개"나 개망나니 같은 폭군(despot)의 등장도 가능하게 만든다고 생각한다.

그렇다면 어느 정도의 인맥/부정부패의 만연이 시장경제의 발전이나 민주주의의 성장을 저해하는 것이냐의 질문이 떠오른다. 법을 무력화시키는 부정부패의 존재에도 불구하고 이루어낸 우리나라의 경제발전과 민주화를 어떻게 설명해낼 수 있을까 하는 질문도 제기된다. 그리고 우리나라의 부패인식지수가 세계 제39위라는 세계투명성기구의 보고[49]가 머리에 떠오른다. 부정부패와 관련시켜 우리나라의 경제발전과 필리핀을 비교한 결과 우리나라의 부정부패는 통제할 수 있는(manageable) 수준의 것이어서 필리핀과는 달리 경제성장을 이룰 수 있었다는 연구결과는 흥미롭다.[50] 그리고 우리나라

49. 국민권익위원회 **통계자료집**(서울: 국민권익위원회, 2010), 61면.

의 개발독재시대에 전개되었던 대통령의 엄격한 친인척 통제와 감시 및 지속적으로 강력히 전개되었던 반부패운동을 상기할 수 있다. 그리고 지금도 대통령 친인척의 통제/감시 정책과 범정부 및 범국민적 차원의 반부패운동은 제도적으로 그리고 언론에 의하여 강력히 전개되어오고 있다. 그럼에도 불구하고 아직도 도처에서 벌어지고 있는 불법과 친한 인맥 및 부정부패현상이 보고되고 있다. 그리고 어느 정도나 수준의 인맥/부정부패현상이 민주주의 질서 및 경제발전을 절대적으로는 방해하지 아니하는 정도나 수준인지를 계량적 수치로 적시하기는 힘들다. 그러나 우리나라의 불법과 친한 인맥/부정부패의 정도가, 우리나라 법치주의의 국면/발전단계가 형식적 및 실질적 국면/발전단계의 것임에도 불구하고, 위 첫째 국면/발전단계인 법치부재(lawless)의 국면/발전단계의 문제도 떠안고 고민하게 만들기에 충분하다고 생각한다.[51] 인맥/부정부패현상은 선진민주주의 나라들이라면 크게 고민하도록 만들지 아니하는 법문화 차원의 준법/법치의 문제를 우리나라 사회에 꾸준히 제기하는 요인이라고 판단된다.[52] 그리고 이것이야말로 우리나라가 정치적

---

50. Kang, *Crony Capitalism: Corruption and Development in South Korea and the Philippines* 참조.

51. 근래에 일어난, 인맥과 연관된 사법부조리 현상에 관한 언론 보도기사로 **조선일보** 2011.3.3일자 A11면 기사 "兄을 감사에 앉힌 판사, 이번엔 前운전기사를…"; **조선일보** 2011.3.7일자 A3면 기사 "기업 생사권 쥔 판사…법정관리 골프장선 '회장님'"; **조선일보** 2011.3.14일자 A25면 기사 "'판사끼리 봐주는 법원, 법 위에 군림'" 등 참조.

52. 법치주의를 다루고 있는 미국 및 유럽의 문헌에서 이제야 준법의 문제를 새삼스럽게 거론하는 문헌을 접한 일이 없다. 그것은 시민들의 준법의 문제는 이미 극복되었다고 할까 그들 나라의 문화의 부분이 이미 되어 있어서 새삼스럽게 그 자체가 크게 문제가 되지 않는다는 증거라고 생각한다. 그러한 나라에서 법집행과 적용(준법)은 엄격하게 실행되고 있다. 그러나 우리나라 사회에서는 본문의 형식적 및 실질적 국면/단계의 법치주의의 문제 못하지 아니하게, 아니 그보다 준법이나 법질서존중(law and order)의 문제가 실제로 더욱 중요하게 사회 전반에서 제기되고 있는 것이다.

및 경제적인 선진국으로 진입하는 데 작용하는 가장 큰 걸림돌의 하나라고 믿는다. 우선 준법/법치의 문제는 우리나라 사회로 하여금 경제를 위해서나 민주주의를 위해서 지나치게 비용을 많이 쓰게 한다. 그리하여 그것은 나아가 우리나라 시장경제 및 민주주의 정치체제를 비효율적인 것으로 만든다. 그리고 이것이 우리로 하여금 시민적 덕성(civic virtue)의 중요 요소로 준법을 거론하게 만드는 이유이기도 하다.

② 위의 법치주의의 국면/발전단계별 이해는 민주주의를 이와 관련시켜 민주주의의 국면/발전단계의 차원에서 접근하게 만든다.[53] 그렇게 접근하는 이유는 쉽게 이해될 수 있다. 독재체제는 통상으로 이를 지지하는 법치(rule by law) 국면/발전단계의 법치주의와 함께 함은 물론이다. 공동체구성원의 참여를 내용으로 하는 민주주의는 민주적 게임 룰(평등, 자유선거, 복수정당, 국민대표로 구성된 정부 등)을 전제로 하며, 그리고 이 민주적 게임 룰은 주로 법규범(헌법, 선거법, 정당법, 정치자금법 등)으로 규정되어 있다. 그러한 만큼 민주적 게임 룰(법규범)이 예컨대 광범위한 부정선거, 매표, 투표함 바꿔치기, 야당후보에 대한 폭력·감금 등으로 제대로 지켜지지 않는 상황(즉 준법이 따르지 아니하는 상황)에서는 선거가 행해진다 하더

---

53. 민주주의도 이를 발전적 국면 내지 단계의 차원에서 관찰하는 것이 가능할 뿐만 아니라 대단히 유용하고 또 필요하다고 생각한다. 여러 나라의 민주주의가 각기 다른 것은 문화적 차이 등에서 나오는 것도 있지만 그 성장 내지 발전의 차원에서 차이가 나오는 것도 있다고 생각하기 때문이다. Giovanni Sartori, "Democracy," in *International Encyclopedia of the Social Sciences* (1968)(특히 17-18면); Larry Diamond, "Defining and Developing Democracy," in Robert A. Dahl, Ian Shapiro, and José Antonio Cheibub, eds., *The Democracy Sourcebook* (Cambridge: MIT Press, 2003), 29-47면 등 참조.

라도 그러한 나라의 민주주의를 안정된 성숙한 민주주의라고는 말할 수 없을 것이다. 그렇게 치러진 선거에서 당선된 정치지도자는, 아예 쿠데타나 혁명으로 집권하여 자유선거도 없이 1인/1당 장기 집권하는 독재자의 경우처럼 독재임이 의문의 여지가 없이 분명한 경우가 아니라는 의미에서, 그러한 나라의 정체를 민주주의라고 할 수 있다는 국면/발전단계의 민주주의의 나라라고 할 수 있다. 이로부터 한 국면/발전단계로 나아가면 민주적인 게임 룰을 규정한 헌법규범(제도)이 준수되고 있으며 헌법규범대로 복수의 정당이 참여하는 비교적 깨끗한 선거가 꼬박꼬박 치러지고 있는 나라의 민주주의가 있다. 그런데 그러한 나라에서 헌법규범(제도)은 준수되고 있으나 그러나 공동체구성원의 문화 등 사회 전반은 아직 반드시 그러한 제도에 상응하는 성숙한 민주주의라고 말할 수 없는 나라의 민주주의도 상정할 수 있다. 그렇다면 이러한 국면/단계의 민주주의를 입헌적 민주주의라고 부를 수 있을 것이다. 이러한 입헌적 민주주의(제도)의 국면/발전단계에서 한 단계 더 나아가 시민의 문화가 민주적(civic virtue)이고 사회 자체가 민주적인 국면/발전단계의 민주주의도 상정할 수 있다. 서구의 선진민주주의가 대체로 이러한 국면/발전단계의 민주주의라고 생각된다. 이러한 국면/발전단계의 민주주의에서는 제도 이전에 그 바탕이 되는 시민적 덕성이 자유와 평등의 정신뿐만 아니라 자발적 준법정신, 공공선을 향한 희생, 봉사, 소통, 양보, 타협정신 등의 요소로 이루어져 있다고 생각된다.

이처럼 민주주의도 법치주의의 전개 국면이나 발전단계에 상응하는 전개 국면/발전단계에 따라 파악해야 할 필요성과 유익함을 이해할 수 있다. 법치주의와 연계하여 민주주의를 그 전개 내지 발전의 국면/단계에 따라 접근하여야 할 필요성과 유익함은 바로 과거의 우리나라 민주주의의 경험에 비추어서도 증명된다고 생각한다. 우리나라의 민주주의 역사가 잘 보여주듯이 사실 어느 나라에서나 하루아침에 혹은 자유민주주의 헌법이 도입된다고 하여 바로 성숙한 민주주의가 탄생하여 민주주의 국가로 시작하는 나라는 없다. 민주주의도 여러 요인과 여러 변수의 느리고 혹은 급속한 변화가 아우러지는 발전단계를 거치며 성장과 발전을 하는 것이다. 우리나라의 민주주의 역사는 언론의 자유, 복수정당제, 자유선거 등을 규정한 자유민주주의의 헌법의 채택과 함께 시작하였다. 그러나 계엄령을 통한 언론과 야당탄압을 동반한 1952년의 부산정치파동과 사사오입의 헌법개정, 장기집권, 쿠데타에 의한 집권, 유신체제에 따른 성문헌법유린 등의 독재적 국면이 전개되었으나 그러한 과정에서도 존재하였던 (한정된) 언론의 자유, 야당의 활동, 정기적 선거 등과 함께 이루어진 4.19학생민주화운동, 꾸준히 전개된 민주화 및 노동 운동, 시장경제에 바탕을 둔 산업화와 중산층의 성장과 자유주의 교육의 확산 등의 요인이 어울려 1987년에 민주화로 불리는 민주주의의 발전국면을 맞이하였다. 그러한 만큼 1987년 이전의 우리나라 민주주의는 (김일성/김정일의 1인체제, 중국의 1당체제와 같은) 독재임에 틀림없는 체제와는 확실히 차별화가 되는 민주주의의 성장/발전단계의 체제라고 할 수 있으리라 생각된다.[54]

그렇다면 현재의 우리나라의 민주주의는 어느 전개 국면/발전단

54. Dai-Kwon Choi, "Constitutional Developments in Korea," *The Review of Korean Studies*, vol. 6, no. 2, 27–48면(2003).

계에 있는 민주주의라고 할 수 있는가? 적어도 법제도로는 우리나라의 헌법은 실질적 법치주의를 천명하고 있을 뿐만 아니라 헌법규범대로 복수정당제도, 선거제도, 국민대표로 구성된 헌법기관, 헌법재판제도, 사법권의 독립 등 민주주의제도를 적어도 민주화(1987) 이래로 성공적으로 운영해오고 있다. 그러나 다른 한편으로는 이러한 민주제도에 상응하는 법문화가 작동하고 있느냐, 사회 전반이 민주적이냐 하는 질문에 대하여는 반드시 긍정적인 대답을 할 수 없다는 것이 우리의 현실이라고 생각된다. 사실 분석적으로 접근할 때 선거제도든 정당제도든 제도란 법규정, 사회규범, 문화규범 등으로 이루어진다.[55] 이러한 사정은 예컨대 혼인, 부모자식관계 등 가족제도를 상정해보면 이해하기 쉽다. 가족"제도"에서 이를 규율하는 법규정이 중요하지만 가족제도는 결코 법규정만으로 이루어지는 것이 아니다. 가족제도에서 사회규범이 차지하는 비중도 크다. 이러한 사정은 선거제도나 정당제도 등 정치제도의 경우에도 마찬가지이다. 신사도, 정정당당한 승부, 공공선, 이를 위한 양보와 타협의 정신 등 민주적 정치문화가 정치제도의 중요한 축을 형성하고 있음을 이성적으로는 누구나 알고 있다. 사실 제왕적 대통령의 현상이 어떻게 (헌법)제도만의 문제인가? 소위 제왕적 대통령의 현상은 국회의원 후보의 정당의 중앙집권적 공천제도와는 무관한 현상인가? 공천의 문제야말로 정치문화가 작용하는 현상의 문제로서 우리나라에서 보는 바와 같은 중앙집권적 공천 관행은 적어도 선진민

55. 崔大權, "政治改革을 위한 몇 가지 생각(I): 政府形態·政黨·政治資金·選擧制度 등을 중심으로," 서울대학교 **法學**, 33권 1호, 156-162면(1992); 崔大權, **法社會學**(서울대학교출판부, 1983), 92-99면; Ralf Dahrendorf, *Essays in the Theory of Society* (Stanford: Stanford University Press, 1968), 19-87면 참조.

주주의 국가에는 없다. 중앙당부에서 공천을 결정하는 중앙집권적 공천제도는 법의 문제가 아니라 우리나라 정치문화의 문제이며 이렇게 공천을 받아 당선된 국회의원의 정치적 소신이나 국민대표성은 공천을 준 (대통령을 포함하는) 계파 보스에 대한 종속관계에 의하여 상실되고 있는 것이 현실이 아닌가? 지역구후보는 지역당원이 선출함과 같은 당내민주주의의 문제는 법제도의 문제인가 정치문화의 문제인가?

민주적 정치문화의 지지 없이 법규범만으로 이루어진 민주적 정치제도가 어떻게 작용하는지를 또한 분석적으로 살펴보자. 그러한 정치제도는 법규범을 존중하고 준수하는 태도가 뒷받침되지 않으면 이름뿐인 제도로 전락하게 되리라는 점은 자명해진다. 그런데 우리나라의 법문화는 정서적 내지 평가적 차원에서 사람보다 법을 비교적 가볍게 생각하는 경향이 있고, 그리고 인맥이나 부정부패 현상이 법을 따르는 태도를 약화시키며 법이 지향하는 이상의 실현(민주주의)을 좌절시키고 있다 함은 위에서 이미 언급한 바 있다. 그렇다면 우리나라의 민주주의는 입헌적 민주주의의 국면/발전단계에 있으며 그것도 준법정신이 그 중요요소를 이루고 있는 시민적 덕성의 강력한 지지를 충분히 받지 못하고 있는, 아직은 취약한(fragile) 민주주의라고 생각된다. 그리하여 우리나라의 민주주의는 그에 상응하는 법치주의의 유지를 위해서 비용을 많이 쓰는 비효율적인 민주주의이며 따라서 업무수행능력도 떨어질 수밖에 없는 민주주의의 국면/발전단계에 있다고 생각된다. 그러한 만큼 우리나라 민주주의의 과제는 분명해진다. 그것은 준법을 핵심요소로 하는 민주시민으로서의 덕성을 강화하는 일이라고 생각된다.

이러한 생각은 국민의 대표가 모여 국민의 다양한 의사와 이익을 입법 등 국가의사로 통합/형성해내야 하는 국회의사당에서 사사건건 여야정파 간의 타협을 모르는, 경우에 따라서는 불법이나 폭력도 서슴지 않는 의사과정이나 조금도 양보 없는 지역간, 노사를 포함하는 과격한 이익간, 이념간, 세대간의 분쟁·알력·대립 등 사회 전반의 정치과정에 대한 관찰을 통하여 더욱 뚜렷해진다. 우리나라의 민주주의를 능률적으로 업무(performance)를 수행하는 능력을 가진 안정된(stable) 민주주의로 발전시키는 작업이야말로 우리나라를 세계의 모범적인 선진국으로 진입시키는 방안이며 이제 그 방안을 신중하게 논의해야 할 시점이라고 생각한다. 그러한 방안의 적어도 한 가지는 준법정신을 포함하는 공동체구성원의 시민의식을 배양하는 일이라고 생각한다. 그리하여 우리나라 민주주의의 중요과제의 하나는 법치주의가 헌법제도적으로뿐만 아니라 이를 뒷받침하는 사회 전반에 걸친 시민문화의 차원에서도 실질적 법치주의의 국면/발전단계에 들어서는 일이라고 생각한다.

4. 법치주의와 유교문화

위에서 유교문화가 법보다 사람(인간관계)을 더 중시하는 성향을 지니기 때문에 준법 내지 법치에 부정적으로 작용하고 결과적으로 법치주의에 소극적으로 작용하게 되는 경향이 있다는 점을 지적하였다. 우리나라의 유교문화가 이러한 소극적 기능을 넘어 전반적으로 법치주의와 과연 어떠한 적극적 관계를 가지고 상호작용을 하는지 또는 하여야 하는지를 사실적 및 당위적 차원에서 이 기회에 한번 살펴볼 필요가 있다고 생각한다. 이러한 생각에서 우선 우리에게 가장 먼저 제기되어야 할 질문은 우리나라 사회를 아직도 유교사회라고 할 수 있느냐 하는 질문이라고 생각한다. 이곳에서 유교가 무엇이냐를 말하기 위해서 굳이 사전의 유교에 관한 정의를 인용할 필요는 없다고 생각한다. 일제의 침략으로 몰락하기 이전의 조선왕조는 유교에 바탕을 둔 유교국가로서 당시 유교는 적어도 수백 년 동안 일종의 국가종교의 위치에서 정치·경제·사회·문화 모든 영역에 걸쳐 엄청난 영향력을 행사해왔다. 그 결과 유교는 국가종교의 위치를 상실한 지 이미 한 세기가 지났고 또 일제의 지배와 6.25전쟁 및 산업화·도시화·국제화로 대변되는 극심한 사회변화를 거쳤으면서도 인의예지신(人義禮智信)과 같은 유교의 기본적 가르침은 알게 모르게 한국 문화의 일부가 되어 오늘날에도 우리를 지배한다고 할 수 있다. 오직 이러한 의미에서 한국 사회는 아직도 유교사회라고 믿는다. 그럼에도 불구하고 오늘날의 한국을 아직도 유교사회라고 할 수 있으리만큼 유교적인지에 관하여 의문을 제기케 하는 현상들이 곳곳에서 일어나고 있어 최근 일부 유교부활론자들의 주장을 정서적으로나 당위적으로는 동의하면서도 실행 가능한 현실론일 수 있을지에 관하여는 의문이 많다.[56]

조선왕조시대에 교육이라고 하면 그것은 천자문으로부터 시작하여 동몽선습, 소학 등을 거쳐 사서삼경에 이르는 유교교육이었다고 할 수 있다. 그리고 관리를 선발하는 과거시험도 그 중심은 사서삼

56. 함재봉·함재학·데이빗 홀, **유교민주주의, 왜 & 어떻게**(고양시: 전통과 현대, 2000); 함재봉, **탈근대와 유교: 한국정치담론의 모색**(서울: 나남출판사, 1998); 이승환, **유가사상의 사회철학적 재조명**(서울: 고려대학교출판부, 2001) 등.

경 등 유교경전에 관한 시험이었다고 하여도 과언이 아니다. 그런데 오늘날의 공교육과정에서 유교경전 등 유교를 체계적으로 교육하는 교과과정은 없다. 전승되어온 문화가 유교적일 뿐이다. 권력통제의 기능을 수행하는 것이 헌법이라고 한다면 치자 즉 권력담당자는 치자의 자리에 나아가기 전에 도덕적으로 자기 자신을 다스릴 줄 알아야 함(修身齊家 治國平天下)을 가르치는 유교는 조선왕조시대에는 헌법의 기능을 수행하였다고 할 수 있다.[57] 정치에 관한 이러한 유교의 가르침은 잘 알려진 바와 같이 플라톤의 철인정치(哲人政治) 사상에 비견되고 있음을 주의할 필요가 있다. 다만 권력통제를 위해 적어도 아리스토텔레스 이래의 서양 정치사상은 철인정치 사상 대신에 제도나 법의 발견에 의존했다. 아리스토텔레스의 바람직한 정치제도로 거론한 귀족정과 민주정의 결합인 다수의 선택에 의한 소수지배 체제(polis)의 제안,[58] 폴리비우스의 주장[59] 이래 서양

57. 어려서부터 몸에 배도록 배우고 닦은 유교의 가르침들(도덕적 인격완성)이 권력의 행사가 무절제, 폭력, 타락, 자의 등에 이르게 되지 아니하도록 권력에 대하여 서양의 권력분립, 견제와 균형, 법치주의, 입헌주의 등과 같은 법/제도적 장치들이 수행하였던 권력통제의 기능에 상당하는 기능을 담당하였다고 말할 수 있다. 이 같은 유교에 의한 치자의 도덕적 인격완성을 전제로 하지 않으면 즉 유교에 의한 치자의 자기통제의 기제가 전제되지 않으면 조선왕조 시대의 정치제도는 성공할 수 없는 제도라고 말할 수 있다. 이러한 의미에서 조선시대의 국가종교라 할 수 있는 유교는 입헌주의의 기능을 수행하였다고 할 수 있다. 崔大權, **法社會學**, 55–72면, 특히 63면 이하. 유교는 무엇보다도 치자에 대한 가르침임을 주의할 필요가 있다. 金時俊 역해 **大學·中庸**(서울: 혜원출판사, 1998)에 실린 권덕주, "대학해제," 9면 이하 등. 그리하여 정약용은 그의 목민심서 서문에서 "군자의 학은 수신이 그 반이요, 나머지 반은 목민이다"는 점을 강조하고 있다. 정약용, **국역 목민심서** I(서울: 민족문화추진회, 1969), 9면.

58. Bernard Crick, *Basic Forms of Government: A Sketch and a Model* (London: Macmillan, 1973), 19–26면 참조.

59. Polybius in M. I. Finley, ed., *The Portable Creek Historians* (New York: Penguin Books, 1977), 483면 이하; Crick, *Basic Forms of Government*, 27–34면.

정치사상을 지배한 소위 혼합정체(mixed government)의 생각, 헤링턴의 견제와 균형 사상, 존 로크 및 몽테스키외의 권력분립이론, 법치주의 사상, 미국 독립 및 헌법제정 당시 지배했던 "사람에 의한 정부가 아니라 법에 의한 정부"의 사상이 모두 그러하다.[60] 1215년의 마그나 카르타 이래 전개되어온 오늘날의 입헌주의(constitutionalism)는 권력통제를 위한 제도 및 법 중심의 서양 정치사상발전의 결실일 뿐이다. 이와 비교하면 유교권의 동양국가에서는 20세기의 문턱에 이르기까지 권력통제에 관한 유교의 처방을 견지하였다고 말할 수 있다.

오늘날의 사법심사나 감사원격인 사간원, 사헌부 등 대간제도나 자유언론격인 상소(上疏)제도는 나라의 이러한 유교체제를 보완하는 장치였다. 이러한 장치에서 탄핵의 대상이 되었던 것이 법보다는 유교적 행위규범 위반이었다는 사실을 주의할 필요가 있다. 그리고 적어도 이념적으로 경국대전을 비롯한 실정법체제는 유교체제를 완성하기 위한 장치였음을 지적할 필요가 있다. 법은 외부적·타율적·억압적(repressive)인 명령·처벌로 이루어져 있으며, 그리하

60. Carl J. Friedrich, *Constitutional Government and Democracy*, rev. ed. (Boston: Ginn and Company, 1950), 173–188면; Francis D. Wormuth, *The Origins of Modern Constitutionalism* (New York: Harper & Brothers, 1949); Charles Howard McIlwain, *Constitutionalism: Ancient and Modern* (Ithaca: Cornell University Press, 1947); Howard Lee McBain, *The Living Constitution: A Consideration of the Realities and Legends of Our Fundamental Law* (New York: Macmillan, 1948); M. J. C. Vile, *Constitutionalism and the Separation of Powers* (London: Oxford University Press, 1967); W. B. Gwyn, *The Meaning of the Separation of Powers: An Analysis of the Doctrine from Its Origin to the Adoption of the United States Constitution* (Hague: Martinus Nijhoff, 1965) 등.

여 법은 궁극적으로 법이 필요치 아니한, 자율적인 바람직한 세상을 만들기 위하여 필요하다는 생각을 가지고 있었다.[61] 우리의 좋은 이웃에 대한 "법 없이 살 사람"이란 상투적 표현도 이와 궤를 같이하는 것이라고 생각된다. 그래서 법은 불가피하지만 반드시 바람직한 것은 아니라는 생각을 정서적으로 가지고 있었다. 이러한 점은 법을 도덕의 최소한으로 본다든지 법을 정의 실현을 위한 수단으로 봄과 같이 법과 정의나 도덕의 관계를 적극적 긍정적 관계로 보는 서양의 법사상과 구별된다고 생각된다. 그리하여 서양에서 법(Recht)이나 권리(right)를 '옳다(right, recht)'는 단어로 표기하는 것도 결코 우연이 아니다. 서양의 자연법·자연권사상은 옳다, 바람직하다는 생각과 법을 적극적 긍정적으로 관련시키는 대표적인 예가 된다고 생각한다. 서양에서는 법 없는 상태란 무법, 무정부라는 바람직하지 않은 상태일 뿐이다. 이러한 대비는 사회현실에서도 표출되어 나타난다고 생각한다. 유교적 전통이 남아있는 한국이나 일본에서 1977년의 이리역 대폭발사고 당시의, 그리고 2011년의 센다이지역의 대지진·대규모 쓰나미에 이은, 일종의 무정부적인 상황에서 절도나 강도나 폭력 등의 난무가 보고되지 아니하고 오히려 질서가

61. 공자가 **논어**(論語)에서 "법령으로 다스리면 사람들은 법망만을 면하려 하지 자기 행위가 부끄러운 줄을 모르나 예로서 다스리면 수치를 알 뿐만 아니라 더 나아가 바른 사람이 된다"는 취지로 한 말이나, **대학**(大學)에서 "송사를 처리함에 있어 나도 다른 사람과 같게 할 수 있지만 나는 송사를 없게 하려는 데 뜻이 있다"는 취지로 한 말은 그러한 생각의 대표적 예가 된다고 생각한다. 정약용은 그의 **목민심서**(牧民心書)에서 "聽訟하는 근본은 성의를 다하는 데 있고 성의를 다하는 근본은 혼자 있을 때도 조심하는 데 있다"고 하면서 "형벌은 백성을 바르게 하는 일에 있어서 최후의 수단이다. 자신을 단속하고 법을 받들어 엄정하게 임하면 백성이 죄를 범하지 않을 것이니 그렇다면 형벌을 폐하더라도 좋을 것이다"고 설파하고 있음도 같은 취지라고 생각된다.

유지되었다는 사실이 그것을 보여준다고 생각한다.

이전의 장에서 선진화의 화두를 내걸고 우리나라 사회 선진화의 주요 내용으로 시민의 준법정신 제고를 통한 법치주의 완성을 거론하였다. 그리고 선진화 화두의 걸림돌로 법의식에서의 인지적 차원과 정서적 및 평가적 차원의 괴리, 이에 연유된 법경시사상, 법편의주의, 법도구관의 존재를 거론하였다. 그리하여 우리나라 사회의 연고주의와 상당한 정도로 존재하는 부정부패 현상이 위의 법의식에서의 괴리현상, 법경시사상, 법편의주의, 법도구관과 밀접하게 결합하여 법치주의의 전제인 법 준수의 문제를 불러일으켜 법치주의의 이상(선진적 자유민주주의 및 시장경제질서 포함)의 실현을 저해하고 있음을 또한 거론하였다. 나아가 유교부활론자 혹은 기독교인들이나 주장함직한 〈善한 사회〉의 화두를 놓고도 현 시점에서의 우리나라 사회가 처한 국제적 및 국내적 여건에 비추어 법치주의 처방이야말로 우리나라 사회를 선한 사회로 만들기 위한 현실적인 필수조건임을 주장하였다.

다양한 문명, 문화, 정치제도 및 경제 발달의 정도를 달리하는 여러 나라들로 이루어진 국제사회가 지구촌화한 오늘날 법지배의 원리는 당위적으로나 실제적으로 그 중요성을 날로 더해가고 있다. 이러한 상황하의 국제질서 속에서, 더구나 강대국에 둘러싸인 우리나라 입장에서는, 법이야말로 강대국에 대한 관계에서 국가이익을 지킬 수 있는 가장 강력한 수단 가운데 하나임은 말할 필요도 없다. 법 이외에 어떤 유력한 대안이 있는가 묻고 싶은 것이다. 또 국내적으로 볼 때에도 우리가 겪은 산업화, 도시화, 국제화, 민주화 등 사회변화의 결과로 현재 다양한 모습으로 표출되고 있는 우리나라 사회의 이념적, 종교적, 지역적, 세대간, 이익간 및 정파 간의 갈등과 알력과 대립 등에 비추어 이를 아우르는 민주공동체 형성의 장치는 현실적으로 법치주의밖에 없다는 인식에 이르게 된다. 그것이 도저히 특정 이념이나 우리나라 인구의 3분지 1을 차지하는 사람들의 종교인 기독교의 가르침일 수도, 한때 우리나라의 국가종교격이었던 유교의 가르침일 수도 없음은 분명하다.

그러나 다음과 같은 의미의 한정된 유교부활론은 우리나라의 법치주의를 위하여 유용할 뿐만 아니라 대단히 필요하다고 생각한다. 법은 힘(권력)을 준다. 법은 칼과도 같아서 사람을 살리는 수술도구로도 쓰일 수 있지만 함부로 사람을 죽이는 살인용 칼로도 쓰일 수 있다는 비유는 누구나 알고 있다. 법은 정의를 위한 수단이지만 갖가지 부정의를 위해서 쓰일 수도 있다. 법이 정의의 수단이냐 부정의의 수단이냐의 문제는 궁극적으로는 사람의 문제가 된다. 그러나 법의 운용을 정의감 등 사람의 생각에만 전적으로 맡길 수만은 없다. 사람의 생각은 사람에 따라 시간의 흐름이나 사정의 변환에 따라 얼마든지 가변적일 수 있기 때문이다. 그러기 때문에 입법에서나 법의 집행이나 적용에서 그 법이 남용되지 않도록 각종의 미시적인 제도적 장치[62]를 개발하여 절차법이나 실체법에 포함시키고 있다. 법에 법 집행이나 적용 시의 각종의 전제조건이나 필수요건

62. 위에서 거론한 바 권력분립의 원칙이라든지 기본권보장의 규정은 이를테면 헌법의 거시적 권력남용방지의 장치라고 한다면 이곳의 법의 집행이나 적용 시의 필수요건, 조건, 기간, 무효·취소제도, 권력남용에 대한 형사법이나 징계법상의 처벌 등은 미시적 권력남용방지장치라 할 수 있을 것이다.

이나 기간 등을 부과한다든지 잘못 집행 또는 적용되었을 경우에 그 효력을 무효화 내지 취소케 한다든지 심지어 법의 이름으로 잘못한 사람을 처벌하거나 징계하는 장치까지 법에 마련해 두기도 한다.

그러나 수많은 그러한 미시적 권력남용방지 장치의 규정에도 불구하고 실정법규는 생태적으로 입법이나 법의 집행 내지 적용 시 권력의 남용을 완벽하게 방지할 수 없는 한계를 수두룩하게 지닐 수밖에 없다. 실정법규는 부득불 헌법에 그 예가 많을 수밖에 없는, 그 의미가 추상성·개방성을 지니는 조항이나 소위 일반조항(민법 제103조 등) 등을 지니고 있으며, 법의 집행자나 적용자에게 재량의 여지를 남길 수밖에 없는 조항들도 그러한 대표적인 예가 된다. 행정공무원이 인허가권이나 취소권을 행사한다든지, 법이 규정하는 특혜나 이익을 준다든지, 검사의 기소권, 판사의 각종 영장발부, 구속취소, 보석허가, 양형, 불법행위에 대한 배상액, 가처분 결정 등 이루 헤아릴 수도 없는 예가 있다. 심지어 대통령이 행사하는 사면권도 그러한 대표적 예의 하나로 포함시킬 수 있으리라 믿는다. 그것은 정치적 계산에 따라 마음대로 해도 되는 것일 수는 없기 때문이다. 이러한 경우에 그 법제도의 성격상 100% 법규대로 하게 하여 재량의 여지를 완벽하게 차단하는 제도로 만들 수는 없으며 만약 그러한 것이 가능하다면 그것 자체도 형평을 어긋나게 만들기도 할 것이다.

아무튼 이러한 예에서 보는 바와 같은 추상적·개방적 조항이나 일반조항의 해석이나 각종 재량권의 행사의 경우에는 그 해석자나 재량 행사자가 정의감, 공평 또는 형평성, 균형감각, 절제, 합리성 등의 감각(소위 "건전한 상식")을 갖출 것을 필수적으로 요구한다. 만약 그 해석자나 재량 행사자가 이러한 감각을 갖추지 못한 경우에는 해석이나 재량권의 행사가 법의 외형은 지니더라도 그 실질은 자의나 남용으로 흐르게 되는 경우를 얼마든지 상정할 수 있다. 근래에 법에 따르는 외형을 갖추고 있으나 그 실질은 법의 정신에 어긋나는 우리 주변의 정치계나 관계 또는 경제관계의 상황을 언론보도를 통해 매우 자주 접하고 있다. 그 대표적인 상황이 소위 전관예우[63]의 경우라고 생각한다. 전형적인 전관예우의 경우에 적극적·외형적으로 법을 위반하는 경우는 전혀 없다. 전관이 신청한 경우에 일반인이 신청한 경우보다 보석에 의한 석방비율이 더 높다고 하는 경우에 좁은 의미의 법의 위반은 없다. 단지 적절치 못하다 또는 봐주기다고 할 수 있을 뿐이다. 그런데 문제는 전관예우에 상당한 것(적절치 못한 법집행이나 적용 또는 재량권행사)이 사법과정에서만 일어나고 다른 곳에서는 일어나지 않느냐 하는 점이다. 실은 좁은 의미의 법 위반은 반드시 아니지만 마찬가지로 적절치 못한 법 집행이나 적용 및 재량권행사가 입법과정에서 또는 행정과정 곳곳에서 일어나고 있는 것이다. 그리하여 퇴직하는 국세청, 공정위원회, 금

63. 판검사들과 인터뷰해보면 공적 영역에서 사법부만큼 깨끗한 곳은 없다고 한결같이 말한다. 또 과거에는 좀 있었지만 지금은 사라지고 없다고 말한다. 잘못된 것이 없다는 반응도 나온다. 비교적 최근에 크게 보도된 사법부의 전관예우에 관한 사설이나 기사로 **조선일보** 2011.3.9일자 1면 기사 "일반 변호사들 문닫는데…판사 출신 변호사들, 형사사건 8배 수임" 및 같은 일자의 A5면 기사 "前官 1명이 맡은 보석사건, 일반 변호사 13배"; **조선일보** 2011.3.10일자 사설 "이런데도 전관예우 없다고 억지부릴 건가" 및 같은 일자의 기사 "前官이 나서면 감형 비율 두배로 껑충 뛴다"; **조선일보** 2011.3.29일자 기사 "대법관 출신 변호사가 맡으면 기각률 10분의 1로"; **동아일보** 2011.2.15일자 기자의 눈/전성철의 칼럼 "법관 전관예우 막는 윤리강령, 안지켜도 그만이라니"; **동아일보** 2011.4.7일자 기자의 눈/유성열의 칼럼 "초고속재판…집유…법원, 재벌에만 세심한 배려하나" 등.

융감독원, 재정경제부 등 경제부처, 노동부 등의 고위공무원들은 재벌회사나 대형 로펌, 금융기관, 회계법인 등에서 데려가는데 그 이유의 하나는 퇴직한 권력부처 상대의 로비를 위해서이다.[64]

그렇다면 법의 정신에 맞는 법의 집행이나 적용 또는 재량행사를 어떻게 가능케 할 수 있을 것인가? 이것은 법의 집행이나 적용 또는 재량행사에 임하는 사람들(공무원, 판검사, 변호사 등 포함)로 하여금 정의감, 공평 또는 형평성, 균형감각, 절제, 합리성 등의 감각(소위 "건전한 상식")을 갖추게 만드는 일이라고 생각한다. 이러한 일은 넓은 의미의 윤리교육의 문제로서 로스쿨에서 가르치는 규칙이나 룰 위주의 법률가직업윤리 이상의 것이라고 생각한다. 이를 위한 인성교육이나 종교교육, 유교교육 등을 우리가 상정할 수 있다. 이 목적을 위해서 현재 우리나라 사회에 존재하는 강제된 기독교교육에 대하여 느끼는 거부감 및 정교분리 원칙에 비추어 전통적으로 우리에게 친밀한 유교교육이라면 기능적으로 훨씬 유리하고 효율적일 것이라 생각한다. 그러한 의미에서 적어도 공직으로 나아가기를 원하

64. 근래(2010－2011)에 빈번하게 일어나는 금융사고의 뒤에는 문제의 금융기관의 감사 등으로 자리를 옮긴 전직 금융감독원 임직원의 역할이 있다는 언론보도가 이러한 사정을 보여주고 있다. 앞선 나라(예. 미국)의 경우 같으면 상식으로 통하는 이익충돌(conflict of interests)의 법리가 우리나라에서는 왜 입법 및 법집행/적용에서의 법리로 통용되지 아니하는지에 관한 심층연구가 강력히 요구된다고 판단된다. **조선일보**, 2011.4.27일자 사설 "금감원 非理는 개인 非理 넘어선 조직 非理"; **조선일보**, 2011.4.29일 A10면 기사 "금감원 출신 감사, 금융社의 로비스트 노릇"; **조선일보** 2011.5.17일자 사설 "관료 전관예우, 대한민국 상층부의 또 다른 부패"; 같은 날짜의 **조선일보** 사설 "금감원 뇌물이 '부산·보해'뿐이었겠나"; **동아일보** 2011.5.17일자 오늘과 내일 칼럼 권순택, "'3貪'에 빠진 공직사회"; **문화일보** 2011.5.30일자 포럼 최대권, "인맥주의의 검은 그림자" 등 참조. 가령 이러한 이익충돌의 문제가 통용되는 법리로는 이르지 못하더라도 강력한 공직윤리의 문제가 되는 것임은 물론이다.

는 젊은 사람들에게 유교교육을 강제하는 장치를 최소한 행정시험이나 사법시험 또는 변호사시험, 그리고 무엇보다도 로스쿨 교과과정에 둘 필요가 있다고 생각한다. 물론 글로 배운다고 하여 다 윤리적으로 되는 것을 보장하지는 않겠지만 이를 배운 사람을 윤리적으로 만들 개연성은 단연 높일 수 있다고 믿는다. 그러한 의미에서 정약용의 목민심서(牧民心書)[65]는 이러한 목적을 위한 최선의 유교교육지침서가 될 수 있다고 믿는다. 목민심서는 공직자를 위해 유학자가 만든 윤리지침 매뉴얼이기 때문이다.

65. 정약용, **국역 목민심서**, 3권(서울: 민족문화추진회, 1969).

English Abstract

THE RULE OF LAW AND DEMOCRACY

Dai-Kwon Choi

More than others, a talk of law in Korea is the purpose of this book. For the last half century or so Korea has achieved industrialization and made great strides in economic growth from per capita income of less than $100 in the 1960s to that of over $20,000, making Korea the world's 15th largest economic power house, today. Democratization followed the state-directed economic growth along with the rise of middle class culminating in the democratizing Constitutional amendment of 1987. Naturally law has borne special relationship to the changes of economic growth and democratization in Korea. The industrialization and economic growth were made under authoritarian government, against the Western scholars' favored prescription of the rule of law for market economy and democracy. The authoritarianism was practised deviating from the written liberal democratic constitution adopted in 1948, which was never repudiated, in the name of exercising the constitution's emergency powers to thwart North Korea's subversive activities. Along with the democratization, however, the written "nominal" constitution became a "normative" constitution in Loewenstein's terms[1] and thus the gap between the formal liberal democratic constitutional norm and the authoritarian political practices has largely dissipated.

---

1. Karl Loewenstein, *Political Power and the Governmental Process* (Chicago: University of Chicago Press, 1965), pp.147–153.

Table. Phases/Developmental Stages of the Rule of Law

Phases / Stages	Characteristics of Law	Polity	Economy	Major Patterns of Laws
Lawless	·Rampant Killing, Raping, Incendiarism, Looting ·Equivalents: Rampant Corruption, Personal Ties, Guanxi, etc. –Nepotism, Cronyism, Favoritism	·War of all against all(bellumomnium contraomnes) ·Sectarianism, Tribalism, Warlords-Involved Warfare		No Law
Rule by Law	·Instrumental Law for Political Control / Hegemony/For Economic Development ·Repressive Law ·Individual Rights Denied ·No Judicial Independence	· Autocracy (Dictatorship): Totalitarian State, Authoritarian Regimes ·State Controls Society	·Central Planned Economy ·State-Directed Market Economy ·Development →Emergence of Market Economy	·Criminal Law ·Administrative Law ·Regulatory Law ·Some Signs of the Growth of the Formal Rule of Law
Formal Rule of Law	·Autonomy of Law ·Formal Characteristics of Law: General Application, Anti-retrospectivity, Clarity, Stability, Judicial Independence ·Predictability, Stability ·Individual Rights, ·Protection of Contract/ Property	·Democracy ·Majoritarian Dictatorship *Law Serves Majoritarian Dictatorship too	·Market Economy	·Contract Law ·Remedies, Property Law, Torts ·Judicial Review of Administrative Actions
Substantive Rule of Law	·Human Dignity and Value, Higher Law, Justice ·Protection of Human Rights ·Protection of Contracts +Properties	·Liberal Democracy ·Society Controls State	·Market Economy	·Contracts, Remedies, Properties, Torts Law ·Constitutional Law: Human Rights Protection Judicial Review of Legislation

The problem we face here is not that of what the rule of law is but of how to understand it. As we approach, the rule of law should be conceptualized as encompassing developmental dimensions: four stages(or phases) from ① lawless stage to ② rule by law, to ③ formal rule of law, and to ④ substantive rule of law, or three if lawless stage is eliminated from the four listed developmental stages of law because conceptually it presupposes lack of law while we are dealing with nothing but law. Particularly in a rapidly changing society two or more developmental stages may overlap each other because of cultural lag phenomenon or other factors so that perhaps the term phase may be more appropriate than stage to describe the situation of particular society.

A lawless stage supposes that of society in which rampant killings, raping, and looting take place everywhere; perhaps there is no functioning government in a society where sectarian, tribal and/or warlord involved warfares have been waging for some time. A prehistoric primitive society or a "savage" tribe in Papua New Guinea or Amazon jungle is by no means in a lawless stage as many anthropologists attest. They were/are a very much ordered community in their own right. Lawlessness may prevail even in a contemporary world when central government collapses or lose control soon following the aftermath of revolution, the defeat of war or massive natural disaster. In such a situation, people may turn more to the hold of their sectarian community, tribes or warlords than ever for their life's sake. Perhaps Afghanistan, Somalia and Congo are a few examples of society in such a stage today. In a contemporary world a society where rampant corruptions, nepotism, cronyism and favoritism are practised, usually along the lines of personal ties(like Chinese guanxi), may be classified as a lawless society in functional terms since the rule of law practically does not exist there.

The next stage may be that of rule by law. A dictator, military or otherwise, may arise to control the chaotic, lawless situation of society. He may be a winning sectarian or tribal leader or a winner warlord who has gained hegemony over the entire society. He may resort to a ruthless rule by relying on instrumental law not only to consolidate his power but also to recover law and order and peace. Law in this stage of development is repressive in character and judicial independence is somewhat compromised. Dictatorship may be totalitarian or authoritarian; totalitarian dictatorship indicates one in which the state controls the total of society, that is, politics, economy, society and culture whereas authoritarian dictatorship is one in which political power is monopolized by a person, a group of people like junta or a party so that an autonomy may exist in other areas of activities than politics unless the monopolized political power(e.g., the power held by the Chinese Communist Party) is threatened.

On its part, moreover, an authoritarian government may be very much interested in having a semblance of the rule of law or even a genuine albeit limited rule of law both to enhance its image to attract either foreign aids or oversea investments for its economic development and to keep its officials in line with its policies and away from corruption. Thus the court may turn out to serve two masters, the political power of authoritarian master, and the rule of law. The latter element in turn may provide its law and legal system some signs of the growth of the formal rule of law, that is, predictability and stability for protection of contracts and property, the kind of favorable environment for a long-term planning and investments. Its law and legal system are likely to consist of two elements, the (limited) rule of law and special instrumental legislations(including regulatory law such as Foreign Capital Inducement Act of 1966) for fostering, facilitating and/or supporting the state-directed market economy development as well as for the monopoly of its power. These factors may account for market-based economic development under some authoritarianism.

The third developmental stage of the rule of law is that of the formal rule of law. This stage is typified by the fact that law enjoys its autonomy from its environments such as politics, religion and ideology (the formal rationality in Weberian terms). The law at this stage exhibits such formal characteristics as general application (generality), anti-retrospectivity, clarity, stability, and the judicial independence, which give rise to predictability and stability of law, definitely favorable factors for the protection of contracts and properties and thus for the rise of market economy. The major areas of law include civil law(contracts, properties, remedies, torts) and judicial review of administrative actions institution. At this developmental stage, individual freedoms can be protected and now democracy becomes possible. For those formal characteristics and the predictability and stability of law work also for protection of individual freedom and thus for the rise of democracy.

The fourth developmental stage of the substantive rule of law is characterized by the fact that law contains such substantive ingredients as "higher law," human rights, and justice as well as the formal ingredients(cited above) as its integral elements. Constitutional review of legislation is only a logical outcome of the substantive rule of law. Constitutional review of legislation, however, gives rise to the anti-democracy debate to the effect that it contravenes the majority rule in the sense that unelected nine member justices can nullify a legislation which is passed by the popularly elected representatives and signed by the popularly elected president. The kind of hot anti-democracy debate took place in Korea as well in 2004 when the Capital Relocation Act was declared unconstitutional by the Constitutional Court and the Impeachment against the President was filed at the Constitutional Court for its trial(He was eventually acquitted).

Unlike the U.S. Constitution which contains not a single provision for its judicial review, however, the Korean Constitution provides for the constitutional review in clear terms. The constitutional review, moreover, completes the catch phrase of liberal democracy, the majority rule and protection of minority rights, in the sense that it performs the function of upholding minority rights and constitutional values against the possible majoritarian tyranny. In fact, the formal rule of law may turn out to serve a majoritarian dictatorship (e.g., Nazi), because law at this stage may lack such substantive ingredients on the ground of which constitutional review of legislation is made possible. It should be also noted that the constitutional review of legislation institution tends to spread for adoption as an important democratic measure throughout the contemporary world today after the Second World War and following the collapse of the former Soviet bloc.

No doubt, the substantive rule of law is an inseparable part of the Korean Constitution. Here democracy is also conceptualized as having developmental dimensions: from ① the stage of democracy only in the sense that the government is not outright dictatorial, perhaps either semi-democratic or semi-dictatorial, to that of ② constitutional democracy in the sense that democratic constitutional provisions are largely observed, and finally to that of ③ advanced democracy in which society itself is democratic and its citizens have civic culture (virtue). Arguably, Korean democracy is in the stage of constitutional democracy. Some reason for the statement is that the civic culture is not yet sufficiently developed to reach the advanced democracy stage. The civic culture is presupposed to include the active participatory attitudes to find the common good peacefully through dialogue with fellow citizens and the law-abiding attitude(legal culture), more than others. With the civic culture acquired by its citizens, a society becomes a matured democratic one whose polity is both stable and efficient in work performance.

Signs of underdeveloped civic culture are many in Korean society. The doctrine of majority rule in democratic decision-making processes is observed more by its abandonment and in its stead the rule of consensus seems prevailing so as to make minorities possess the veto power. Failure of building a consensus leads to a deadlock in many of democratic decision-making processes. Those democratic game rules that include legal rules and regulations are readily discarded and even a measured violence is resorted for the sake of ideological, partisan, regional, or generational interests or otherwise on the selfish rationale. Practices of corruption and favoritism appear to be on an alarming level; they tend to harm the ideals and promises achievable by the formal and substantive rule of law.

The law-abiding attitude is an essential ingredient of the civic culture. It is composed of cognitive, affective, and evaluative orientations, which are combined in a variety of ways. The knowledge of what law says does not necessarily lead to the action required by law because affective and/or evaluative dimensions may not support the action. Traditionally law-ways are not highly accepted. It is a conventional saying about a good neighbor used every day in Korea that "He is one who can live without law"(법 없이 살 사람). Actually this saying is a vulgarized version of Confucian teachings: "Lead the people with governmental measures and regulate them by law and punishment, and they will avoid wrong-doing but will have no sense of honor and shame. Lead them with virtue and regulate them by the rules of propriety, and they will have a sense of shame and, moreover, set themselves right."[2] The popular saying may invoke to Westerners a feeling of one's involving a lawless living. In Korean cultural context it means he is an ethically uptight person so that repressive law is unnecessary to enforce him to act. This orientation may coalesces seamlessly or conveniently with a negative orientation toward law, however, when a good excuse or justification based, for instance, on personal-tie-related requests for favoritism, ideological conviction, partisan loyalty, or monetary interests, is provided to ignore it.

What is seriously needed for Korea further to develop into an advanced democratic society would be perhaps for its citizens to become mature enough to acquire and strengthen their civic virtue, particularly their law-abiding attitude, among others. In fact, the substantive rule of law is the prerequisite for Korea to be a good society, particularly as Confucian ethics has been fading fast in Korea's contemporary environment. In the former dynastic period of Korea, belonging to the ancient Far Eastern law and legal system, where the ideas of the doctrine of separation of power, judicial independence, legal profession, etc., were alien, Confucianism was the functional equivalent to the constitution in restraining the power held by the elite Confucian scholar-officials. Confucian teachings were conducted from childhood on and the major topics of the royal examinations for aspiring governmental officials. During the Japanese period, however, the Japanese rulers were neither restrained by

---

2. In a similar vein, Confucius also said "In hearing litigations, I am as good as anyone. What is necessary is to enable people not to have litigations at all." After all, Confucian thoughts of law seems to come to the conclusion that law is necessary only to abolish law: Chong Yagyong(1762–1836), the eminent Korean Confucian scholar, said "Punishment is the least desirable means to rectify the people. If the magistrate rules himself and upholds the law, the people will not violate the law even if the law is abolished." Chong Yagyong, *Admonitions on Governing the People* (*Mokminsimso*) (Berkeley: University of California Press, 2010), p. 747.

Confucian teachings nor by constitutional law, and their law was repressive. For the first time following the Second World War, Korea adopted a liberal democratic constitution the major ingredient of which is the substantive rule of law. And Confucian teachings are neither taught in the formal education nor the test topics for the recruiting of governmental officials including judges and in election.

Tens and hundreds of public officials (including judges) both appointed and elected and lawyers (the officers of court) play certain roles that are involved in the operation of modern nations' law and legal system somewhere in the broad spectrum of legal process from legislation, to administration, and to trial. Needless to add, their moral/ethical senses of right and wrong, good and bad, justice, fairness, neutrality, balance, propriety, etc., (the so-called "commonsense") have critical implications for the healthy operation of law and legal system in interpretation and application of law. Laws and regulations, particularly the constitution, carry many open-ended, broad, and/or abstract clauses in the interpretation and implementation of which public officials necessarily exercise *de jure* or *de facto* quite broad discretionary powers. Therefore, the important question is that of how to enable public officials to acquire the moral/ethical principles (the commonsense). Of course, professional ethics courses for law school are one answer, but not sufficient in that the rules learned in those courses are too formalistic and too lenient in real world application in favor of professional interests(fellow traders) and in that they apply only to aspiring and established lawyers.

What is urgently needed in Korea is a broader approach to include non lawyer public officials as well in target coverage and to enable them to become themselves morally/ethically upright officials beyond their simple servility to the formalistic professional ethics rules. This approach seems critically important and timely because rapid transformational changes have made Korean society so divisive in value, ideology, generation and region while losing traditional Confucian legacy fast at the same time, in an anomic situation. Legal studies alone would not solve the problem. What is involved in the matter are moral/ethical principles that make law binding. In public officials recruitment and training, a revival of Confucian teachings is proposed to inculcate into them those moral/ethical principles found as deficient. Chong Yagyong' *Mokminsimso* (*Admonitions on Governing the People*), a handbook for public officials to cultivate themselves morally/ethically in the face of their official duties, could be proposed to be an excellent text for the purpose. The contents of the book are accordingly recommended as one of the test topics for the bar and other civil service examinations.

Finally, the developmentally approached rule of law should be understood in functional interrelationship with developmentally perceived democracy. Thus understood, the rule of law is more a normative concept than a descriptive one.

참고문헌

姜正仁, "민주화 이후 한국정치에서 자유민주주의와 법치주의의 충돌," 서울대학교 **法學**, 49권 3호, 40－75면(2008).

국가권익위원회 편, **통계자료집**(서울: 국가권익위원회, 2010).

權寧星, **憲法學原論**, 개정판(서울: 법문사, 2006).

김경수, **조선시대의 언론·출판 이야기: '언론'이 조선왕조 500년을 일구었다**(서울: 가람기획, 2000).

김도현, **법사회학적 관점으로 보는 법이란 무엇인가**(서울: 동국대학교출판부, 2007).

金時俊 역해, **大學·中庸**(서울: 혜원출판사, 1998).

金哲洙, **憲法學槪論**, 第18全訂新版(서울: 박영사, 2006).

김형성, "부패방지법의 문제점과 개선방안," 한나라당 국책자문위원회·한국부패학회가 2011.3.18일 주최한 **반부패 청렴사회 구현 방안** 정책 토론회에서 발표된 논문, 59－79면.

南智大, "朝鮮 成宗代의 臺諫 言論," **韓國史論**, 12집(서울: 서울대학교역사학과, 1985).

로버트 달 지음, 박상훈·박수형 옮김, **미국 헌법과 민주주의**(서울: 후마니타스, 2004).

박광동, **법제교류지원사업의 이념과 과제**(서울: 한국법제연구원, 2008).

박명림, "헌법, 헌법주의, 그리고 한국 민주주의: 2004년 노무현 대통령 탄핵사태를 중심으로," **한국정치학회보**, 39집 1호, 253－276면(2005).

박명림, "87년 헌정체제 개혁과 한국민주주의," **창작과비판**, 2005년 겨울호, 34－51면.

朴秉濠, **韓國法制史攷: 近世의 法과 社會**(서울: 법문사, 1974).

______, **韓國의 傳統社會와 法**(서울: 서울대학교출판부, 1985).

박성수, **조선의 부정부패 그 멸망에 이른 역사**(서울: 규장각, 1999).

박원순, **역사가 이들을 무죄로 하리라: 한국인권변론사 가시밭길을 선택한 변호사들**(서울: 두레, 2003).

박찬욱, “한국 의회정치의 특성,” **의정연구**, 1995년 1호, 14－38면.

박찬표, “법치 민주주의 대 정치적 민주주의,” 최장집·박찬표·박상훈, **어떤 민주주의인가: 한국 민주주의를 보는 하나의 시각**(서울: 후마니타스, 2007), 197－229면.

방계문, 조몽우, 김종일, 한락규, 서창섭, 김재교, **공화국 법은 사회주의 건설의 강력한 무기**(평양: 사회과학원출판사, 1964).

成樂寅, **憲法學**, 6판(서울: 법문사, 2006).

歷史學會 편, **科擧: 歷史學大會 主題討論**(서울: 一潮閣, 1981).

徐壹敎, **朝鮮王朝 刑事制度의 硏究**(서울: 한국법령편찬회, 1968).

申宇澈, **比較憲法史: 大韓民國 立憲主義의 淵源**(서울: 법문사, 2008).

沈羲基, **韓國法制史講義**(서울: 삼영사, 1997).

오필환, “한국부패의 현황과 문제점,” 한나라당 국책자문위원회·한국부패학회가 2011.3.18일 주최한 **반부패 청렴사회 구현 방안** 정책 토론회에서 발표된 논문, 5－36면.

睦貞均, **朝鮮前期制度言論硏究**(서울: 고려대학교민족문화연구소출판부, 1985).

이상수, **법조윤리의 이론과 실제**(서울: 서강대학교출판부, 2009).

이성무, **조선의 부정부패 어떻게 막았을까: 대간·감찰·암행어사 이야기**(서울: 청아출판사, 2000).

이세정·이상윤, **2008 국민법의식조사연구**(서울: 한국법제연구원, 2008).

이승환, “누가 감히 ‘전통’을 욕되게 하는가?” **전통과 현대**, 1997년 여름호, 176－197면.

______, “오리엔탈리즘(Orientalism)을 해부한다,” **전통과 현대**, 1997년 겨울호, 206－223면.

______, “뚜웨이밍(杜維明)의 ‘유학 제3기 발전론’,” **철학과 현실**, 1997년 가을, 173－189면.

______, “문화는 진보하는가?” **전통과 현대**, 1998년 봄호, 120－135면.

______, “서양의 유교 이해에 대한 담론학적 분석, **계간 사상**, 1998년 봄호,

70－93면.
______, "유가(儒家) 윤리에 '권리' 개념이 있었는가?" **철학**, 제49집, 59－84면 (1996).
______, **유가사상의 사회철학적 재조명**(서울: 고려대학교출판부, 2001).
이영록, **유진오: 헌법사상의 형성과 전개**(파주시: 한국학술정보, 2006).
______, **우리헌법의 탄생**(파주시: 서해문집, 2006).
李章熙, **朝鮮時代 선비 硏究**(서울: 박영사, 1989).
李銓文, **王朝時代의 言路: 상소** 上·下(서울: 사회발전연구소, 1986).
'94 **國民法意識調査硏究**(서울: 한국법제연구원, 1994).
2009 **국민권익백서**(서울: 국민권익위원회, 2010).
이훈구, **연고주의**(서울: 法文社, 2003).
임상혁, **소송으로 보는 조선의 법과 사회: 나는 노비로소이다**(서울: 너머북스, 2010).
장영수, **민주헌법과 국가질서: 헌법입문**(서울: 홍문사, 1997).
전수일, "부패방지제도의 문제점과 개선방안," 한나라당 국책자문위원회·한국부패학회가 2011.3.18일 주최한 **반부패 청렴사회 구현 방안** 정책 토론회에서 발표된 논문, 39－55면.
田鳳德, **韓國近代法思想史**(서울: 박영사, 1981).
정광호, **선비, 소신과 처신의 삶**(서울: 눌와, 2003).
鄭肯植, **韓國近代法史攷**(서울: 박영사, 2002).
정약용, **국역 목민심서 I, II, III**(서울: 민족문화추진회, 1969).
鄭宗燮, **憲法學原論**, 3판(서울: 박영사, 2008).
조지만, **조선시대의 형사법: 대명률과 국전**(서울: 경인문화사, 2007).
주재묵 편, **조선민주주의인민공화국 사회주의헌법은 사회주의건설을 힘있게 다그칠 수 있게 하는 위력한 무기**(평양: 과학, 백과사전출판사, 1978).
中國思想大系, 1권(孔子·孟子)(서울: 大洋書籍, 1972).
崔大權, **法社會學**(서울: 서울대학교출판부, 1983).
______, **憲法學: 法社會學的 接近**(서울: 박영사, 1989).
______, "法規範의 社會的 基礎: 社會統制의 問題點," 韓國社會科學硏究協議會 편, **社會變化와 倫理**(서울: 法文社, 1990), 67－96면.

______, **統一의 法的問題**(서울: 법문사, 1990).
______, **英美法**, 개정증보판(서울: 박영사, 1991).
______, **法과 社會**(서울: 서울대학교출판부, 1992).
______, "政治改革을 위한 몇 가지 생각(I): 政府形態·政黨·政治資金·選擧制度 등을 중심으로," 서울대학교 **法學**, 33권 1호, 156－162면(1992).
______, "「南北合意書」와 관련된 法問題: 특히 「特殊關係」의 의미를 중심으로," 서울대학교 **法學**, 34권 3·4호, 1－38면(1993).
______, "憲法裁判所의 政治學: 그 構造와 機能을 중심으로," 서울대학교 **法學**, 34권 1호, 106－127면(1993).
______, "憲法의 解釋," 崔大權·韓尙熙·金文顯, **憲法解釋에 관한 硏究**(서울: 헌법재판소, 1994), 11－87면.
______, "한국의 의회주의와 그 문제점," **의정연구**, 1995년 1호, 87－106면.
______, "원칙의 사람과 원만한 사람," **현상과 인식**, 1997년 봄호(통권 72호), 123－148면.
______, **憲法學講義**, 증보판(서울: 박영사, 2001).
______, **事例中心 憲法學**, 증보판(서울: 박영사, 2001).
______, "憲法과 黨內民主主義," 서울대학교 **法學**, 42권 1호, 1－22면(2001).
______, "刑法의 解釋과 憲法의 效力," **事例中心 憲法學**, 증보판(서울: 박영사, 2001), 333－348면.
______, "韓國憲法의 座標: '領土條項'과 '平和的 統一條項'," **사례중심 헌법학**, 증보판(서울: 박영사, 2001), 557－579면.
______, "憲法의 連續性과 變化에 관한 談論: 傳統과 社會的 弊習을 중심으로," 서울대학교 **法學**, 44권 1호, 86－106면(2003).
최대권, 칼럼집 **원만한 자 원칙을 꿈꾸라**(서울: 철학과현실사, 2003).
______, **법학교육·법학방법론: Law School을 중심으로**(서울: 박영사, 2003).
______, "신행정수도 이전 특별조치법은 위헌이다," **시민과 변호사**, 2004년 8월호, 15－23면.
______, "比較 社會·文化的 文脈에서 본 司法積極主義와 司法消極主義: 하나의 探索," 서울대학교 **法學**, 46권 1호, 19－39면(2005).
______, "신행정수도 후속대책특별법의 위헌성 여부에 관한 연구," 서울대학

교 **法學**, 46권 3호, 201－226면(2005).

______, "헌법불합치결정유형에 관한 몇 가지 생각: 집시법 헌법불합치결정을 중심으로," 서울대학교 **法學**, 50권 4호, 141－168면(2009).

______, "우리나라 기본권의 위상과 현실 및 전망," **公法硏究**, 38집 1호 1권, 245－267면(2009).

______, "스폰서문화와 법치주의," **월간법제**, 2010년 6월호.

崔炳善, **政府規制論: 規制와 規制緩和의 政治經濟**(서울: 법문사, 1992).

崔炳善·司空永詰, "不正腐敗와 政府規制," **한국행정연구**, 5(4), 1－25면(1996).

崔承熙, **朝鮮初期 言官·言論硏究**(서울: 서울대학교출판부, 1976).

최장집, "민주주의와 헌정주의: 미국과 한국," 로버트 달 지음, 박상훈·박수형 옮김, **미국 헌법과 민주주의**(서울: 후마니타스, 2004), Robert A. Dahl, *How Democratic is American Constitution?* (New Haven: Yale University Press, 2001)의 한국어판 서문, 9－64면.

1974년 4월: 실록 민청학련 1 및 2(서울: 학민사, 2003).

한국정치외교사학회 편, **한국정치와 헌정사**(서울: 한울, 2001).

함재봉, **탈근대와 유교: 한국정치담론의 모색**(서울: 나남, 1998).

함재봉·함재학·데이빗 홀 편, **유교 민주주의, 왜 & 어떻게**(고양시: 전통과 현대, 2000).

許營, **憲法理論과 憲法**, 신정6판(서울: 박영사, 2001).

____, **韓國憲法論**, 전정4판(서울: 박영사, 2008).

憲法裁判所法 制定 略史(서울: 박영사, 1989).

홍성우 변호사의 증언, **인권변론 한 시대**(서울: 경인문화사, 2011).

Allott, Antony, *The Limits of Law* (London: Butterworths, 1980).

Almond, Gabriel A. and Sidney Verba, *The Civic Culture: Political Attitudes and Democracy in Five Nations* (Boston/Toronto: Little, Brown, 1965).

______________________________, eds., *The Civic Culture Revisited* (Boston/Toronto: Little, Brown, 1980).

Almond, Gabriel A. and G. Bingham Powell, Jr. *Comparative Politics: A*

Developmental Approach (Boston: Little, Brown, 1966).

Anleu, Sharyn L. Roach, *Law and Social Change* (London: Sage, 2000).

Barro, Robert J. *Determinants of Economic Growth: A Cross-Country Empirical Study* (Cambridge: MIT Press, 1997).

Barros, Robert, "Dictatorship and the Rule of Law: Rules and Military Power in Pinochet's Chile," in Hosé María Maravall and Adam Przeworski, eds., *Democracy and the Rule of Law* (Cambridge: Cambridge University Press, 2003).

__________, "Courts Out of Context: Authoritarian Sources of Judicial Failure in Chile(1973－1990) and Argentina(1976－1983)," in Tom Ginsburg and Tamir Moustafa, ed., *Rule by Law: The Politics of Courts in Authoritarian Regimes* (Cambridge: Cambridge University Press, 2008).

Baum, Lawrence, *American Courts: Process and Policy*, 5th ed. (Boston/New York: Houghton Mifflin, 2001).

Berman, Harold J. *Law and Revolution: The Formation of Western Legal Tradition* (Cambridge: Harvard University Press, 1983).

Bickel, Alexander M. *The Least Dangerous Branch: The Supreme Court at the Bar of Politics* (Indianapolis/New York: Bobbs-Merrill, 1962).

Bodde, Derk, "Basic Concepts of Chinese Law: The Genesis and Evolution of Legal Thought in Traditional China," *Proceedings of the American Philosophical Society*, vol. 107, no. 5, 375－398면(1963).

Bodde, Derk, and Clarence Morris, *Law in Imperial China* (Cambridge: Harvard University Press, 1967).

Brown, Robert, and Alan S. Gutterman, *Asian Economic and Legal Development: Uncertainty, Risk and Legal Efficiency* (London/Hague/Boston: Kluwer Law International, 1998).

Brown, Roger, *Social Psychology* (New York: Free Press, 1965).

Cappelletti, Mauro, *Judicial Review in the Contemporary World* (Indianapolis/Kansas City/New York: Bobbs-Merrill, 1971).

______________, *The Judicial Process in Comparative Perspective* (Oxford/

New York/Toronto: Oxford University Press, 1989).

Cha, Dongwook, *The Role of the Korean Constitutional Court in the Democratization of South Korea*, University of Southern California Ph.D. dissertation (2005).

Chang, Wejen, "Classical Chinese Theories of Norm and Their Influence on the Development of Traditional Chinese Legal System", 2009년 9월 15－20일 중국 베이징에서 열린 국제법철학·사회철학대회(IVR 24th World Congress)회의록 *Global Harmony and Rule of Law*, 164－225면.

Choi, Dai-Kwon, "Informal Ways versus the Formal Law in Korea," *Seoul Law Journal* (서울대학교 法學), 36권 3·4호, 51－61면(1995).

______________, "Freedom of Conscience and the Court-Ordered Apology for Defamatory Remarks," *Cardozo Journal of International and Comparative Law*, vol. 8, no. 2, 205－224면(2000).

______________, "Constitutional Developments in Korea," *The Review of Korean Studies*, vol. 6, no. 2, 27－48면(2003).

______________, "A Legal Profession in Transformation: The Korean Experience," in William L. F. Felstiner, ed., *Reorganization and Resistance: Legal Professions Confront Changing World* (Oxford/Portland: Hart Publishing, 2005).

______________, "Law and Development: The Korean Experience," *Seoul Law Journal* (서울대학교 法學), 52권 3호, 37－62면(2011).

Choi, Dai-Kwon, and Kahei Rokumoto, ed., *Judicial System Transformation in the Globalizing World: Korea and Japan* (Seoul: Seoul National University Press, 2007).

Choper, Jesse H. *Judicial Review and the National Political Process: A Functional Reconsideration of the Role of the Supreme Court* (Chicago: University of Chicago Press, 1980).

Ch'ü, T'ung-tsu, *Law and Society in Traditional China* (Paris: Mouton, 1961).

Corrado, Michael Louis, *Comparative Constitutional Review: Cases and Materials* (Durham: Carolina Academic Press, 2005).

Corwin, Edward S. *The "Higher Law" Background of American Constitutional Law*, Great Seal Books (Ithaca: Cornell University Press, 1955).

Costa, Pietro, and Danilo Zolo, ed., *The Rule of Law: History, Theory and Criticism* (Dordrecht: Springer, 2007).

Crick, Bernard, *Basic Forms of Government: A Sketch and a Model* (London: Macmillan, 1973).

Dahl, Robert A. *Pluralist Democracy in the United States: Conflict and Consent* (Chicago: Rand McNally, 1967).

______________. *Democracy and Its Critics* (New Haven/London: Yale University Press, 1989).

______________. *On Democracy* (New Haven/London: Yale University Press, 1998).

______________. *How Democratic Is the American Constitution?* (New Haven: Yale University Press, 2001).

Dahl, Robert A., Ian Shapiro and José Antonio Cheibub, *The Democracy Sourcebook* (Cambridge: MIT Press, 2003).

Dahrendorf, Ralf, *Essays in the Theory of Society* (Stanford: Stanford University Press, 1968).

Deyo, Frederic C. ed., *The Political Economy of the New Asian Industrialism* (Ithaca: Cornell University Press, 1987).

Diamond, Larry, and Marc F. Plattner, *Democracy in East Asia* (Baltimore/London: Johns Hopkins University Press, 1998).

Diamond, Larry, *Developing Democracy: Toward Consolidation* (Baltimore: Johns Hopkins University Press, 1999).

______________, "Defining and Developing Democracy," in Robert A. Dahl, Ian Shapiro, and José Antonio Cheibub, eds., *The Democracy Sourcebook* (Cambridge: MIT Press, 2003).

Dicey, A. V. *An Introduction to the Study of the Law of the Constitution*, 10th ed.(London: MacMillan, 1959).

Domingo, Pilar, and Rachel Sieder, ed., *Rule of Law in Latin America: The*

International Promotion of Judicial Reform (London: University of London Institute of Latin American Studies, 2001).

Dyson, Kenneth H. F. *The State Tradition in Western Europe* (Oxford: Martin Robertson, 1980).

Epstein, Lee, and Jack Knight, *The Choices Justices Make* (Washington, D.C.: Congressional Quarterly, 1998).

Felstiner, William L. F. ed., *Reorganization and Resistance: Legal Professions Confront Changing World* (Oxford/Portland: Hart Publishing, 2005).

Fine, Bob, *Democracy and the Rule of Law: Liberal Ideals and Marxist Critiques* (London: Pluto Press, 1984).

Fraenkel, Ernest, *The Dual State: A Contribution to the Theory of Dictatorship*, trans. by E. A. Shils (New York/London/Toronto: Oxford University Press, 1941).

Friedrich, Carl J. *Constitutional Government and Democracy*, rev. ed., (Boston: Ginn and Company, 1950).

______________. "Constitutions and Constitutionalism," in *International Encyclopedia of the Social Sciences* (1968).

______________. *Transcendent Justice: The Religious Dimension of Constitutionalism* (Durham: Duke University Press, 1964).

Fuller, Lon L. *Anatomy of the Law* (New York: The New American Library, 1968).

__________. *The Morality of Law*, rev. ed. (New Haven: Yale University Press, 1969).

Garvey, Gerald, *Constitutional Bricolage* (Princeton: Princeton University Press, 1971).

Gerth, H. H. and C. Wright Mills, eds., *From Max Weber: Essays in Sociology* (New York: Oxford University Press, 1958).

Ginsburg, Tom, "Administrative Law and Judicial Control of Agents in Authoritarian Regimes," in Tom Ginsburg and Tamir Moustafa, ed., *Rule by Law: Politics of Courts in Authoritarian Regimes* (Cambridge: Cambridge

University Press, 2008), 58－72면.

Ginsburg, Tom and Tamir Moustafa, eds., *Rule by Law: Politics of Courts in Authoritarian Regimes* (Cambridge: Cambridge University Press, 2008).

Grote, Rainer, "Rule of Law, Rechtsstaat and »Etat de droit«," in Christian Starck, ed., *Constitutionalism, Universalism and Democracy: A Comparative Analysis* (Baden-Baden: Nomos Verlagsgesellschaft, 1999), 269－306면.

Guarnieri, Carlo, and Patrizia Pederzoli, with C. A. Thomas (English Editor), *The Power of Judges: A Comparative Study of Courts and Democracy* (Oxford: Oxford University Press, 2002).

Gwyn, W. B. *The Meaning of the Separation of Powers: An Analysis of the Doctrine from Its Origin to the Adoption of the United States Constitution* (Hague: Martinus Nijhoff, 1965).

Habermas, Jurgen, trans. by William Rehg, "Constitutional Democracy: A Para- doxical Union of Contradictory Principles?" *Political Theory*, vol. 29, no. 6, 766－781면(2001).

Hahm, Chaihak, *Confucian Constitutionalism*, Harvard JSD dissertation (2000).

Haley, John Owen, *Authority without Power: Law and the Japanese Paradox*, (New York/Oxford: Oxford University Press, 1991).

Halpern, Stephen C. *On the Limits of the Law* (Baltimore: John Hopkins University Press, 1995).

Hayek, F. A. *The Road to Serfdom*, 50th anniversary ed. (Chicago: University of Chicago Press, 1944).

Hobbes, Thomas, ed., by Michael Oakeshott, *Leviathan: Or the Matter, Forme and Power of a Commonwealth Ecclesiasticall and Civil* (New York: Collier Books, 1962).

Holmes, Leslie, "Communist and Post-Communist Systems" in Mary Hawkesworth and Maurice Kogan, ed., *Encyclopedia of Government and Politics* (London/New York: Routledge, 1992), vol. 1.

Honohan, Iseult, *Civic Republicanism* (London/New York: Routledge, 2002).

Honoré, Tony, *Making Law Bind: Essays Legal and Philosophical* (Oxford:

Clarendon Press, 1987).

Hunt, Alan, *The Sociological Movement in Law* (London: Macmillan, 1978).

Jayasuriya, Kanishka, ed., *Law, and Capitalism and Power in Asia: The Rule of Law and Legal Institutions* (London/New York: Routledge, 1999).

Jenkins, Iredell, *Social Order and the Limits of Law* (Princeton: Princeton University Press, 1980).

Jones, Carol A. G. "Capitalism, Globalization and Rule of Law: An Alternative Trajectory of Legal Change in China," *Social and Legal Studies*, vol. 3, 195－221면(1994).

Juviler, Peter H. *Revolutionary Law and Order: Politics and Social Change in the USSR* (London: Free Press, 1976).

Kang, David C. *Crony Capitalism: Corruption and Development in South Korea and the Philippines* (Cambridge: Cambridge University Press, 2002).

Karpen, Ulrich, "Rule of Law," in Ulrich Karpen, ed., *The Constitution of the Federal Republic of Germany* (Baden-Baden: Nomos Verlagsgesellschaft, 1988), 169－186면.

__________, ed., *The Constitution of the Federal Republic of Germany* (Baden-Baden: Nomos Verlagsgesellschaft, 1988).

Kelley, Harold H. "Two Functions of Reference Groups," in Harold, Proshansky and Bernard Seidenberg, eds., *Basic Studies in Social Psychology* (New York: Holt, Rinehart and Winston, 1966), 210－214면.

Kelman, Herbert C. "Compliance, Identification, and Internalization: Three Processes of Attitude Change," in Harold Proshansky and Bernard Seidenberg, eds., *Basic Studies in Social Psychology* (New York: Holt, Rinehart & Winston, 1966), 140－148면.

Kelsen, Hans, *General Theory of Law and State*, trans. by Anders Wedberg, (New York: Russell & Russell, 1961).

__________, *The Pure Theory of Law*, trans. by Max Knight (Berkeley: University of California Press, 1970).

Kim, Dohyun, and Sanghie Han, "Civil Litigation in Korea," in Dai-Kwon

Choi and Kahei Rokumoto, eds., *Judicial System Transformation in the Globalizing World: Korea and Japan* (Seoul: Seoul National University Press, 2007).

Koch, H. W. *In the Name of the Volk: Political Justice in Hitler's Germany* (London/New York: I. B Tauris, 1989).

Kohli, Atul, *State-Directed Development: Political Power and Industrialization in the Global Periphery* (Cambridge: Cambridge University Press, 2004).

Kommers, Donald P. *Judicial Politics in West Germany: A Study of the Federal Constitutional Court* (Beverly Hills: Sage, 1976).

Koopmans, Tim, *Courts and Political Institutions: A Comparative View* (Cambridge: Cambridge University Press, 2003).

Kronman, Anthony T. *Max Weber* (Stanford: Stanford University Press, 1983).

LaFave, Wayne R. ed., *Law in the Soviet Society* (Urbana: University of Illinois Press, 1965).

Lambert, William W. and Wallace E. Lambert, *Social Psychology* (Englewood-Cliffs: Prentice-Hall, 1964).

Landfried, Christine, ed., *Constitutional Review and Legislation: An International Comparison* (Baden-Baden: Nomos Verlagsgesellschaft, 1988).

Loewenstein, Karl, *Political Power and the Governmental Process* (Chicago: University of Chicago Press, 1965).

Loughlin, Martin, *Sword and Scales: An Examination of the Relationship between Law and Politics* (Oxford/Portland: Hart, 2000).

Lyons, David, *Ethics and the Rule of Law* (Cambridge: Cambridge University Press, 1984).

Malloy, James, "Contemporary Authoritarian Regimes" in Mary Hawkesworth and Maurice Kogan, ed., *Encyclopedia of Government and Politics* (London/New York: Routledge, 1992), vol. 1.

Maniruzzaman, Talukder, "Military Dictatorships" in Mary Hawkesworth and Maurice Kogan, ed., *Encyclopedia of Government and Politics* (London/New York: Routledge, 1992), vol. 1.

Maravall, José María, and Adam Przeworski, ed., *Democracy and the Rule of Law* (Cambridge: Cambridge University Press, 2003).

Martain, Jacques, "The Catholic Foundation of Democracy," in M. Rejai, ed., *Democracy: The Contemporary Theories* (New York: Atherton Press, 1967).

Mauro, Paolo, "Corruption and Growth," *Quarterly Journal of Economics*, vol. 110, no. 3, 681-712면(1995).

McBain, Howard Lee, *The Living Constitution: A Consideration of the Realities and Legends of Our Fundamental Law* (New York: Macmillan, 1948).

McClelland, David C. *The Achieving Society* (New York: Free Press, 1961).

McIlwain, Charles Howard, *Constitutionalism: Ancient and Modern* (Ithaca: Cornell University Press, 1947).

Melone, Albert P. and George Mace. "Judicial Review: the Usurpation and Democracy Questions," in Elliot E. Slotnick, ed., *Judicial Politics: Readings from Judicature*, 2nd ed. (Chicago: American Judicature Society, 1999).

Merryman, John Henry, *The Civil Law Tradition: An Introduction to the Legal Systems of Western Europe and Latin America*, 2nd ed. (Stanford: Stanford University Press, 1985).

Mezey, Michael L. *Comparative Legislatures* (Durham: Duke University Press, 1979).

Miller, Richard Lawrence, *Nazi Justiz: Law of the Holocaust* (Westport: Praeger, 1995).

Müller, Ingo, *Hitler's Justice: The Courts of the Third Reich*, trans. by Deborah Lucas Schneider (Cambridge: Harvard University Press, 1991).

Moustafa, Tamil, "Law and Resistance in Authoritarian States: The Judicialization of Politics in Egypt," in Tom Ginsburg, and Tamir Moustafa, eds., *Rule by Law: Politics of Courts in Authoritarian Regimes* (Cambridge: Cambridge University Press, 2008), 132-155면.

Mukerjee, Radhakamal, "Majority Rule," in *Encyclopedia of the Social Sciences* (1954).

Myers, David R. and Alan C. Page, *Legislation* (London: Sweet & Maxwell, 1982).

Needham, Joseph, *Science and Civilisation in China*, vol. 2(History of Scientific Thought)(Cambridge: Cambridge University Press, 1954), 204-215면, 518-583면.

Neumann, Franz, *The Rule of Law: Political Theory and the Legal System in Modern Society* (Leamington Spa/Heidelberg/Dover: Berg, 1986).

Neustadt, Richard E. "Presidential Government," in *International Encyclopedia of the Social Sciences* (1968).

Newcomb, Theodore M. "Attitude Development as a Function of Reference Groups: The Bennington Study," in Harold, Proshansky and Bernard Seidenberg, ed., *Basic Studies in Social Psychology* (New York: Holt, Rinehart and Winston, 1966), 215-225면.

Niebuhr, Reinhold, "The Protestant Foundation of Democracy," in M. Rejai, ed., *Democracy: The Contemporary Theories* (New York: Atherton Press, 1967).

Nonet, Philippe and Philip Selznick, *Law and Society in Transition: Toward Responsive Law* (New York: Harper and Row, 1978).

Noonan, John T., Jr. *Bribes* (Berkeley: University of California Press, 1984).

North, Douglass C. *Institutions, Institutional Change and Economic Performance* (Cambridge: Cambridge University Press, 1990).

________________. "Institutions, Ideology, and Economic Performance," *Cato Journal*, vol. 11, no. 3, 477-488면(1992).

Ozaki, Ichiro, "Civil Litigation in Postwar Japan," in Dai-Kwon Choi and Kahei Rokumoto, eds., *Judicial System Transformation in the Globalizing World: Korea and Japan* (Seoul: Seoul National University Press, 2007).

Peerenboom, Randall, *China's Long March toward Rule of Law* (Cambridge: Cambridge University Press, 2002).

Pennock, J. Roland, "Majority Rule," in *International Encyclopedia of the Social Sciences* (1968).

Pennock, J. Roland, and John W. Chapman, ed., *Constitutionalism* (New York: New York University Press, 1979).

Pereira, Anthony W. "Of Judges and Generals: Security Courts under Authoritarian Regimes in Argentina, Brazil, and Chile," in Tom Ginsburg and Tamir Moustafa, ed., *Rule by Law: Politics of Courts in Authoritarian Regime* (Cambridge: Cambridge University Press, 2008), 23–57면.

Pettit, Philip, *Republicanism: A Theory of Freedom and Government* (Oxford: Clarendon Press, 1997).

Pistor, Katharina, and Philip A. Wellons, *The Role of Law and Legal Institutions in Asian Economic Development 1960–1995* (Oxford/New York: Oxford University Press, 1998).

Polsby, Nelson W. "Legislatures," in Fred L. Greenstein and Nelson W. Polsby, eds., *Governmental Institutions and Processes*, Handbook of Political Science, vol. 5 (Reading, Massachusetts: Addison-Wesley, 1975).

Polybius in M. I. Finley, ed., *The Portable Greek Historians* (New York: Penguin Books, 1977).

Proshansky, Harold, and Bernard Seidenberg, eds., *Basic Studies in Social Psychology* (New York: Holt, Rinehart and Winston, 1966).

Putnam, Robert D. "Democracy," in Robert A. Dahl, Ian Shapiro, and Hosé Antonio Cheibub, eds., *The Democracy Sourcebook* (Cambridge: MIT Press, 2003).

Raphael, D. D. *Problems of Political Philosophy*, 2nd ed. (Atlantic Highlands, NJ: Humanities Press International, Inc., 1990).

Redding, S. Gordon, *The Spirit of Chinese Capitalism* (Berlin: Walter de Gruyter, 1993).

Rejai, M. ed., *Democracy: The Contemporary Theories* (New York: Atherton Press, 1967).

Rheinstein, Max, ed., *Max Weber on Law in Economy and Society* (Cambridge: Harvard University Press, 1954).

Rosanvallon, Pierre, *Counter-Democracy: Politics in an Age of Distrust*, trans.

by Arthur Goldhammer (Cambridge: Cambridge University Press, 2008).

Rosenberg, Gerald N. *The Hollow Hope: Can Courts Bring About Social Change?* (Chicago: University of Chicago Press, 1991).

Rossiter, Clinton, *Constitutional Dictatorship: Crisis Government in the Modern Democracies* (New York: Harbinger Book, 1963).

Santos, Boaventura de Sousa, *Toward A New Legal Commonsense: Law, Globalization and Emancipation* (London: Butterworths, 2002).

Sartori, Giovanni, *Democratic Theory* (Detroit: Wayne State University Press, 1962).

______________, "Democracy," in *International Encyclopedia of the Social Sciences* (1968).

______________, "Representation: Representational Systems," in *International Encyclopedia of the Social Sciences* (1968).

______________, *Parties and Party System: A Framework for Analysis* (Cambridge: Cambridge University Press, 1979).

______________, *The Theory of Democracy Revisited*, 2 vols. (Chatham: Chatham House Publishers, 1987).

Schmitt, Carl, *The Crisis of Parliamentary Democracy*, trans. by Ellen Kennedy (Cambridge: MIT Press, 1985).

Schwartz, Benzamin, "On Attitudes toward Law in China," *Government under the Law and the Individual* (Washington, D.C.: American Council of Learned Society, 1957), 27-39면.

Scott, John Finley, *Internalization of Norms: A Sociological Theory of Moral Commitment* (Englewood Cliffs: Prentice-Hall, 1971).

Shapiro, Ian, ed., *The Rule of Law*, NOMOS XXXVI (New York: New York University Press, 1994).

Shapiro, Martin, *Courts: A Comparative Political Analysis* (Chicago/London: University of Chicago Press, 1981).

Siegel, Alberta Engvall, and Sidney Siegel, "Reference Groups, Membership Groups, and Attitude Change," in Harold Proshansky and Bernard

Seidenberg, eds., *Basic Studies in Social Psychology* (New York: Holt, Rinehart and Winston, 1966), 225－230면.

Simmons, A. John, *Moral Principles and Political Obligations* (Princeton: Princeton University Press, 1979).

Slotnick, Elliot E. ed., *Judicial Politics: Readings from Judicature*, 2nd ed., (Chicago: American Judicature Society, 1999).

Smith, M. B. E., "Is There a Prima Facie Obligation to Obey the Law?" *Yale Law Journal*, 82: 950－976면(1973).

Sprenkel, S. van der, *Legal Institutions in Manchu China* (London: University of London Athlone Press, 1962).

Starck, Christian, "The Legitimacy of Constitutional Adjudication and Democracy," in Christian Starck, ed., *Constitutionalism, Universalism and Democracy: A Comparative Analysis* (Baden-Baden: Nomos Verlagsgesellschaft, 1999).

Stone, Alec, *The Birth of Judicial Politics in France: The Constitutional Council in Comparative Perspective* (New York: Oxford University Press, 1992).

Sumner, William Graham, *Folkways* (New York: Mentor Book, 1940).

Sweet, Alec Stone, *Governing with Judges: Constitutional Politics in Europe* (Oxford: Oxford University Press, 2000).

Tamanaha, Brian Z. *On the Rule of Law: History, Politics, Theory* (Cambridge: Cambridge University Press, 2004).

Tate, C. Neal, and Torbjörn Vallinder, ed., *The Global Expansion of Judicial Power* (New York/London: New York University Press, 1995).

Trebilcock, Michael J. and Ronald J. Daniels, *Rule of Law Reform and Development: Charting the Fragile Path of Progress* (Cheltenham/Northamton: Edward Elgar, 2008).

Trubek, David M. "Toward a Social Theory of Law: An Essay on the Study of Law and Development," *Yale Law Journal*, vol. 82, 1－50면(1972).

_______________. "Law and Development," in N. J. Smelser and Paul B.

Baltes, eds., *International Encyclopedia of the Social and Behavioral Sciences* (Oxford Pergamon, 2001).

Trubek, David M. and Marc Garanter, "Scholars in Self-Estrangement: Some Reflections on the Crisis in Law and Development Studies in the United States," *Wisconsin Law Review,* 1974, 1062–1102면.

Trubek, David M. and Alvaro Santos, *The New Law and Economic Development: A Critical Appraisal* (Cambridge: Cambridge University Press, 2006).

Turner, Stephen P. and Regis A. Factor, *Max Weber: The Lawyer as Social Thinker* (London/New York: Routledge, 1994).

Unger, Roberto Mangabeira, *Law in Modern Society* (New York: Free Press, 1976).

Vanberg, Georg, *The Politics of Constitutional Review in Germany* (Cambridge: Cambridge University Press, 2005).

Vile, M. J. C. *Constitutionalism and the Separation of Powers* (London: Oxford University Press, 1967).

Viroli, Maurizio, *Republicanism*, trans. from the Italian by Anthony Shugaar, (New York: Hill and Wang, 2002).

Wagner, Richard, and John J. Sherwood, eds., *The Study of Attitude Change* (Belmont: Wadsworth, 1969).

Weber, Max, *The Protestant Ethic and the Spirit of Capitalism*, trans. by Talcott Parsons (New York: Charles Scribner's Sons, 1958).

__________, "Bureaucracy," in H. H. Gerth and C. Wright Mills, eds., *From Max Weber: Essays in Sociology* (New York: Oxford University Press, 1958).

__________, *Economy and Society: An Outline of Interpretive Sociology*, 3 vols. (New York: Bedminster Press, 1968).

Williams, Robert, ed., *Explaining Corruption* (Cheltenham, UK: Edward Elgar Publishing, 2000).

Wilson, Vincent, Jr. ed., *The Book of Great American Documents with Inaugural Addresses of Jefferson, Lincoln, Kennedy*, 3rd. ed. (Brookeville:

An American History Research Associate Publication, 1993).

Wormuth, Francis D. *The Origins of Modern Constitutionalism* (New York: Harper & Brothers, 1949).

Yoo, Se-Hee, ed., *Political Leadership and Economic Development: Korea and China* (Seoul: Institute for Sino-Soviet Studies Hanyang University, 1983).

찾아보기

최대권(崔大權)

서울대학교 명예교수(법과대학)

현재 한동대학교 석좌교수, 법제처 정부입법자문위원회 위원장

서울대학교 법과대학 졸업(법학사)

미국 미시간대학교 법과대학 졸업(M.C.L.)

미국 캘리포니아대학교(Berkeley) 법과대학 졸업(LL.M.)

미국 캘리포니아대학교(Berkeley) 정치학과 졸업(Ph.D.)

제14회 고등고시 행정과제1부 합격, 서울대학교 법과대학 교수

서울대학교 미국학연구소 소장, 서울대학교 법학연구소 소장 역임.

주요 저서와 논문

法社會學(서울: 서울대학교출판부, 1983)

立憲的 國家理性(C.J. Friedrich, *Constitutional Reason of State*의 역서)(서울: 동성사, 1987)

憲法學: 法社會學的 接近(서울: 박영사, 1989)

統一의 法的 問題(서울: 법문사, 1990)

英美法, 개정증보판(서울: 박영사, 1991)

法과 社會(서울: 서울대학교출판부, 1992)

"韓國憲法의 座標: 領土條項과 平和的 統一條項," **법제연구** 2권 1호, 5-24면(1992)

法社會學의 理論과 方法(공저)(서울: 일신사, 1995)

事例中心 憲法學, 증보판(서울: 박영사, 2001)

憲法學講義, 증보판(서울: 박영사, 2001)

법학교육·법학방법론: Law School을 중심으로(서울: 박영사, 2003)

"비교 사회·문화적 문맥에서 본 사법적극주의와 사법소극주의: 하나의 탐색," 서울대학교 **法學** 46권 1호, 19-39면(2005)

Judicial System Transformation in the Globalizing World: Korea and Japan(공저)(Seoul National University Press, 2007).